DER TRAUM VOM NGONG

EIN ROMAN ÜBER BROR BLIXEN

DER TRAUM VOM NGONG

EIN ROMAN ÜBER BROR BLIXEN

Lennart Hagerfors

Aus dem Schwedischen übertragen
von Ursula Gunsilius

HINSTORFF

Die Deutsche Bibliothek – CIP-Einheitsaufnahme

Hagerfors, Lennart:
Der Traum vom Ngong : ein Roman über Bror Blixen /
Lennart Hagerfors. Aus dem Schwed. übertr. von Ursula Gunsilius. –
1. Aufl. – Rostock : Hinstorff, 2002
Einheitssacht.: Drömmen om Ngong ‹dt.›
ISBN 3-356-00931-1

Titel der Originalausgabe Drömmen om Ngong.
En roman om Bror Blixen

1. Auflage
Druck und Bindung: EBNER & SPIEGEL GmbH, Ulm
Printed in Germany
ISBN 3-356-00931-1

I.

Auch ich hatte eine Farm in Afrika. Genau genommen, waren es sogar zwei. Die eine lag am Fuß des Ngong-Gebirges und die andere an den Hängen des Mount Meru. Zwischen ihnen gab es alles, was ein Mensch begehren kann – Wild, Berge, Ebenen und einen grenzenlosen Himmel. Der Blick konnte frei wandern, vom frühen Morgen, wenn sich der Nebel durch die Wärme der Sonne aufgelöst hatte, bis zum Sonnenuntergang, wenn das Licht für eine kurze Weile über der trockenen Savanne loderte.

Ich verlor sie beide.

Das Rotwild konnten wir weder sehen noch hören, aber wir wußten, wo es sich aufhielt. Vorsichtige Schritte, trockene Zweige, Wind von vorn. Warten und warten; Auge und Ohr ein Teil des Atems. Unsere Herzen schlugen im Takt. Bald würde die Stille unterbrochen werden. Da! Ein Fasan flog auf und verschwand. Danach wieder Ruhe. Ich war kurz davor, meinen Jubel hinauszuschreien.

Ein paar Meter schräg vor mir ließ sich Hans in die Hocke nieder. Die Hirsche mußten bald aus dem Erlengestrüpp hervorkommen. Das Herbstlaub brannte unter unseren Füßen, während wir im Schutz einiger junger Birken hockten. Ich betrachtete meinen Bruder – und sah ihn wie zum ersten Mal. Ich mußte lachen: Die runden Wangen wirkten so gutmütig, und die gewölbten Augenlider ließen mich an die Frösche im Teich denken. Als er sich zu mir umwandte, wobei er lächelte und nickte, überspülte mich sein Lachen wie ein Kummer, ein Verlust. Mein Leben stand in seinem Gesicht, und das wünschte mir nur Gutes. Der Frosch war der schönste von ganz »Näsbyholm«, von ganz Schonen. Allein ein Blick würde ausreichen, um einen Prinzen herbeizuzaubern. Er konnte so viel Liebe empfangen, wie es nur gab.

»Was glotzt du denn?«

Ich hörte die Worte nicht, aber las sie von seinen Lippen. Er war mein Bruder, aber das konnte ich nicht sagen. Ich hieß doch »Bror« (dt. »Bruder«). Hans war es, der immer sagte, ich sei sein »Bror«. »Da kommt Hans mit Bror«, pflegte die Mutter zu sagen. Wenn der Vater oder auch der Förster von »bror hans« sprachen, was »sein Bruder«, aber auch »Bruder Hans« heißt, dann meinten sie mich. Man kann die Namen drehen und wenden wie man will, aber ich heiße nun einmal Bror. Und er bleibt Hans. Hans Blixen-Finecke. Mit einem »von« dazwischen, wenn man will.

Er wurde zwei Stunden vor mir geboren. Wir waren einander so ähnlich, wie es zwei Menschen nur sein können. Das war es vielleicht, was wehgetan hatte. Ich hatte mich selbst gesehen. Und wer möchte sich schon von seinem Ich trennen.

Der kühle Wind drang durch den Mantel und stieg wie eine Flüssigkeit am Rückgrat hinauf. Ein Hirsch, ein kapitaler, trat vorsichtig heraus. Hans hob langsam das Gewehr, und es fiel ein Schuß. Der zweite war meiner, so war das immer. Aber er war fast nie nötig. Der Hirsch machte einen Sprung und verendete. Mit Getöse flüchtete das übrige Rotwild durch den Wald.

»Du hättest den Hirsch nicht nehmen sollen. Ausgerechnet den wird Vater vermissen.«

»Ach, zum Teufel, das geht schon in Ordnung.«

Ich holte Persson, der versteckt hinter einer kleinen Scheune stand. Er zuckte zusammen und begann zu stottern: »Wenn der Baron ..., wenn der Baron dies erfährt ...«

Ich klopfte ihm auf den Rücken: »Ach, das kommt schon in Ordnung!«

Als ich nach dem Geld fragte, flüsterte er, daß sich das wohl bei Vögeln und Kaninchen ordnen lasse, aber bei einem Hirsch!

»Hans, es ist deine Schuld, wenn das hier ins Auge geht!«

Als ich sagte, daß ich Bror sei, fragte er nach Hans.

»Dort beim Hirsch ist er«, antwortete ich und ging los.

»Der Hirsch!«

Persson ließ sich auf die Knie fallen und schlug die Hände vors Gesicht, aber er hatte keine andere Wahl, als hinter mir her zu stolpern. Er schirmte die Augen ab bei jedem Zweig, der uns streifte, und bei jedem Vogel, der vorüberflog.

Als Persson Hans erblickte, der lächelnd auf dem großen Tier saß und wartete, konnte er nicht umhin zu lachen. Dann zückte er seine Brieftasche.

Auf »Näsbyholm« wurde oft gefeiert. Wer nicht dabei sein wollte, war ein Dummkopf. Ganz Schonen war ein gedeckter Tisch, der Himmel wurde mit jedem Tag höher, die Ebenen erstreckten sich weiter und weiter, und die Wälder erhoben sich über die Erde.

Hans wurde sowohl von den Jungen als auch von den Mädchen umschwärmt, das Lachen klang lauter als gewöhnlich, die Bewegungen waren schneller. An einem ganz gewöhnlichen Wochentag konnte es geschehen, daß die langen Tische im Handumdrehen gedeckt wurden, daß man eilig Musikinstrumente und Flaschen herbeischaffte und die Leute auf dem Hof vor den Kuhställen zu tanzen begannen. Selten kannte jemand den Anlaß für das Fest. Die Nachbarn standen da und gafften, die Füße fest in den schonischen Lehmboden gestemmt.

Die Zeit flammte auf wie ein Feuer. Hans dirigierte mit seinem Lachen die zwinkernden Augenlider der Mädchen, und mit einem Ruf brachte er die Pferde im Stall zum Wiehern.

»Komm, Bror!«

Er konnte sich hastig erheben, alles verlassen und verschwinden. Ich richtete den umgekippten Stuhl auf, strich dem enttäuschten Mädchen über die Wangen, gab dem Knecht einen Befehl und fing Mutters bekümmerten Blick auf. Aber Hans war ungeduldig.

»So komm doch!«

Ich lief hinter ihm her, und er wandte sich mir zu, legte einen Arm um meine Schultern, und die Welt war wieder unteilbar.

Im Galopp nahmen wir den kürzesten Weg nach »Kullatorp«. Wir waren den ganzen Tag auf der Jagd gewesen, hatten in eiskalten Sümpfen gelegen, waren Kilometer durch unsere Buchenwälder gegangen – und die Erde hatte gesungen, nein, jetzt summte sie in ihrer Verlassenheit. Es war schwer gewesen, sich von ihr zu trennen. Als wir in der Dunkelheit den Hügel zum Wohnhaus hinaufgingen, hüllten uns die erlegten Fasane in ein Federkleid. Der Schmutz und die Feuchtigkeit stiegen als Dunst von den Kleidern auf, und in den Stiefeln platschten die Füße im Wasser. Wir hatten uns um Stunden verspätet und seit dem Frühstück nichts mehr gegessen.

Aus den Fenstern strömte gelbes Licht. In einem tauchte ein Schatten auf, der uns zuwinkte. Man hatte uns entdeckt. Die Tür wurde aufgestoßen, und die Treppe füllte sich mit Leuten.

»Jetzt kommen sie!«

Der Vater drängte sich zwischen den Schwestern hervor, rank und schlank, wie ein warnendes Ausrufezeichen. Das Gemurmel verstummte, als er die Treppe hinunterging und sich neben die beiden Fackeln stellte, die an der untersten Stufe befestigt waren. Einige kicherten. Die Landstreicher vor ihrem Richter. Dieses erforderte eine bessere Ausrede als üblich.

Vaters Blick war streng auf Hans gerichtet.

»Eine Erklärung!«

Hans lächelte und lächelte, mehr und mehr verlegen. Selbst sein Gewehr grinste den Vater an. Alle Gesten des Sohnes berichteten von dem Leben, das absonderliche Wege wählt, aber wo nichts aus böser Absicht geschieht.

Er versuchte es mit: »Bror hat gemeint ...«, aber es war umsonst. Es gab keine Entschuldigung.

Dann kam es über meine Lippen: »Unsere Verspätung ist der Liebe zur Erde von ›Näsbyholm‹ geschuldet.«

Hans lachte erstaunt, verstummte aber gleich darauf. Vaters harter Blick wanderte langsam zu meinem Gesicht. Auf dem Weg dorthin blieb er etwa auf der Höhe des Waldrandes hängen, der schwach in der Dunkelheit schimmerte. Die Röte verließ sein Antlitz, die Züge wurden weich, er schluckte heftig.

»Ihr müßt hungrig sein«, murmelte er und ging hinein. Die Mädchen applaudierten, und Hans boxte mir in den Magen. Zum ersten Mal hatte ich uns gerettet, ohne, wie sonst üblich, die Schuld auf mich zu nehmen.

Auf dem Weg ins Badezimmer trafen wir Tanne, unsere dänische Halbkusine Karen Blixen. Sie stand im Korridor und wartete auf uns, in der einen Hand eine Zigarette, die andere kokett auf der Hüfte. Ihr Gesicht war blasser als gewöhnlich – es war schwer auszumachen, ob es an der Schminke oder an einer unglücklichen Gemütsverfassung lag –, und das Kleid hätte besser nach Paris als nach »Näsbyholm« gepaßt. Sie wandte sich uns zu und blies uns den Zigarettenrauch ins Gesicht.

»Die Dekadenz der Stadt«, sagte Hans.

»Der Dreck des Landlebens«, antwortete sie.

Dann lachten beide.

Ihr Blick glitt liebkosend über unsere schmutzigen Gesichter und die verdreckte Kleidung. Sie betrachtete mich einen Augenblick lang voller Zärtlichkeit, danach wandte sie sich herausfordernd an Hans.

»Ihr wißt nicht, wie ich euch beide um dieses Leben beneide.«

Hans antwortete, daß wir es wüßten, aber sie beharrte mit Stolz in der Stimme: »Nein, ihr wißt das nicht, und ihr wißt auch nicht, daß man euch eines Tages alles nehmen wird. Je mehr man hat, desto größer ist der Verlust.«

Ihre Worte führten sie zu einem Abgrund, sie blieb an seinem Rand stehen, ihr schwindelte. Die Augen füllten sich mit Tränen, und der Mund verschloß sich zu einem Strich. Den Kopf in den Nacken werfend, trat sie vom Abgrund zurück und lächelte arrogant.

Hans zog sie an sich und küßte sie. Ich ging eilig weg. Ihr Duft verfolgte mich wie ein Luftwirbel, und auf der Netzhaut trug ich das Bild des zarten Abendkleides, das in dem schmutzigen Jagdmantel verschwand. Das war erregend.

Ich hoffte, daß Hans sie eine Weile behalten würde.

Wir aßen in der Küche, wo es warm war und nach Wildbraten und frisch gebackenen Brötchen duftete. Die Küchenmädchen, die mit Essensresten hereingestürzt kamen und schnell wieder mit Milchbrötchen und Kuchen verschwanden, unterbrachen ihre Pflichten und servierten uns das Essen. Wir saßen jeder an einem Tischende, die Gabel in der einen, den Teller in der anderen Hand. Hans hatte seine Unteroffiziersuniform angezogen und ich meinen abgetragenen Smoking. Wie gewöhnlich bekamen wir zu hören: »Die jungen Herren fühlen sich gewiß in der Küche am wohlsten«, und »die jungen Herren schaffen es wirklich nicht, sich an die Essenszeiten zu halten«.

Wohlbehagen kroch über die Haut, und wir gingen gesättigt in den Salon, wo Lampen und Kerzen die dunklen Gobelins an den Wänden aufhellten. Überall standen Gruppen von Männern und Frauen, die meisten von ihnen waren jung. Gestraffte Nacken, anmutig gebeugte Rücken, Lachen, Flüstern, dröhnendes Gelächter nach Witzen. Mit einem Glas in der Hand, bewegte sich der Vater durch den Raum, von einer Gruppe zur anderen. Die Mutter, die Schultern in einen großen Schal gehüllt, saß allein in einer Sofaecke. Während Hans von Freunden umringt wurde, setzte ich mich zu ihr. Sie strich mir mit dem Rücken ihrer gichtgeplagten Hand über die Wange und schüttelte den Kopf. Die Berührung, die sanft und liebevoll gedacht war, fiel ungeschickt und beinahe grob aus.

»Was soll ich nur mit dir anfangen, Bror! Du bist so lieb.«

Es klang wie ein Vorwurf.

»Geh zu den jungen Leuten! Nicht nur dein Vater soll sich amüsieren.«

Als ich mich erhob, begegnete ich Lotty Wachtmeisters Blick. Aus dem Augenwinkel hatte ich bemerkt, daß sie mich schon seit einer Weile betrachtete.

Meine Schwestern Agnes, Märta und Thyra stellten sich beim Klavier in einer Reihe auf, um zu singen. Die Mutter wurde aus ihrer Sofaecke hochgewuchtet und, trotz ihrer Proteste, zum Instrument geführt. Als sie mit ihren knotigen Fingern den ersten unsicheren Akkord angeschlagen hatte, lächelte sie, und alles war, wie es hätte sein können. Den Refrain sangen wir alle mit.

Das Fest breitete sich im ganzen Haus aus. Die Leute liefen rein und raus, und man kam nur zusammen, wenn jemand im großen Zimmer auftrat. Gedichtrezitationen, ein Gesellschaftsspiel, Armdrücken, ein paar Kusinen führten eine Komödie auf, die sie selbst geschrieben hatten. Tanne deklamierte ein Gedicht mit einem derartigen Ernst, daß sich anschließend niemand zum Klatschen aufraffen konnte. Vater zog sich mit einem alten Freund und einer Flasche Kognak in die Bibliothek zurück; um Hans und mich scharte sich eine Gruppe von Freunden, die von uns mit Geschichten unterhalten werden wollten.

Einer von ihnen, ich glaube es war Gustaf Lewenhaupt, bat Hans, von seiner Doppelverlobung zu erzählen. Einige der Mädchen kannten die Geschichte noch nicht.

»Nee, das ist so lange her.«

»Ach, nur ein knappes Jahr!«

Hans schielte zu Tanne, die ihm ein kaltes Lächeln schickte.

Er hatte sich im Laufe eines Nachmittags nicht nur mit zwei Mädchen verlobt, sondern auch mit beiden am Abend ein Stelldichein verabredet. Ich mußte aushelfen und bei dem Mädchen, das mein Bruder weniger begehrte, als Hans auftreten – um dann, so schonend wie möglich, die Verlobung aufzuheben. Danach war es an mir, sie mit so viel Zärtlichkeit und Liebe zu trösten, wie ich sie nur aufbringen konnte.

Ich wußte, wie man so etwas macht. Die Mädchen haben immer einen kleinen leeren Raum in sich, der auch für sie ein Rätsel ist. Dieser dunkle Winkel bewirkt, daß sich der Hals zusammenschnürt und die Tränen gegen ihren Willen den Blick verdunkeln. Hans wußte darüber nichts, er war stets davon in Anspruch genommen, den anderen seine eigenen, wohlgefüllten Kammern zu zeigen. Die Mädchen liebten ihn so, wie er war, mich liebten sie, weil sie bei mir so sein konnten, wie sie waren. Er wußte zum Beispiel nicht, wie man sich in ihre Herzen hineinlauscht und daß die Mädchen selbst den Mann zu dem besonderen Raum führen wollen. Es kam darauf an, aufmerksam zu sein.

Die Mädchen wanden sich bei Hans' Geschichte, aber das Lachen der Jungen war so heftig, daß der Vater lächelnd ins Zimmer kam, um den Grund der Fröhlichkeit zu erfahren. Ich sagte mit gespielter Verlegenheit, daß dieses vielleicht keine Geschichte für einen Vater sei, aber er war voller Wohlwollen. Heute abend sei alles erlaubt.

»Laß uns die Geschichte noch einmal hören!«

Hans wurde auf eine Weise verlegen, die den Mädchen gefiel, und schielte zu mir hinüber. Ich erzählte daraufhin die Geschichte, als Gustaf und ich uns vor dem Unterricht auf »Alnarp« gedrückt, einen Zug nach Lund genommen und die ganze Nacht gefeiert hatten. Wir waren erst mit dem frühen Milchzug zurückgekommen. Um in der Schule zu sein, bevor das Personal wach würde, nahmen wir die Abkürzung durch einen Wald, in dem ein kleiner See liegt.

»Wer ist zuerst drin?« schrie Gustaf.

Ich riß mir die Sachen vom Leib und tauchte. Als ich den Kopf wieder über der Wasseroberfläche hatte und nach Gustaf Ausschau hielt, sah ich ihn mit meiner Kleidung im Arm im Wald verschwinden. Auf der Landwirtschaftsschule »Alnarp« waren jedenfalls der Rektor und vier Lehrer wach, als ich gegen sechs Uhr morgens splitterfasernackt in Richtung der Schülerwohnungen lief.

Jetzt lachten wieder alle, besonders die Mädchen. Vater schüttelte den Kopf, und es gluckste in seinem ganzen Körper, als er das Zimmer verließ. In der Tür blieb er stehen.

»Erzähl das bloß nicht Mutter, sie macht sich immer unnötig Sorgen.«

Als man von mir wissen wollte, warum ich von der »Altnarp-Schule« geflogen war, zündete ich mir eine Zigarre an und ging meines Weges.

Eine halbe Stunde später traf ich Lotty auf der Außentreppe, wo sie allein stand und sich von der Nachtluft abkühlen ließ.

Ein Gefühl der Schwere wanderte langsam durch meinen Körper. Ihre Wangen waren rot, das Haar nach dem Tanz zerzaust, und schwitzige Schleifen klebten an den Ohren. Niemand tanzte mit einer solchen Leidenschaft wie sie.

Sie wandte sich mir zu und sagte: »Ach, Bror«, und dann standen wir stumm eine Weile beieinander.

Ich hätte sie gern berührt und von dem Gefühl der Schwere in mir erzählt, aber dafür gab es keine Worte. Sie war es, die zu reden begann, zuerst unzusammenhängend, atemlos, mit kurzen Pausen, zuweilen mit lebhafter Stimme, dann wieder mit einer Stimme, die rauh war von Kummer.

Sie wollte, daß ich sie verstand. Sie hatte keinen so geliebt, wie sie mich liebte. Für sie war es das Schönste auf der Welt, »Kullatorp« zu besuchen und mit mir auf »Näsbyholms« Feldern zu jagen. Im Wald waren wir wie Pech und Schwefel. Genauso sagte sie.

Der Gedanke, mich zu heiraten, auf »Stjerneholm« zu wohnen, sich eine Schar Kinder anzuschaffen, ins Ausland zu reisen, auf dem Hof zu arbeiten, stille Abende mit den Kindern zu genießen – all das war verlockend, und so sollte sich ihr Leben gestalten. Ihre Rede wurde eifriger und eifriger, zum Schluß war sie böse und verzweifelt. Sie wußte, daß daraus niemals etwas werden könnte. Ich würde mit Hans, Gustaf und den anderen weggehen und mich nie von dem Vagabundenleben mit Frauen und unsinnigen Abenteuern lösen können. Zank und Streit würde es geben, sie würde nachts wach liegen, ich würde anfangen zu lügen, und sie würde als bittere und vergrämte Baronesse auf »Stjerneholm« leben und ihrem Leid anhängen.

»Ich liebe dich, weil du so bist, wie du nun mal bist, aber ich kann nicht mit dir leben, weil du so bist, wie du bist. Und niemand kann dich ändern.«

Wir umarmten uns, und sie weinte lautlos, ohne daß ein einziger Schluchzer ihren Körper erschütterte. Ich war wie erstarrt. Erst als Hans und einige seiner Offiziersfreunde aus dem Haus in Richtung Pferdestall stürzten, ließen wir uns los.

»Komm Bror! Die Liebe kann warten!«

Aber ich blieb stehen. Dann gingen wir hinein und trennten uns ohne ein Wort.

In der Küche stieß ich auf Tanne. Sie saß da und unterhielt sich mit dem dicken Dienstmädchen Elsa. Die beiden waren so verschieden, wie es zwei Menschen nur sein können. Tanne bleich, schlank und elegant, Elsa rotwangig, dick und robust. Ein kleines Stück Torte stand vor Tanne, aber es war unberührt. Zuerst sahen sie mich nicht. Ich beobachtete eine Weile, wie sie die Köpfe zusammensteckten und miteinander redeten. Als sie mich erblickten, erhob sich Elsa hastig und verließ die Küche.

Tanne sagte: »Komm, Bror«, sie ergriff meine Hand und führte mich über die Küchentreppe zur Rückseite des Hauses.

Eine halbe Stunde vorher hatte ich mit Lotty hier gestanden und geschwiegen. Nun war ich mit Tanne hier und schwieg ebenfalls wieder. Sie fröstelte. Ich legte ihr meinen Mantel um die Schultern.

»Alles ist vorbei«, sagte sie und hockte sich hin, als hätte sie Magenschmerzen. Und dann begann sie wie Lotty zu reden – und doch so ganz anders. Tanne sprach langsam, fast schleppend, die Worte waren mit Sorgfalt gewählt, und sie schnitten durch mein Bewußtsein wie ein Schlachtmesser durch das Fleisch. Sie sagte, daß alles Leben, das es in Dänemark und Schonen gebe, in Hans konzentriert sei. Ohne ihn verlören die Herbstfarben ihre Glut, und der Øresund könnte ebensogut austrocknen, ohne ihn würde sie eine graue und jämmerliche Jungfer mit schwärmerischen Künstlerträumen werden. Das, was sie an ihm liebe, sei seine Freiheit, sein Tatendrang, sein Wille, das Leben bis zur Neige auszukosten. Er wisse nichts von dem, was für viele im Grunde der natürliche Zustand sei: Todesangst und Angst gegenüber der Sinnlosigkeit des Lebens. Hans stürze sich in jedes Geschehen, seine Moral sei die eines Wolfes – jenseits von Gut und Böse –, und er kenne nichts Besseres, als dieses Leben so nahe an den Abgrund des Todes zu treiben wie möglich. Er lebe mit der schlummernden Einsicht, daß man ihm alles nehmen werde – doch ihm sei das einerlei. Sein melancholisches Lächeln gegenüber Gefahren, Skandalen und Ungereimtheiten beruhe nicht auf Einsicht, sondern auf Instinkt.

All dies habe sie mit ihm teilen wollen, sie habe sich selbst für diesen grandiosen Mangel an Bewußtheit opfern wollen. Das Unangenehme sei, daß sie sich nun nicht einmal mehr ihm gegenüber erniedrigen könne. Ohne ein Opfer sei nichts zu gewinnen. Wenn sie an Hans' freiem Leben hätte teilnehmen können, wäre auch sie frei geworden, hätte teilgehabt an der unerschütterlichen Würde, die auf einem Dasein mit Flügeln beruht, einem Leben, in dem man nur der Richtung seines Schicksals Aufmerksamkeit schenkt. Jetzt, da die Hoffnung auf dieses Leben geschwunden war, werde sie zurück in die kleinen Intrigen des Alltags gepreßt, wo alles erbärmlich, entnervend und lau sei.

»Ach, Bror, soll ich mir das Leben nehmen oder nach China fliehen!«

Über ihre Worte konnte man nicht einmal lächeln.

Erst als sie sich erhob, entdeckte ich, daß sie sich übergeben hatte, während sie sprach. Ich reichte ihr mein Taschentuch, sie wischte sich den Mund ab, putzte die Nase und lehnte den Kopf an meine Schulter.

»Hat er mit dir gebrochen?«

»Nicht einmal das. Da war nichts zu brechen.«

Ihre Unschuld, erzählte sie, sei weniger wert gewesen als die frische Morgenluft, die er am Morgen danach durch das offene Fenster eingeatmet hatte.

Ich erzählte, daß Lotty mit mir Schluß gemacht habe, gerade weil sie nicht die Lebensbedingungen mit mir teilen wolle, nach denen sich Tanne an Hans' Seite sehne. Sie begann zu lachen, hart und freudlos.

Dann schwieg sie plötzlich, wandte sich mir zu, und ihr Gesicht kam dicht an meines.

»Bror, wir teilen etwas, das vielleicht größer ist als die Liebe. Zwischen dir und mir gibt es ein Band, das haltbarer ist als die

Liebe und tiefer als die Freundschaft. Dieser Bund ist mit meinem eigenen Blut gesegnet.«

»Wie meinst du das?«

»Mein toter Vater. Er war wie wir.«

2.

Das Zimmer war zugig und kalt. Jede Pore in der Haut war offen und auf alles vorbereitet. Die Uhr zeigte neun, und es war Sonntagmorgen. Ich zog das Deckbett bis ans Kinn. Ebba, oder hieß sie Elsa, planschte in dem engen Badezimmer mit Wasser herum. Die Nacht war ruhig und friedlich gewesen, ich hatte fünf Stunden geschlafen und fühlte mich ausgeruht. Draußen klapperten Pferdewagen, hin und wieder brummte ein Auto vorbei. Stimmen drangen hinauf zu unserer Etage. Es herrschte eine Stille in Kopenhagen, die dörflichem Frieden glich. Man sah zu, daß man vorankam, behielt dabei aber die Ruhe.

Eine Fliege wanderte auf meinem Unterarm. Wie hatte sie bis in den Winter hinein überleben können? Sie verschwand – und nach einem Augenblick war sie wieder da, gefangen in einer sinnlosen Wiederholung. Die Unruhe begann sich im Zwerchfell bemerkbar zu machen.

Ebba sprach von einer Operettenvorstellung, für die sie Karten bekommen habe. Fragte, ob ich ihr Gesellschaft leisten wolle. Ich antwortete, daß ich die Familie auf »Frijsenborg« besuchen müsse. Lachend bat sie mich, die Titel und Nachnamen der Besitzer zu nennen. Sie habe sie vergessen.

»Graf und Gräfin Krag-Juel-Vind-Frijs.«

Sie wiederholte die Namen, wendete und drehte die Wörter hin und her, ging dann herum und stellte sich dem Wasserhahn und der Seifenschale vor: »Ihre Leichtsinnigkeit Andersen-Jensen-nasse-Maus«. Sie rief mir zu: »Baron Blixen-Finecke-süßer-Schwanz«, lachte schallend, klapperte mit Schüsseln und wurde immer derber in ihren Reden. Eine Viertelstunde früher hätte ich sie vielleicht zu einem Wortduell herausgefordert. Jetzt hatte ich keine Lust.

Die Fliege landete wieder, rieb eifrig ihre Vorderbeine aneinander, als wäre gerade dieses das Sinnvollste in ihrer Miniaturwelt. Alle Energie war auf den Punkt gerichtet, wo die kleine Reibung entstand.

Ebba erzählte von ihren Freundinnen und kam auf eine schreckliche Geschichte zu sprechen, in der es um den Freund der einen ging, den ein deutscher Graf mißhandelt hatte. Detailliert schilderte sie alle Schwierigkeiten, die ihrer Freundin dadurch entstanden waren. Ich hörte nur zerstreut zu, denn meine Gedanken umkreisten meine eigene Situation.

Auf »Stjerneholm«, dem Hof inmitten der Felder von »Näsbyholm«, steckte ich im Lehm fest. Ich liebte die Felder, die Wälder und die Tiere, aber das war ein Gefühl, das der Liebe des Erwachsenen zu den Spielplätzen der Kindheit glich. Das Wiederkäuen der Kühe weckte in mir die Lust, Winterschlaf zu halten.

Auf »Frijsenborg«, bei meinen dänischen Verwandten, war anfangs alles groß, frei und fröhlich gewesen. Jeder Besuch war ein Märchen. Da trippelten am Montagmorgen die Cousinen in Gesellschaftskleidern herum, und ihre Eltern betrachteten das übrige Dänemark von einem Aussichtsturm. Hans und ich waren aus dem rätselhaften fernen Land wie Märchenprinzen gekommen. Wir waren die Hähnchenküken inmitten einer Schar veredelter junger Hühner. Sobald wir krähten, spreizten sie sich und winkten lockend mit ihren kleinen Schwanzfedern, sobald sich Hans flügelschlagend zum Himmel erhob, gackerten sie vor Aufregung und Bewunderung. Aber Tante Fritze, die größte Hühnermutter auf dem Hühnerhof, behielt ihre Schar genau im Blickfeld.

Mit den Flügeln konnte sie die Kleinen beschützen und verstecken, aber sie konnte auch hart zuschlagen und fremde Exemplare von gemischter Rasse verjagen. Ein paar Jahre später entdeckte ich, daß immer noch dieselben Witze bei dem gleichen Champagner erzählt wurden, dieselbe Art Jungen mit derselben Art Mädchen flirteten. Die Feste waren eine langanhaltende Routine. Der Alltag setzte sich aus flüchtigen Zuständen von Überdruß zusammen, in denen die Zeit stillstand. Das Leben war im besten Fall ein Ausflug. Dann schrien die Mädchen vor Aufregung, weil es seit jeher so war. Alle waren auf die richtige Weise sportlich, auf die richtige Weise gebildet und ungebildet, stilvoll und stillos. Jungenstreiche, Fasanenjagden und Konversation in Schloßgemächern waren eine zu seichte Zukunft für mich. Ich war bald dreißig und mußte ein Ziel finden, das meiner Anstrengungen würdig war.

Trotzdem begab ich mich nach »Frijsenborg«, erfüllt von der vagen Erwartung, die ich immer empfand.

Wo war ein Ausweg aus dem Labyrinth? Mein großer Bruder Carl würde »Näsbyholm« bekommen, Hans war das Militärleben und die Ehre zugedacht. Ich hatte nichts, abgesehen von der Möglichkeit, mir selbst etwas zu erobern. Bildung und Wissenschaft wollten mit mir nichts zu tun haben. Ich hatte Zugang zu vielen angenehmen und bequemen Lebensräumen, aber inzwischen blieben viele Türen verschlossen. Jugendabenteuer sollten im Reich der Erinnerung leben und nicht im Erwachsenenalter wieder aufgefrischt werden. Wo auch immer ich neues Terrain suchte, ich landete stets auf denselben Stellen. Ich wußte nicht, wo der Ernst zu finden war.

Ebba stürzte in einem flatternden Morgenmantel herein, wickelte sich in eine Wolldecke und hockte sich auf das Fußende des Bettes. Fragte nach Hans. Flog er wirklich von Malmö nach Kopenhagen, um an einem Herrenessen teilzunehmen? Ich erzählte, wie ich und seine Freunde am Tag zuvor auf dem Flugplatz erschienen waren und Hans mit einem »Hurra!« begrüßt hatten, als er aus der Maschine gesprungen war, und wie wir ihn abschirmten, als er sich auf dem Weg zum Festlokal in der Pferdedroschke in den Smoking warf.

Meine Unruhe wuchs. Sie wollte, daß ich mehr vom Fest erzählte, in allen Details.

»Der Adel weiß, wie man leben muß«, behauptete sie.

Aber in meiner Geschichte war etwas, das mich langweilte.

Die Fliege kam zurück, doch diesmal war ich vorbereitet. Ich tötete sie mit einem schnellen Schlag der rechten Hand, schnippte sie vom Bett und befahl Ebba: »Komm!«

Sie kam zu mir wie eine Hauskatze. Als ich ihre nackte Haut berührte, paßte sie sich schlangenartig meiner Berührung an. Sie war weich und geschmeidig, in einem Grad formbar, daß ich mich zum Schluß ihr anpassen mußte. Meine harten Sehnen spannten sich in ihrer umfangenden Umarmung, die Unruhe wollte hinaus, da gab es nur einen Weg, ich stieß zu, um auf Widerstand zu treffen, aber sie war wie eine Küstenlinie, die sich in alle Richtungen erstreckt. Hier gab es keine Widerstandskraft, nicht den kleinsten Funken von einem Nein. Mit einem unfreiwilligen Sprung begab ich mich in diese feuchte Unendlichkeit und sank zusammen, weich und hilflos wie ein Säugling.

Ein Augenblick der Mattheit, Ruhe, Befriedigung. Als sie mein Gesicht an ihre Brust zog, brach meine Unruhe wieder hervor. Ich riß mich vom Bett los, ging ins Bad und stieß gegen einen Nachttopf, der überschwappte. Während ich mich wusch, war sie mir vorsichtig gefolgt und fragte, ob etwas nicht in Ordnung sei. Fort waren alle Dreistigkeit und Verspieltheit. Übrig war nur Anpassung. Sie wollte mich sanft liebkosen, obwohl ich harte Schläge gebraucht hätte.

Unter Aufbietung meines Willens bekam ich meine Panik in den Griff, so daß sich mein Magen beruhigte. Ich führte sie zurück ins Zimmer, setzte mich neben sie auf die Bettkante und sagte ihr, was für eine wunderbare Frau sie sei, während ich mich unmöglich verhielte und nie an einem Platz bleiben könne. Die Worte machten mich wieder träge und dumpf, Muskeln und Nerven hörten auf zu zittern, die Gedanken flatterten nicht länger wie Schmetterlinge und sanken schwer und ölig bis auf Kniehöhe. Dabei lächelte ich sie an – und sie preßte eine Träne hervor. Am Ende war es eine Anstrengung, sich vom Bett zu erheben.

Verschiedene Frauen, die gleichen Worte, verschiedene Orte, die gleichen Handlungen. Ich war ein Meister. Nicht, was die Gabe betrifft, Frauen anzuziehen oder festzuhalten. Ich war ein Meister, wenn es galt, Frauen anzuziehen und sie gleichzeitig wegzustoßen. Ich war ein Meister der Wiederholung.

Rasch ging ich zum Bahnhof. Wenn ich nicht Smoking und Zylinder getragen hätte, wäre ich die Strecke gelaufen. Im ganzen Norden gab es nicht genug Sauerstoff, um meine Lungen zu füllen.

Dänemarks Äcker und Wiesen hielten Winterschlaf. Während ich dahinging, gaben sie mir ein Gefühl von Ruhe und gleichzeitig von Bewegung. Früh am Morgen lag der Frost wie Silber auf der fruchtbaren, schlafenden Erde. Der Atem, der aus den Pferdemäulern kam, war wie ein Glücksrausch. Die hartgefrorene Erde bot den stoßenden Rädern den rechten Widerstand. Die betäubende Kälte war leer, hier war kein Bedarf für Gedanken und Pläne, für Begabung und Fähigkeiten.

Niemand auf »Frijsenborg« wußte, daß ich kam. In der Stille, die mich auf dem Weg zum Gut umgab, kam ich auf die Idee, Bror – also mich selbst – zu spielen. Falls aber Tanne dort wäre, würde ich nicht ein noch aus wissen. Dann müßte ich improvisieren.

Die erste, die ich auf dem Weg ins Eßzimmer traf, war Tanne. Ihr Gesicht strahlte mit einem Ausdruck von gaffender Verblüffung und idiotischem Glück, aber erlosch ebenso schnell.

»Ich bin's nur – Bror«, sagte ich, wie um Entschuldigung bittend.

Sie errötete, strich mir über die Wange und seufzte: »Ach, Bror, ich bin so froh, daß du es bist.«

Zu meinem eigenen Erstaunen riß ich ihre Hand weg und verschwand in einem Zimmer, das für gewöhnlich nicht benutzt wurde. Zum ersten Mal in meinem Leben hatte ich den Impuls, mir selbst wehzutun. Ich zog die Fingernägel über die weichen Wangen, um ein Gesicht hinter der Maske freizulegen. Aber dort war nur eine weitere Maske, die genauso aussah, und ganz innen war die rundwangige Kindermaske, die Hans und ich als Einjährige auf einem Foto trugen, das uns, mit Mädchenhüten im Nacken, in einem Zwillingswagen zeigt.

Als ich mich gefaßt hatte und im Begriff war, das Zimmer zu verlassen, sah ich, daß Tanne in der Tür stand und mich betrachtete. Sie war sehr ernst, und ihre großen Augen erforschten mich, als wäre ich ein Fremder. Ich wandte mich ab, fühlte mich unsicher, nackt. Aber ihr Blick wich nicht aus, und als ich ihm wieder begegnete, war er von einer entschlossenen Zuneigung, die hart war wie Stein. Ihr Blick hatte die Masken abgerissen. Sie sah mich als einen anderen.

»Komm, gehen wir zu Tisch, Baron Blixen«, sagte sie und nahm meinen Arm.

»Mit Freude, Karen Dinesen«, antwortete ich.

Tante Fritze schob Tanne zur Seite, als sie uns erblickte, gab mir einen Kuß auf die Wange und gackerte Willkommensworte. Ein älterer treuer Diener der Familie wurde ans Tischende kommandiert, und ich durfte seinen Platz in der Nähe der Tante einnehmen. Onkel Mogens, der Bruder meiner Mutter, war wie immer auf Spaß aus. Mit einer Geste in Tannes Richtung zeigte ich, daß ich sie neben mir haben wolle, aber Tante schüttelte mit einem höhnischen Lächeln den Kopf und wies mit ihrem langen Zeigefinger, daß Tannes Platz ganz unten sei.

Das Essen wurde ein Alptraum. Daisy war nicht da, um Tanne zu beschützen. Nach ihrem Fluchtversuch mit dem schönen Liebhaber und der harten Bestrafung durch ihre Eltern hatte sie sich an ihrer Familie gerächt, indem sie einen alten Schafskopf geheiratet hatte und nun in Rom ein unglückliches Diplomatenleben führte. Verflogen waren ihre bizarren Schwärmereien und giftigen Kommentare. Zurückgeblieben waren ihre beiden schreckensstarren Schwestern, die in ihrem Versuch, sportlich zu sein, wie Ziegen im Park herumsprangen. Die Inzucht schaute ihnen aus den Augen.

Tante plapperte harmloses Zeug und fragte, ob ich etwas zu erzählen hätte, das an einen Mittagstisch passe. Ich erzählte Hans' letztes Flugabenteuer – damit hatte man immer Erfolg –, und da begann eine von den Idiotinnen zu klatschen. Tanne erwähnte etwas von dem Schriftsteller Georg Brandes als ihrem Tischherrn. Die Worte hörte man über den ganzen Tisch. Tante Fritze reagierte sofort.

»Tanne, spiel dich nicht auf, intellektuelle Rabulisten imponieren uns nicht!« sagte sie und imitierte Tannes Art, die Worte mit Sorgfalt zu wählen, während sie ihre Zuhörer großäugig betrachtete.

»Geh hinaus und sage den Mädchen in der Küche, daß sie jetzt das Hauptgericht servieren können!«

Tanne unterdrückte das Weinen mit einem spöttischen Lächeln und verschwand.

Genau in diesem Augenblick trat ein Geschöpf aus meinem Körper, stellte sich als unsichtbarer Schatten hinter meinen Stuhl und betrachtete die Mittagsgesellschaft schräg von oben. »Frijsenborgs« Säle schrumpften schnell auf Puppenstubenformat. Die großartigen Märchen und wunderbaren Schicksale verwandelten sich in mechanische Wiederholungen, gezwungenen Zeitvertreib, Bitterkeit und Snobismus.

Als Tanne zurückkam, sagte ich zum Erstaunen aller, daß sie die einzige von uns sei, die in Zukunft etwas Großes ausrichten werde.

»Ja, großen Spektakel, da hast du recht«, antwortete Tante Fritze.

Dann wandte sie sich direkt an Tanne und hielt eine kleine Ermahnungsrede, während die Inzuchttöchter kicherten. Sie solle ihren rechtmäßigen Platz in der bürgerlichen Bequemlichkeit von »Rungstedlund« einnehmen, für bürgerliche Tugenden leben und sich einen Mann nehmen, der im Geschäftsleben sein Geld verdiene. Niemand solle versuchen, sich feiner zu machen, als er sei. Trotz ihrer Verwandtschaft miteinander, sei es wichtig, sich ihrer unterschiedlichen Voraussetzungen bewußt zu sein. Der Hochadel habe seine Lebensformen, die Bürgerschaft die ihren und der Pöbel die seinen. Daß sich Daisy von Tannes intellektuellen Schwärmereien habe verlocken lassen, bedeute nicht, daß sie ganz selbstverständlich ein Teil von Daisys Welt sei.

Lange blieb es still. Wir warteten alle darauf, daß Tanne, die immer mit schnellen Antworten zur Stelle war, etwas erwidern würde. Aber sie blieb stumm. Ihr Gesicht sah aus, als wäre Jahrtausende lang Wasser darüber gelaufen und hätte alle Unebenheiten fortgewaschen, alle Farben weggespült und die Gesichtszüge transparent gemacht. Ihr Schweigen fror die Mahlzeit zu einer Fotografie ein. Niemand konnte sich rühren oder etwas sagen, bevor sie sich verteidigt hatte. Niemand konnte mit dem Hauptgericht beginnen, ehe ein neues Wort zu der Frage hinzugefügt worden war.

Tante Fritze starrte sie auffordernd an und brach das Schweigen: »Nun?«

Mit belegter Stimme sagte Tanne schließlich: »Aristokratie ist für mich eine innere Haltung, keine äußere.«

Da brach Tante Fritze in lautes Lachen aus, erhob Messer und Gabel zum Zeichen, daß man mit dem Braten beginnen könne und antwortete: »Kleine Tanne, du weißt selbst sehr genau, daß du dich irrst. Warum demütigst du dich? Sollte jemand an diesem Tisch, außer dir, versteht sich, eine innere Aristokratie besitzen?«

Nun brachen alle in schallendes Lachen aus. Selbst die Töchter, auch wenn sie keine Ahnung hatten, um was es bei dem Wortwechsel gegangen war.

Tanne rührte während der Mahlzeit das Essen nicht an.

Wir verließen »Frijsenborg« zusammen. Ohne ein Wort zu wechseln, hatten wir unseren Aufbruch beschlossen. Einige hastige Blicke waren genug, daß ich zu Tante Fritze ging, mich entschuldigte und mit einer leicht durchschaubaren Ausrede, die Mutter Clara betraf, mich verabschiedete. Tanne verschwand in ihrem Zimmer, um zu packen.

Ich nahm ihre Koffer, bevor es der Kutscher tun konnte, half ihr mit einer Ehrerbietung und einem Respekt in den Wagen, die nicht mißverstanden werden konnten.

»Er treibt seinen Scherz mit dir, kleine Tanne«, gackerte es von der Treppe.

»Grüßt Hans – ihr beiden!«

Es war unmöglich, sich auch nur zu räuspern. Wenn ich einen Laut von mir gegeben hätte, wäre Tanne in Tränen ausgebrochen.

Ich bewegte mich ganz vorsichtig. Eine kleine Berührung mit meinem Ellenbogen hätte die Schleusen geöffnet.

Erst im Zug nach Kopenhagen befreite sie sich von der Demütigung. Indem sie zu reden begann, kapselte sie die Kränkung ein und versiegelte sie. Selbst hatte ich nichts dazu zu sagen. Ich konnte doch nicht eingestehen, ich hätte gerade entdeckt, daß sie für mich die einzige offene Tür aus meinem Leben sei. Wie sollte das jemand verstehen? Am allerwenigsten sie.

Sie sprach mit hohler, flüsternder Stimme.

In Paris habe sie kurze Augenblicke von Glück erlebt, die so stark gewesen seien, daß sie geglaubt habe, sie wäre imstande, auf gewöhnlichem Briefpapier ein Meisterwerk zu malen oder auf die Rückseite einer Restaurantrechnung ein unsterbliches Gedicht zu schreiben. Das Glück habe einen Stich von Schmerz gehabt. Die restlichen Tage sei sie am Ufer der Seine entlanggestreift, um einen Platz zu finden, von dem aus man sich gut in den Fluß stürzen könnte. Aber sie habe sich lebendig gefühlt – so wie es immer sei, wenn man vor dem Abgrund stehe.

Sie habe die Kunst und die Literatur in Paris verlassen, weil sie um jeden Preis versuchen wolle zu leben, berichtete sie. Und der Weg zum Leben müsse über Dänemark gehen, über diesen Friedhof, wo selbst die Leichen so diszipliniert seien, daß sie sich weigerten, nachts auf den Gräbern zu tanzen. Um das Ziel zu erreichen, das freie, große Leben, sei sie gezwungen, zuerst die Konventionen zu durchbrechen. Ihr Leben solle nicht eine Flucht werden, sondern eine freiwillige rationale Wahl.

Ihre Pupillen weiteten sich, als sie sich zu mir beugte. Sie befeuchtete ihre Lippen, wartete darauf, daß ich mich in ihrem Sprachnetz verfing, und als ich den Duft ihres Atems spürte und im Takt mit ihr zu atmen begann, erzählte sie von dem letzten Abend in Paris: Sie und Eduard Reventlow waren ziellos in Paris herumgefahren. Eduards treue Verlobte Else war zu Hause geblieben und verging fast vor Unruhe darüber, was ihr Verlobter mitten in der Nacht mit Tanne Dinesen treiben würde. Es nieselte, sie hielten an und tranken ein Glas in einer

Bar, die Zeit verlangsamte sich, sie berührten einander, als wären sie aus zerbrechlichem Glas, die Gäste verstummten in ihren Gesprächen und schielten hinüber zu ihnen, die da an einem Fenstertisch saßen und mit ihren Fingerspitzen einander sanft über den Handrücken strichen.

Als sie wieder auf der Straße standen, löste sie ihr Haar, das sich im feuchten Wind kräuselte. Reventlow holte tief Luft und bat sie mit heiserer Stimme, die restliche Nacht weiter mit ihm in einer Pferdedroschke zu verbringen. Sie fuhren durch schwarze, leere Straßen, sahen Huren in offenen Türen und Notleidende, die auf den Bürgersteigen schliefen. Sie hielten vor dem »Maxim«, gingen hinein und ließen sich auf die kindlichste Weise unterhalten.

Wieder draußen auf der Straße, waren ihre üblichen spaßigen Einfälle aufgebraucht. Was sie auch taten, jeder von ihnen stand vor der Einsamkeit des anderen. Reventlow war ernst wie auf einer Beerdigung und sagte schließlich, daß er sie mehr liebe als alles andere. Sie ermahnte ihn, kein Wort mehr zu sagen, und forderte den Kutscher auf, sie zum Hotel zu fahren. Als sie mit ineinander geflochtenen Fingern Abschied nahmen, zeigte sich das erste graue Licht der Morgendämmerung.

Sie schwieg, und ich bemerkte, daß sie während ihrer Erzählung meine Hände ergriffen hatte. Ich mußte ein paar Mal tief atmen, um Luft zu bekommen. Mein Mund war trocken. Zum ersten Mal hatte ich entdeckt, daß man, wenn man dicht neben Tanne saß, schwer atmen konnte. Sie brauchte alle Luft selbst.

Während ich sie betrachtete, verlor ihr Gesicht die gewohnten Konturen. Als sie aus dem Fenster guckte, ähnelte sie einem kleinen Kind, und im nächsten Augenblick, als sie sich mir zuwandte, hatte sich ihr Gesicht in einen Totenkopf verwandelt.

Ich erhob mich hastig und wandte mich ab, schwindlig vor Verzauberung und Abscheu. Dann veränderte sich alles wieder. Sie sagte meinen Namen mit einer Innerlichkeit, die ich zuerst für Ironie hielt, aber als ich mich ihr zuwandte, traf mich ein unerwartet liebevolles Lächeln.

»Ich weiß ja, ich bin nur Bror«, sagte ich, um meine Stellung zu markieren.

Sie schüttelte den Kopf und trat direkt in mein Herz.

»Ich sehe nichts anderes als dich, Bror; für mich bist du der Weg aus diesem Leben, das nur aus sinnlosen Wiederholungen besteht.«

Als ich sie meine eigenen heimlichen Worte und Gedanken aussprechen hörte, begriff ich zum ersten Mal, was sie gemeint hatte, als sie bei einer früheren Gelegenheit von einem Pakt zwischen uns sprach.

Das Verliebtsein kam wie das Zittern der Bogensehne, wenn der Pfeil abgeschossen ist, oder wie die erwartungsvolle Stille nach dem Knall eines Schusses.

»Bror«, flüsterte sie, »niemand kann zuhören wie du. Du bist zu etwas Großem bestimmt. Laß uns alles verlassen und verschwinden. Gemeinsam finden wir einen Weg für uns. Ich will gern in weiter Ferne hungern, statt satt und träge in Dänemark zu hocken!«

Als ich fragte, wohin wir wollten, betrachtete sie die Felder vor dem Zugfenster und sagte mit großem Ernst: »Sibirien.«

»Natürlich«, antwortete ich, und dann fielen wir einander lachend in die Arme.

Sie schwieg plötzlich, erstarrte und flüsterte in mein Ohr:

»Dort sollst du mich Tania nennen.«

Sie war zart und dünn, aber ihr Skelett war hart. Wir küßten einander zum erstenmal. Dann wurde sie wieder weich, behauptete, daß ich mehr nach Tier als nach Gentleman duften und eine weiche Schale um einen harten Kern haben würde – im Unterschied zu anderen, die eine harte Schale um einen weichen Kern hätten.

»Es ist dein harter Kern, den ich haben will«, sagte sie, und ihr Atem machte mein Gesicht feucht.

Alles war entschieden. Wir alberten glücklich die letzte kurze Strecke nach Kopenhagen.

Als ich nach »Stjerneholm« kam, ging ich mit dem Gewehr hinaus. Hans war natürlich nicht dabei, er wurde für den Krieg gedrillt, oder er hatte eine Gelegenheit gefunden abzuhauen. Es war leer ohne ihn – aber so mußte ich nicht die Last seiner Lebensfreude tragen.

Es war keine Jagdzeit, doch ich konnte es nicht lassen. Aber alles wurde so ganz anders. Ich pirschte mich so dicht wie nur möglich an das Wild heran – Hirsche, Fasane, Kaninchen, Rehe und den einen und anderen Hasen, aber ich löste keinen einzigen Schuß. Unmittelbar vor ihnen – ich sah deutlich die Angst in ihren Augen –, hob ich das Gewehr, stand totenstill und zielte sorgfältig. So verharrte ich zuweilen mehrere Minuten, bis die Tiere davonstürmten oder in ein schützendes Gebüsch flatterten.

Es war ein Gefühl, als täte ich etwas Verbotenes, etwas Widerwärtiges. Das Wissen darum, daß mich jemand sehen und eine Erklärung verlangen könnte, erregte mich. Ich hatte keine Ahnung, was ich antworten sollte. Mir taten nicht die Tiere leid – so, wie es Frauen zuweilen erleben –, ich war nicht darauf aus, den Bestand zu schützen – es gab genug Tiere –, und es war auch kein ästhetisches Erlebnis, wie es manche Städter empfinden, was mich von den erlösenden Schüssen abhielt. Ich wollte gern töten, und ich liebte es zu töten. Es war etwas anderes, was mich daran hinderte. Wenn ich auch soviel Munition hatte wie nötig war – so glaubte ich trotzdem, daß ich einfach die Kugeln für eine spätere Gelegenheit aufsparen müßte.

3.

Das Dasein hat mich stets mit einem scheelen Blick betrachtet. Wohin ich mich auch begab, folgte mir ein schielendes Auge. Nie habe ich mich im Zentrum befunden, immer war ich ein Schatten außerhalb des Brennpunktes der Wirklichkeit, die Hälfte einer für immer verlorenen Ganzheit. Ich versuchte mich damit zu versöhnen, indem ich die Schuld dafür auf mich nahm. Es war meine Schuld, daß der Makel der Mißbildung immer mich traf.

Es gibt eine andere Methode: ganz aus dem Blickfeld verschwinden. Nichts wäre für mich verlockender gewesen. Trotzdem hatte ich Angst vor dieser Lösung. Ein ganzer Mensch zu werden, verlangt immer eine schwere Verantwortung. Einem Individuum, das ganz es selbst ist, kann man viel auferlegen. Dazu war ich nicht reif genug. Tanne war die einzige, die mir meine Möglichkeiten zeigen konnte.

Einmal fragte ich Hans, ob er bemerkt habe, daß die Leute schielten, wenn sie uns ansahen. Er hielt das für einen Spaß und lachte.

Meine Liebe zu Tanne war mit nichts zu vergleichen. Sie erinnerte an die tiefe Ergebenheit, die ein Mensch gegenüber einem Berg oder einem Meer empfinden kann – sie war mehr Sehnsucht als Begehren. Das, womit ich locker umzugehen pflegte, Liebkosungen, Flirten, errötende Wangen und vertrauliches Flüstern, eignete sich nicht für sie. Das war, als gäbe man einem Hungernden Süßigkeiten. Ihr Hunger verlangte einen gedeckten Tisch – und Verzicht.

»Satte Raubtiere jagen nicht«, sagte sie. Sie konnte ernst und hart wie die Wüste sein, aber auch zart wie eine Vogelschwinge. Sie zu berühren, war wie ein uraltes Ritual. Es erinnerte an die Freude, mit der man nach seiner Waffe greift.

Hans fürchtete Tanne. Ich fand bei ihr Sicherheit. Bei ihr bekam mein Körper ein Gewicht und eine Härte, wie er sie nie bei anderen Frauen gehabt hatte. Zum ersten Mal war ich es, der einen Schatten warf – und der Schatten war Hans.

Nirgendwo waren die schielenden Blicke so deutlich wie in Tannes Elternhaus »Rungstedlund«. Das wurde noch schlimmer, als ich im Herbst 1912 um ihre Hand angehalten hatte. Das Verwirrende war, daß es dort bereits viele Schatten gab, einige von ihnen standen drinnen an den Türpfosten oder saßen zusammengesunken hinter Schreibtischen, andere waren so vage, daß man sie nur ahnte. Das ganze Haus murmelte. Man mußte sich vorsichtig bewegen. Ich war gezwungen, die Spontaneität wie eine offizielle Zeremonie zu handhaben. Ich empfand das so, als würde man Wild und Schützen an passenden Orten festbinden, ehe die Jagd begann.

Alle jene, die in Tante Ingeborg Dinesens und Tante Bess Westenholz' Welt eintraten, mußten jedes Wort mehrmals abwägen, ehe sie es aussprachen: moralisches Gewicht, der Umfang der Konsequenzen, die Forderung der Tradition. Jede Replik hatte ihren Preis. Überhaupt gab es viel, was in diesem Heim schwer wog. Kein Wort war deshalb schlimmer als gerade das Wort »Leichtsinn«. Tanne neckte die anderen, indem sie vom »leichten Sinn« sprach.

Es war seltsam, daß ein Heim so schwer auf der Erde stehen konnte, wenn es so dicht am Øresund lag.

»Ein Kloster«, wie Tanne sagte.

Der offene, freie Horizont des Meeres war verschwunden, als ihr Vater, Wilhelm Dinesen, einen Strick um seinen Hals legte und die Familie verließ. Er hatte das Licht und die Leichtigkeit mitgenommen und ein Dunkel hinterlassen, von dem niemand wußte, wie man es verscheuchen konnte.

Auf der östlichen Seite des Hauses roch es nach Fisch, Tang und salzigem Meer. Auf der westlichen dampften die Erde und der Laubwald rings um »Ewalds Höhe«. Die Düfte wechselten mit den Jahreszeiten. Man konnte zwischen Küste und Binnenland wählen, je nachdem, nach welcher Seite man das Haus verließ.

Ich warb um Tanne auf traditionelle Weise. Sie wollte es so. Das gab ihr die Möglichkeit zu zögern. Meine Liebesbriefe – es war nicht so leicht, einer Frau zu schreiben, deren Worte wie Funken in trockenem Zunder waren – beantwortete sie kaum. Wenn sie es doch tat, handelten ihre kurzen Mitteilungen meistens von Treffpunkten und Zukunftsplänen. Ihr korrekter Ton veranlaßte mich, mit liebevollen Worten zu antworten, zu versuchen, die Sachlichkeit aufzuweichen und die Unvernunft herauszulocken. Ich wußte, daß dies nicht glücken würde, wollte es aber trotzdem tun. Das gehörte mit zu meiner Aufgabe. Aber wenn wir einander trafen, war sie geheimnisvoll auf eine warme und innige Weise.

Tanne holte mich an der Haltestelle Klampenborg ab. Es war das erste Mal, daß ich als ihr künftiger Ehemann nach »Rungstedlund« kam. Bei meinen früheren Besuchen hatte Tante Ingeborg still und höflich über meine Geschichten aus Schonen gelacht. Sie lächelte mich an, aber ihre Augen waren wehmütig. Ich versuchte mich, so weit es mir möglich war, den »Gesetzen des Klosters« anzupassen. Tante Bess hatte mich immer als einen Bajazzo betrachtet, der auf Abstand harmlos war, aber Schmutz hereinbrachte, sobald er über die Türschwelle trat. Sie nahm keine Notiz von mir, außer wenn ich von den Kühen und der landwirtschaftlichen Arbeit auf »Stjerneholm« berichtete. Dann war sie ehrlich interessiert. Tannes Schwestern mieden mich, als fürchteten sie freche Annäherungen.

Tanne wartete auf mich zusammen mit dem Kutscher an der Eisenbahnstation. Sie war wie gewöhnlich blaß und mager. Die Sehnen am Hals waren angespannt.

»Es wird nicht leicht«, sagte sie kurz, als ich sie küßte.

Im Wagen saßen wir dicht nebeneinander. Vom Meer kam ein kalter Wind, und wir hüllten uns in ein Plaid. Ihr Körper zog aus meinem die Wärme. Ich fragte, ob wir auf dem Weg zum Scharfrichter seien. Sie nickte. Wir waren zwei Liebende auf dem Weg zur Guillotine. Das einzige, was unser Leben retten konnte, war der Verzicht aufeinander. Ich lachte – aber sie blieb ernst. Nach einer Weile fragte sie, wie meine Eltern reagiert hätten. Ich erzählte, daß sie lange stumm mit fragenden Gesichtern dagesessen hätten.

Zuerst hatte meine Mutter gefragt: »Wird sie sich weiterhin schminken und Zigarillos rauchen?«

Dann hatte Vater gesagt: »Ihr könnt ›Stjerneholm‹ haben.«

Sie ergriff meine Hand und sagte lachend: »Haben sie gefragt, ob ich Kühe melken kann?«

»Rungstedlund« wirkte still und ernst. Es war spät am Nachmittag, trotzdem brannten keine Lampen. Der Kutscher setzte uns ab und fuhr weiter zum Stall. Mir kam der Gedanke, daß niemand zu Hause sei. Wir standen einen Augenblick still da und sahen über das Wasser. Aus unseren Mündern dampfte der Atem.

»Wir brauchen nur Mut«, sagte Tanne, »und davon hast du reichlich.«

Als wir die Treppe hinaufgingen, hielt sie mich zurück und sagte: »Denk daran, daß wir Pioniere in Sibirien werden wollen. Nichts anderes.«

Während wir im Halbdunkel der Diele die Mäntel ablegten, hörten wir Schritte, die näher kamen. Es war ein Dienstmädchen, das uns bat, in den Salon zu kommen.

Tanne schnitt eine Grimasse und markierte ihren Status als Zugehörige des Hauses, indem sie rief: »Hallo, habt ihr noch nicht die Lampen angezündet?«

Tante Ingeborg tauchte auf, gab uns die Hand, flüsterte mir ein »Willkommen« zu und ging uns voraus in die große Stube. Tante Bess saß in einem Lehnstuhl. In der Dämmerung wirkte sie riesengroß.

Genau in diesem Augenblick dachte ich, was auch immer ich tun würde, es wäre falsch, denn kein Mensch könnte in dieser Stube, genau in dieser Situation, etwas Richtiges tun. Faktisch munterte mich das ein wenig auf.

Tanne beging den ersten Fehler.

»Was ist das hier für ein düsterer Empfang?« Ihre Stimme war entsetzlich – schneidend und gekünstelt. Tante Bess hob die Hand auf eine Weise, die das Höchste Gericht zum Schweigen gebracht hätte, und sagte: »Setzt euch!«

Wir setzten uns jeder auf seinen Stuhl, und ich bemerkte, daß sich Tante Ingeborg mit einem Seufzer niederließ. Die Schatten standen aufrecht an den Wänden.

Tante Bess eröffnete ihre kurze Rede mit den Worten: »Die Ehe ist von Gott gestiftet ...«, und für einen Augenblick kam mir der Gedanke, ich nähme an einer feierlichen Familientradition teil, einer Art Verlobungszeremonie, die von der Familie Westenholz entwickelt worden war.

Ich lächelte und nickte ihr bekräftigend zu, aber ihr Blick war Antwort genug: Dieses war keine Familienzeremonie, es war ein Gericht.

Je mehr sie sprach, desto mehr verschmolz sie mit dem Halbdunkel und den Schatten in der Stube. Die Stimme tönte wie aus der Tiefe einer Grabkammer, und es war unmöglich, gegen ihre Worte zu argumentieren. Es war das Gesetz, das uns verlesen wurde.

Die Ehe sei eine heilige Institution, nichts, womit man leichtfertig und verantwortungslos umgehen könne. Wir beide seien dafür völlig ungeeignet. Ich sei ein unreifer Schürzenjäger, ein verspielter Lümmel, der sabbernd Vergnügungen und Lusterfüllung hinterherjage und dessen Verantwortung nicht weiter reiche als bis zur Reinigung seines Gewehrs. Tanne sei eine schwärmerische Träumerin ohne Kontakt zur Wirklichkeit, die den einen Tag in Ritterträumen schwelge und den anderen moderne Künstlermythen pflege. Mit rollenden Augen und offenem Mund lausche sie jedem adligen oder intellektuellen Pfau, der mit seinen schönen Federn prahle und prätentiösen Unsinn gröhle. Von uns sei jeder auf seine Weise erbärmlich, und deshalb paßten wir nicht zusammen. Eine Ehe zwischen uns wäre ein Hohn gegen Gottes Ordnung. Wir würden »Stjerneholm« zugrunderichten, Schande über die Familien bringen und ... Stammelnd suchte sie nach Worten, aber sie fand keine, die stärker waren als jene, die sie bereits benutzt hatte. Schließlich schnaubte sie: »Sibirien!« mit einer derartigen Verachtung, daß sich ein Hund, den ich vorher nicht bemerkt hatte, erstaunt in einer Ecke erhob und sich schüttelte.

Tante Bess stand auf, schnaufend vor Widerwillen, und verließ die Stube.

Tante Ingeborg zündete eine Lampe an, seufzte und bat uns, näher zu ihr zu kommen. Ihr schmales Gesicht wurde noch länger und faltiger.

Ein Gedanke durchfuhr mich: So wird Tanne in dreißig Jahren aussehen.

»Geliebte Kinder«, begann sie, verlor aber den Faden. Sie holte tief Luft und preßte mit großer Mühe die Worte aus dem Mund: Tante Bess habe im Prinzip recht. Wir paßten nicht zusammen, seien jeder auf seine Art unreif, und kein Mensch könne verstehen, was wir aneinander fänden.

Sie kreiste einen Augenblick um ihren Hauptgedanken, wagte aber nicht, ihn geradeheraus zu sagen. Tanne wurde mehr und mehr ungeduldig, und ich sah den Zorn in ihr wie eine kochende Flüssigkeit hochsteigen.

»Sag es nur, sag es nur!«

Schließlich äußerte Tante Ingeborg: Es gebe niemanden, der glaube, daß wir einander liebten. Die Enttäuschung darüber, daß wir beide nicht den Partner bekommen hatten, den wir wollten, habe uns dazu gebracht, beieinander Trost zu suchen. Und das sei nicht genug für eine Ehe. Sie sagte, sie schlage aus Sorge um uns vor, daß wir über unsere Verlobung noch einmal nachdenken sollten.

Tanne erhob sich und ging zum Gegenangriff über. Was wußten die anderen über unsere Gefühle! Wie konnten sie sich erdreisten, sich über das zu äußern, was wir füreinander fühlten! Ihre Erregung erstaunte auch mich. Sie war so gekränkt, daß sie den Tränen nahe war. Ihre Stimme bebte und kippte über – und Tante Ingeborg hörte mit erschrockener Aufmerksamkeit zu. Tanne spielte kein Theater, sie war erschüttert.

»Kein anderer weiß, was ich in meinem Herzen fühle!«

Tante Ingeborgs Blick suchte meinen, und ich gab meinen einzigen Beitrag zum Gespräch: »Ich liebe Tanne.«

Als ich zur Seite blickte, bemerkte ich, daß Tante Bess während Tannes lautstarker Rede wieder in die Stube gekommen war.

Sie stand stumm und breitbeinig da und betrachtete uns: »Na?«

Tanne ging zu ihr. Den Zeigefinger auf ihre Brust gerichtet, sagte sie: »Das vergesse ich nie!«

Kalt schlugen ihr die Worte entgegen, daß diese Stunde vielleicht eine nützliche Erinnerung für das Leben sei.

Da griff Tante Ingeborg ein. Jetzt müsse Schluß sein mit der Schimpferei, und alles solle entschieden werden. Wenn wir uns so sicher seien, bekämen wir ihren Segen.

Sie wandte sich an mich und fragte, ob wir auf »Stjerneholm« wohnen wollten. Bevor ich antworten konnte, sagte Tanne auch schon, daß keine der Familien mit uns Mühe haben werde und daß es unsere Absicht sei, unser Leben auf einem fremden Kontinent aufzubauen.

»Ist das wirklich klug?« fragte Tante ganz sachlich.

»Vater hat es getan!« entgegnete Tanne.

»Das ist es gerade, woran ich gedacht habe«, erwiderte sie.

Während des Essens herrschte eine erstaunlich gute Stimmung. Tante Bess beglückwünschte uns munter zu einer wunderbaren Zukunft in den sibirischen Weiten, wo der Frost nie die Erde verläßt und wo der nächste Nachbar zehn Tagesmärsche entfernt lebt. Sie fragte, ob wir uns von Rentierzucht in der Tundra oder von der Jagd auf Zobel und Tiger in den weiten Wäldern der Taiga ernähren wollten. Tanne amüsierte sich offensichtlich über die ironischen Ausfälle, aber gab sich ganz unberührt. Statt dessen antwortete sie, als wäre die erdachte Szenerie eine realistische Möglichkeit: »Bror kann Tiger jagen, und ich kann Rentiere züchten und den eingeborenen Kindern beibringen, die Märchen von Hans Christian Andersens zu lesen.«

Tante Ingeborg klapperte laut mit dem Porzellan und seufzte. Tante Bess beschloß die Mahlzeit mit den Worten: »Wenn jemand großen Bedarf für Gottes Segen hat, dann seid ihr es.«

Als ich Tanne eine gute Nacht wünschte, dachte ich daran, daß wir noch nie zusammen geschlafen und erst recht keinen sexuellen Kontakt miteinander gehabt hatten. Natürlich sehnte ich mich nach ihr, aber unsere Vereinigung konnte warten. Tanne war keine Frau, die man schnell nehmen konnte. Von der Sorte gab es ansonsten genug.

Dieses Mal küßte sie mich überraschend leidenschaftlich auf den Mund, nahm meinen Kopf zwischen ihre Hände und sagte: »Versprich mir, daß du mich nie verlassen wirst, nie unseren Pakt und unsere Ehe verläßt. Alles andere steht dir frei!«

4.

Mir ist es immer schwergefallen, Menschen ernst zu nehmen. Ihre Lebensmuster sind provisorische Bauwerke, eher Versuche, die Rolle zu spielen, die ihnen durch die Umstände zugeteilt worden ist, als authentisches Leben. Selbst mein Vater war ein Mann, der durch Zufälle zum »Baron« geworden war. Es gab Augenblicke, in denen ich ihn mir als Häusler vorstellte. Da wandelte sich mein Respekt vor ihm in Sympathie. Er war weder größer noch kleiner als alle anderen.

Aber Tanne war anders. Es war nicht die soziale Rolle, die sie in erster Linie geprägt hatte, sondern ihre Persönlichkeit. Sie flößte in jeder Situation Respekt ein, auch wenn sie sich aufspielte. Ich konnte sie mir in vielen Lebensrollen vorstellen – sie würde trotzdem immer dieselbe sein.

Eigentlich ist das merkwürdig, weil sie so eifrig war, eine starke Position in der Gesellschaft zu finden. Sie suchte verzweifelt nach einer äußeren Form, die zu ihrem Charakter paßte. Ich fand, es gab wenige, die nicht zu ihr paßten.

Mir selbst fehlten sowohl Charakter als auch eine natürliche soziale Identität. Trotzdem war das nichts, um das ich mir Sorgen machte. Ein unbeschriebenes Blatt zu sein, war meine ganze Jugend hindurch ebenso natürlich für mich gewesen, wie am Morgen aufzuwachen und am Abend in den Schlaf zu fallen. Nun veränderte sich alles. Und es war Tanne, die dabei war, mich zu schaffen, mir ein wirkliches Leben zu geben.

Nach unserer Verlobung trat sie in die Rolle der ernsthaften und zielstrebigen Abenteurerin. Sie baute harte Mauern um unsere Entschlossenheit. Das paßte mir ausgezeichnet.

Wir nahmen immer seltener am gesellschaftlichen Leben teil, aber wir wußten, daß sie beim Festmahl über uns sprachen.

Nach den ersten Protesten verstummten die Familien. Aber unausgesprochen herrschte die Meinung, unsere Verlobung sei ebenso eine Torheit wie unsere Absicht, in ein fernes Land zu ziehen. Hans neckte mich mit Sibirien, lachte und schüttelte den Kopf. Das war das einzige, was weh tat. Er hätte mir statt dessen helfen, sich auf meine und Tannes Seite stellen können. Er tat weder das eine noch das andere, sondern sprang auf sein Pferd oder kroch in sein Flugzeug und verschwand.

Mehrere Monate nach unserer Verlobung sagte er mir auf dem Weg zum Stall auf »Stjerneholm«: »Du kannst sie gern nehmen.«

Als ich fragte, von wem er rede, sah er zuerst erstaunt, dann nachdenklich aus. Als ich nach einer geraumen Weile verstand, wen er gemeint hatte, griff ich, ohne zu wissen, was ich tat, nach einer Heuforke, die an die Stallwand gelehnt war. Das ist das einzige Mal in meinem Leben, daß ich Hans ängstlich gesehen habe. Statt weiter hinein in den Stall zu gehen, drehte er sich schnell um und lief zurück zum Haus. Seine Flucht, die einen jämmerlichen Eindruck machte, weckte meinen Jagdinstinkt. Ich richtete den Schaft der Forke auf ihn und stellte mir vor, daß sich die Kugel mit einem dumpfen Laut in den Rücken bohrte.

Ich ging in den Stall, legte mein Gesicht an den Hals eines der Pferde, kurz davor, in Tränen auszubrechen. Das Schuldgefühl war überwältigend. Aber wer hatte verraten, ich oder er?

Wir haben diesen Vorfall später nie berührt.

Ich war von Onkel Mogens, dem Bruder meiner Mutter, nach »Frijsenborg« bestellt worden. Ich fürchtete das Schlimmste. Wenn er eingriff, bedeutete das für gewöhnlich, daß die Familie einen entscheidenden Entschluß gefaßt hatte. Außerdem vermißte ich Tanne. Sie war schlagfertiger und zielstrebiger als ich. Ich wollte weg, sie hatte sich entschieden, zu emigrieren.

Onkel Mogens nahm mich mit auf einen Spaziergang zu einem Gespräch unter Männern. Er begann ein wenig vorsichtig mit den Worten, auch er sei einmal jung gewesen, und er wisse, wie verlockend das Abenteuer und eine geistreiche Frau sein könnten.

»Aber ...«

Er verharrte und betrachtete mich.

»Geh nicht herum und laß den Kopf hängen. Das steht dir nicht!«

Dann gab er mir einen Knuff in den Rücken und erklärte, daß Tanne und ich nach Malakka reisen und dort eine Gummiplantage übernehmen sollten, die ihm gehöre. Er lachte über meine Verblüffung und versuchte mich davon zu überzeugen, daß dort unsere Zukunft liege. Ich wußte nicht, was ich sagen sollte. Er benutzte ja all die Argumente, mit denen wir, Tanne und ich, uns in den Konfrontationen mit den Familien gewappnet hatten.

»Wir reisen, sobald wir können«, war das einzige, was ich sagen konnte.

Danach gingen wir zu Tante Fritzes Verdruß hinein und ließen uns vollaufen.

Schon am Tag darauf fuhr ich nach »Rungstedlund«, um Tanne zu informieren. Ich war so voller Hoffungen, daß mein Kater unter der Schädeldecke zu einer brodelnden Euphorie geworden war. Als ich ankam, war sie nicht zu Hause. Sie war von ihrem Onkel Aage Westenholz, dem Bruder ihrer Mutter, zu einem Gespräch bestellt worden, wurde aber zum Abend zurückerwartet. Das war beunruhigend, aber meine guten Nachrichten würden sicher ihre schlechten aufwiegen können.

Ich machte einen langen Spaziergang am Wasser. Bei einer Brücke setzte ich mich in den Windschatten eines Bootshauses und lehnte mich an die Wand. Hinter mir brannten die Herbstfarben in der Sonne, und vor mir glitzerte sommerlich die See. Ich schlief ein. Genau dort, an dieser mir unbekannten Brücke, empfand ich zum ersten Mal den großen Frieden vor einem Aufbruch. Die Möglichkeit wegzukommen, war wie eine Heimkehr. In mir war alles durcheinandergeraten, Aufbruch war wie Heimkehr, nach Hause zurückkehren wie abreisen. Etwas in mir hatte seinen Platz gefunden, etwas wurde in mein Inneres eingetragen. Der Gedanke fortzugehen, zu wandern, in unbekanntem Terrain der Gefahr zu begegnen, gab mir eine Ruhe und eine Zuversicht, die wie ein stiller Rausch waren. Sicher und zufrieden schlief ich eine halbe Stunde, bis die Möwen mich weckten. Durchgefroren, aber immer noch guter Laune, eilte ich zurück. Tanne war gekommen.

Es war sicher kein gutes Zeichen, daß sie mich nicht in der Diele empfing, da das ganze Haus ja von meiner Ankunft wußte, aber das beeinflußte nicht meine gute Stimmung. Das Stubenmädchen teilte mir mit, daß mich Tanne im großen Salon erwarte. Als ich in den Raum kam, sah ich sie nicht sofort. Sie stand an einem Fenster, den Rücken mir zugewandt und den Blick auf den Garten hinter dem Haus gerichtet. Der Rauch von ihrem Zigarillo zeichnete sich vor der Scheibe ab. Auch dieses Mal war es schummrig in der Stube. Ich werde mich an »Rungstedlund« immer wegen seiner wie ausgelöscht wirkenden, düsteren Räume erinnern.

Das Arrangement machte mir deutlich, daß sie den Abstand zwischen uns wahren wollte, und ich blieb an der Tür stehen, während wir uns begrüßten. Nach einer Weile sagte ich, daß ich etwas Aufmunterndes zu erzählen hätte, aber daß sie zuerst von ihrem Gespräch mit Onkel Aage berichten könne. Mit dumpfer Stimme antwortete sie, daß sie von der Zukunft gesprochen hätten und daß Onkel Aage eine sehr entschiedene Meinung habe. Die ganze Familie stehe hinter seiner Auffassung, behauptete sie.

Dann drehte sie sich um und kam mir mit langsamen, feierlichen Schritten entgegen.

»Onkel Aage beabsichtigt, auf dem westlichen Teil von Malakka eine Kokosplantage zu kaufen, und er würde dich gern als Verwalter einsetzen. Wir können so bald wie möglich reisen.«

Ich warf mich auf ein Sofa und begann zu lachen. Sie sah mich mißvergnügt an. So hatte sie sich diesen Augenblick nicht vorgestellt. Stumm vor Staunen hätte ich dastehen sollen, und danach, während sie mich geheimnisvoll angelächelt hätte, sollte sich die Freude langsam auf meinem Gesicht ausbreiten. Wir hätten uns dann hingesetzt, froh und feierlich, und den ersten Stein zu dem Bauwerk gelegt, das unser Leben werden sollte.

Statt dessen rief ich das Stubenmädchen und bat um ein Bier. Sie lief erschrocken hinaus und fand eine staubige Flasche in einem zur Seite gestellten, vergessenen Vorrat. Ich fing an zu singen, umfaßte Tanne und tanzte mit ihr einen glücklichen Walzer. Zuerst war sie unwillig, was mich jedoch nicht im mindesten berührte. Ich war kindlich zufrieden, nicht in erster Linie, weil wir in ein neues Leben aufbrechen konnten, sondern weil ich mich selbst gefunden hatte.

Mitten in dem Spektakel kam Tante Bess herein, dicht gefolgt von Tante Ingeborg.

»Ist Bror Blixen ausgelassen oder betrunken?«

Ich blieb stehen, verbeugte mich vor ihnen und hielt eine kleine Rede. Zuerst pries ich ihre Rechtschaffenheit und dankte ihnen, daß sie immer unser Bestes gewollt hatten. Tante Bess' Augen wurden schmal vor Mißtrauen, während die von Tante Ingeborg froh und verlegen blickten. Danach erzählte ich ihnen von meinem Besuch bei Onkel Mogens, von meiner Reise hierher, meinem friedlichen Schläfchen unten bei der Brücke und schließlich von meiner Begegnung mit Tanne und ihrer Mitteilung von Onkel Aages Plänen.

Als ich fertig war, applaudierte Tanne. Ich hatte ganz gewiß ihre Vorstellung unterbrochen, aber sie war in etwas Großartiges und Schockierendes verwandelt worden, etwas, das ihrem Geschmack entsprach.

Genau in diesem Moment wurde ich in ihren Augen Bror Blixen.

Später am Abend, als Tanne und ich einen Spaziergang am Wasser machten, war ihre Stimmung gedämpfter. Falls sie über unsere veränderte Situation grübeln wollte, konnte sie das gern tun. Meine gute Laune war stabil, und auf dem Terrain der Grübelei würde ich mich nur verirren. Ich genoß es, neben ihr zu gehen, die Liebe zu ihr zu spüren und das Vertrauen in unsere Gemeinschaft und unsere Zukunft. Dieses für uns so bedeutungsvolle Ereignis hätte ich am liebsten mit einem Restaurantbesuch in Kopenhagen gefeiert. Ich sehnte mich nach munteren Kameraden und lebenslustigen Damen. Mitten aus unserer gemeinsamen Freude wegzufahren, war für mich eine Selbstverständlichkeit. In mir war Platz für mehrere Leben. Der Aufbruch vereinte sie alle.

Ich fragte sie, was sie meine. Sollte ich das Gästezimmer benutzen oder einen späten Zug zurück in die Stadt nehmen. Sie schlug vor, daß ich zurückfahren solle.

»Du willst wohl mit deinen Kameraden feiern«, sagte sie fröhlich.

Gleich darauf wurde sie stumm und traurig.

Ich sagte, daß ich natürlich bleiben würde, wenn sie es wolle. Sie schüttelte den Kopf. Das sei es nicht, was sie traurig mache.

»Die wollen uns loswerden.«

Ich bat sie, das zu erklären. Sie meinte, daß unsere Familien uns zuerst trennen und unser Leben in konventionelle Bahnen lenken wollten. Weil ihnen das nicht gelungen war, würden sie nunmehr versuchen, uns ganz und gar loszuwerden. Je mehr sie sprach, desto mehr empörte sie sich. Sie stampfte sogar mit den Füßen auf und schlug nach dem Arm, den ich ihr geboten hatte.

»Sie lieben uns nicht«, sagte sie und riß sich von mir los.

Ich entgegnete, daß ich zufrieden sei, wenn sie uns nur Geld liehen. Für mich sei es genug, sie, Tanne, zu lieben, von ihr geliebt zu werden und zusammen mit ihr ein neues Leben zu beginnen, weit weg von Dänemark. Da nahm sie wieder meinen Arm.

Eine Stunde später saß ich im Zug nach Kopenhagen.

5.

Wenn eine große Tür geöffnet und man in eine Welt eingeladen wird, die alle Möglichkeiten bietet, dann zögert man. Es gibt bei allen, selbst bei einem Optimisten, wie ich es bin, ein Mißtrauen gegenüber dem Glück, wenn es einem als unerwartetes Geschenk in den Schoß fällt. Warum geht alles so leicht? Ist es eine Falle, oder gibt es einen Vorbehalt?

Tanne und ich sprachen in ganz alltäglichen Wendungen von Malakka, aber wir taten nichts, um die Idee zu verwirklichen. Wir wagten uns nicht einmal bis zur Schwelle der weit geöffneten Tür. Ich wußte nicht, womit ich anfangen sollte: eine Fahrkarte kaufen oder Khakikleidung? Malakka war ein Phantasiegebilde, unmöglich einzufangen, ebenso ungreifbar und fern wie die verschwommenen Tagträume aus den Teenagerjahren.

Einige Monate später traf ich Onkel Mogens bei Bekannten in Kopenhagen. Er war in Afrika gewesen, und ich hoffte, daß er mir in irgendeiner Weise behilflich sein könnte, den Traum von Malakka Wirklichkeit werden zu lassen.

Sobald er mich erblickte, machte er ein paar schnelle Schritte auf mich zu und umarmte mich. Das Gesicht war dunkler als gewöhnlich, er war magerer als früher, und die Falten, die um den Mund herum schärfer geworden waren, ließen ihn merkwürdigerweise jünger aussehen.

»Bror«, sagte er und verstummte.

Darauf lächelte er, wandte das Gesicht ab und sah aus einem Fenster. Ich betrachtete sein Profil. Sein Blick bekam einen Glanz wie von einer bittersüßen Erinnerung. Mein erster Gedanke war, er hat einen Skandal verursacht, die Familie wegen einer jüngeren Frau verlassen, »Frijsenborg« abgebrannt oder das Familienvermögen einer Geliebten geschenkt.

Er legte den Arm um meine Schultern und zog mich zur Seite.

»Bror«, wiederholte er, und meine Neugierde wuchs, »du mußt nach Britisch-Ostafrika reisen!«

Das war kein Rat, auch keine Aufforderung. Onkel Mogens konstatierte sachlich, was geschehen mußte.

»Warum?« fragte ich, meinte aber eigentlich »wann?« oder »wie?«

Er glitt wieder fort in eine Welt ohne Worte, holte weit mit den Armen aus, hob den Blick, schlug sich an die Brust und schöpfte tief Luft. Er glich einem Teenager, der es zum ersten Mal gewagt hat, die Bluse seiner Liebsten zu öffnen.

»Du sollst eine Farm kaufen, Kühe melken, Kaffee und Flachs anbauen, du sollst jagen, und du sollst an einem Lagerfeuer sitzen und den Löwen zuhören. Und das größte Glück – dir kann es vergönnt sein, dort zu sterben!«

Ich lachte, aber er blieb ernst und tat etwas Überraschendes, er umfaßte mit der braunen Hand, die rauh und fest wie die eines Bauern geworden war, hart meinen Hals.

Als er losgelassen hatte, fragte ich: »Was soll ich tun?«

»Kauf einen schweren Stutzen! In einer Woche schicke ich dir Kisten für das Gepäck – und Adressen in Nairobi.«

Danach verließ er mich, um mit ein paar jüngeren Frauen zu flirten.

Was Tanne betrifft, so hätte ich Grönland, Mongolei, Bolivien sagen können. Es ist das Unbekannte, das einen Widerhall gibt. Als ich »Britisch-Ostafrika« sagte, nickte sie und äußerte, daß es so sein werde, wie ich es wolle. Ich war es, der alles entschied, aber sie legte um jeden Beschluß den gefühlsmäßigen Rahmen.

»Bror will gern«, und »Bror hat entschieden«, sagte sie zu allen.

Aber ich fragte sie nach jedem Gegenstand, den wir mitnehmen wollten. Wenn sie nickte, war er genehmigt, wenn sie nicht reagierte, war er verworfen.

Ich war handlungsbereit wie ein Reiter, der auf den Startschuß wartet, wobei mir die Details der Abreise völlig gleichgültig waren. Am liebsten hätte ich sofort meinen Koffer genommen und mich in den Zug gesetzt, aber ich war gezwungen, mich um die Abfahrtzeiten der Züge, um Bootsmiete,

Umzugskisten, Küchengeräte, Tropenkleidung usw. zu kümmern, Angelegenheiten, die ich am liebsten einem anderen überlassen hätte.

Aber ich lernte zwei Dinge. Das erste – das aus mir selbst kam – war eine Sorgfalt in Hinblick auf Details. Das andere – für das Tanne stand – war, daß jede Sache, jeder Zeitpunkt und jedes Transportmittel eine Aura haben sollten, eine Rätselhaftigkeit, um in Frage zu kommen. Ein Buch mußte eingepackt werden, weil Tannes Vater es vor langer Zeit nach Wisconsin mitgenommen hatte. Ein Stuhl mußte mit, weil man auf ihm besonders gut sitzen konnte, wenn man Sonnenuntergänge betrachtete. Meine Abreise sollte an einem Datum erfolgen, das ein wichtiges Ereignis in unserer Kindheit markierte. Der Umzug nach Afrika hatte Verbindungen zu Träumen, zur Geschichte, die sich in Erinnerungen verzweigte, zum Zusammenspiel von Farben und Wortverwandtschaften. Wir packten nicht nur Dinge wegen ihrer praktischen Funktion ein, sondern auch, weil sie Tanne inspirierende Gedanken eingaben. Und eigentlich begriff ich nichts. Für mich war es ein Spiel. Ich lernte die Regeln, aber verstand nicht ihren eigentlichen Sinn – ich wußte nicht, was man gewinnen konnte.

Doch Tanne gab mir eine Ahnung davon, wie sich Träume und Gedanken mit den Dingen verbinden können. Wir packten mit feierlicher Andacht, berührten jeden Gegenstand fürsorglich – zuerst Tanne, dann ich. Sie sprach über die Gegenstände, drehte sie, hielt sie ins Licht, lachte über ihr Gewicht und liebkoste sie. Nicht nur wir sollten auf die Reise gehen. Wir nahmen eine ganze Welt mit. Es war eigentlich keine Reise, wir verfrachteten unser Leben auf einen fremden Kontinent.

Tannes Mutter und deren wohlhabender Bruder Aage Westenholz gründeten eine Familienaktiengesellschaft und liehen uns ein Startkapital von dreihunderttausend dänischen Kronen zum Kauf einer Farm, von Geräten und Vieh. Meine Eltern (es war Mutter, die für alles sorgte) schenkten uns nicht nur eine Mahagonieinrichtung für einen Salon, sondern auch einen Schreibtisch, eine Chaiselongue und das Mobilar für ein Schlaf-

und ein Gästezimmer. Dazu eine Speisezimmerausstattung, bestehend aus einem Schrank, Eß-, Spiel- und Teetisch, Stühlen, Silberbestecken für vierundzwanzig Personen, Glas und Porzellan mit dem Familienwappen. Alles Leinen und die Tischwäsche, die wir einpackten, trugen Blixen-Fineckes Monogramm und Wappen.

Wir reisten nicht mit leeren Händen in die Wildmark.

Die Leute sagten, daß wir verrückt seien – und gaben uns verrückte Geschenke. Sie sagten, daß wir auf die Reise verzichten und bleiben sollten – und taten doch alles dafür, unsere Abreise zu beschleunigen.

Nur mein Vater beobachtete unsere Vorbereitungen mit echtem Widerwillen. Er sah mit Unbehagen, wie effektiv und entschlossen ich vorging. Als seine Freunde mich deshalb lobten, sagte er: »Das ist nicht der richtige Bror, den wir sehen.«

Seine Haltung spornte mich an. Er lud mich zu Hasenjagden und Segeltouren ein, ungeachtet des Wetters und der Saison. Auch den Verlockungen, mit ihm und Hans in Lund und Malmö auf Kneipentour zu gehen, widerstand ich und verwies auf meine knappe Zeit. Nie zuvor war ich ihm gegenüber so unerbittlich gewesen. Er war über meine Entschlossenheit in gleicher Weise bekümmert wie sich Väter sonst über die Verantwortungslosigkeit ihrer Söhne sorgen.

Nicht ein einziges Mal zeigte ich ihm, daß ich »der alte Bror« war. Er rächte sich. Als alle anderen unsere Heirat akzeptiert hatten, stellte er sich dagegen. Innerhalb weniger Wochen verwandelte er sich in einen mürrischen alten Mann, der sich jeder Argumentation verschloß. Er verbot uns zu heiraten, ja er lehnte jede Diskussion darüber ab.

Doch eines Tages bat er mich, ihn auf einem Spaziergang durch die Näsbyholmallee zu begleiten. Er schnitt das Thema an, vielleicht hatte er eingesehen, daß er zu weit gegangen war. Offensichtlich hatte er seine Meinung geändert und war nun gewillt, uns seinen Segen zu geben. Aber sein Stolz verbot ihm, so ohne weiteres nachzugeben.

Deshalb begann er mit den Worten: »Wenn ihr im dunkelsten Afrika eine Negerhochzeit arrangieren wollt, dann werde ich euch nichts in den Weg legen.«

Am meisten verletzte ihn, daß ich ihm lachend entgegnete: »Dann wird es eben eine Negerhochzeit!«, worauf ich das Thema wechselte.

Tanne und ich beschlossen, daß ich ein halbes Jahr vor ihr abreisen sollte, um eine Farm zu kaufen und alles zu ordnen. Sobald sie eingetroffen wäre, würden wir heiraten und unser neues Leben beginnen.

Einige Wochen vor meiner Abreise bat Tanne um ein Treffen in Kopenhagen. Alle Vorbereitungen waren getroffen, trotzdem gab es da etwas, von dem sie meinte, daß wir es vor unserem Aufbruch erledigen müßten. Ich hatte sie in Verdacht, daß sie etwas Großes und Unhandliches mitnehmen und mich von der Notwendigkeit überzeugen wollte. Es war natürlich nur eine Formalität, sie wußte, daß ich ihr nichts abschlagen würde.

Alles war sehr geheimnisvoll.

»Nimm das späte Nachmittagsboot!« war das einzige, was sie in einem Brief schrieb.

Als das Schiff in Kopenhagen anlegte, sah ich eine einsame Frau am Kai stehen. Zuerst erkannte ich sie nicht. Sie trug dunkle Kleidung wie zu einer Beerdigung. Auf ihrem Kopf saß dagegen ein herausfordernder Hut, dessen Krempe ins Gesicht hing und das gewagte Make-up einigermaßen verbarg. Die Leute drehten sich nach ihr um. Eine Hure in Trauer oder eine Nonne auf der Flucht?

Eine Pferdedroschke wartete auf uns. Wir sprachen fast nicht miteinander, außer wir kommentierten etwas, das auf der Straße geschah. Ich hatte gelernt, nicht zu fragen. Ihr Parfum duftete schwer. Eigentlich war sie wie immer, vielleicht sogar noch etwas mehr sie selbst als sonst. Zum Schluß durchbrach ich trotzdem ihre Regie und sagte, daß sie natürlich alles, was sie wolle, mit nach Afrika nehmen könne. Als Antwort strich sie mir nur über die Wange.

Ohne daß der Kutscher einen Bescheid bekommen hätte, hielt die Droschke in einem mir unbekannten Viertel vor einem kleinen Restaurant. An den Wänden hingen dunkle Wandteppiche und düstere Porträts ausgemergelter Adliger. Tische, Regale und Piedestale waren mit großen und eigentümlichen Ziergegenständen aus verschiedenen Teilen der Welt vollgestellt. Ein einziger Kellner, der schon längst das Pensionsalter errreicht hatte, stakste zwischen den Tischen herum. In einer Ecke des Raumes saßen, zusammengestaucht von großen Turbanen, zwei magere Hexen und stocherten in ihrem Essen herum.

»Sind sie nicht wunderbar?« flüsterte Tanne und nickte ihnen zu.

Der Kellner warf aus großer Höhe einen verächtlichen Blick auf uns und nuschelte: »Was wünschen Baron und Baronesse Blixen?«

Als ich lachend protestieren wollte, nähte Tanne pantomimisch mit Nadel und Faden ihre Lippen zusammen.

Das Menü war eine Mischung von russischem, jüdischem und osteuropäischem Essen, und Tanne bestellte französischen Champagner sowie einige Gerichte, die sämtlich auf »-isch« endeten. Sie schmeckten, als hätte der Koch die Gewürzgläser verwechselt. Ich habe später nie etwas Ähnliches gegessen.

Tanne nippte vorsichtig am Champagner, aber schenkte mir unaufhörlich ein. Das Licht der zahlreichen Stearinkerzen, deren Anordnung im Lokal ein wenig zufällig wirkte, verriet, wie die natürliche Röte ihrer Wangen durch die Schminke drang. Ihre Augen weiteten sich, und der Blick wanderte genießerisch durch das Restaurant.

Kaum hatten wir das Essen probiert, als sie Messer und Gabel hinlegte und zu erzählen anfing. Sie begann mit einigen Eindrücken aus Rom, wo sie im Jahr zuvor Daisy besucht hatte, »Frijsenborgs« verlorene Tochter. Soweit konnte ich folgen. Dann webte sie Phantasien über das antike Rom ein – und bald war sie in eine zeitlose Welt mit gewalttätigen Wikingern, guten Sklaven und tapferen Kriegern eingetreten. Da gab es einsame

Jungfrauen und grausame Eltern, Menschen, die in dunklen Wäldern und mittelalterlichen Städten kämpften, die träumten und intrigierten. Jede Wahl war eine Wahl fürs Leben, jede Liebe trug das Siegel der Ewigkeit, jeder Betrug war eine Flamme, die Generationen hindurch brannte, jedes Wort und jede Handlung bekamen ungeahnte Konsequenzen. Über die Menschen warf sie ein Netz, das sie »Schicksal« nannte, ein Zustand, der die Menschen dazu brachte, sich mit den unglücklichen Umständen zu versöhnen, in denen sie ständig landeten.

Je weiter die Erzählungen voranschritten, desto deutlicher wurde ihre Stimme. Obwohl sie gewandt modulierte, trieb sie die Stimme mit gleichmäßigem und starkem Puls durch den Handlungsverlauf. In ihr wurde ein Licht angezündet, welches das Gesicht leuchten ließ und aus den Augen strahlte. Sie lockte mich in eine Welt, in der »wahr« und »falsch« unbrauchbare Kategorien waren und wo Menschen und Dinge über den Kümmernissen des Alltags standen.

Zuweilen schaute ich im Lokal umher, um nüchtern zu werden, und dann wieder nahm ich große Schlucke vom Champagner, um mit Hilfe des Alkohols zu versuchen, in die dänische Wirklichkeit zurückzukehren. Aber der Ort selbst und das Getränk waren mit Tanne im Bunde.

Als ich mich umdrehte, sah ich einen Totenkopf. Das war der Kellner, der ebenfalls lauschte, mit geöffnetem schwarzem Greisenmund und einem Zucken im Augenwinkel. Die beiden Hexen hatten sich ungeniert mit ihren Stühlen uns zugewandt und saßen mit feuchten Augen da, während ein Lächeln ihre runzligen Wangen straffte.

Als sich Tanne mitten in einem Satz selbst unterbrach und flüsterte: »Liebster Bror, niemand kann zuhören wie du« – so laut, daß die Damen seufzten –, da ließ ich allen Widerstand fahren. Ich leerte die Flasche und gab mich ganz hin. Trotzdem hatte der Alkohol keine Wirkung auf mich. Zum ersten Mal in meinem Leben war es ein Mensch, der mich berauschte. Ich liebte sie für die Welt, die sie schuf und die sie selbst um sich herum sah. Die Umwelt zu betrachten, das war immer – aber besonders an diesem Abend – amüsanter, wenn Tanne dabei war. Falls ich je bereit gewesen wäre, mein Leben für jemanden zu geben – für mich normalerweise ein fremder und idiotischer Gedanke –, dann hätte ich es an diesem Abend für Tanne geben können, so wie ein Krieger in gewissen exaltierten Situationen sein Leben für ein Volk, ein Gebiet, eine Nation geben kann.

Draußen auf dem Bürgersteig, wo wir vor einem kleinen Hotel stehengeblieben waren, kam ich zu mir. Vorsichtig zog sie mich in den schäbigen Eingang.

Der Portier lächelte zuvorkommend mit kalten Augen und begrüßte uns auf Französisch: »Bienvenus baron et baronne Blixen.«

Er zeigte uns ein Doppelzimmer, das einfacher war, als wir beide es gewöhnt waren, aber es hatte eine altmodische Schönheit, die mich traurig machte.

Tanne zündete Kerzen an und zog die Gardinen vor. Aus einem Samowar schenkte sie Tee ein und aus einer Flasche, die im Kühler auf Eis stand, noch mehr Champagner. Der blumige Geschmack des Tees vermischte sich mit einem seltsamen Duft von Weihrauch, der sich aus einer Ecke des Raumes langsam zur Zimmerdecke schraubte. Sie half mir aus dem Mantel, fiel auf die Knie und schnürte meine Stiefel auf.

Als ich begriff, worauf unsere Begegnung hinauslief, wurde mir zuerst ganz kalt. Ich war doch gewohnt, allein das Liebesschiff in den Hafen zu navigieren. Jetzt war ich einem selbstherrlichen Admiral ausgeliefert, der mich durch Gewässer führte, von deren Existenz ich nicht einmal etwas ahnte. Sie knöpfte einen Hemdknopf am Hals auf und fuhr gleichzeitig mit ihren Fingernägeln über meinen Rücken. Als ich mich erhob, um sie zu umarmen, entwand sie sich mir, schlich sich hinter mich und schlang ihre Arme um meine Brust. Allmählich lockte mich das Spiel. Sie sank auf einen Stuhl, zog mich an sich und drückte meinen Kopf an ihren Schoß, aber als ich ihre Waden streichelte, stand sie auf und holte ein Glas, das sie mir mit einer eleganten Bewegung überreichte. Ich nahm es entgegen, auf allen vieren wie ein Hund. Meine Stimmung wechselte zwischen tiefem Ernst und brodelnder Heiterkeit.

Wir bewegten uns nach einer improvisierten Choreographie durch das Zimmer, eine Art Spiel, bei dem die Grenze zwischen Berührung und Nähe fließend war. Sie sprach mit mir – ich erinnere mich an keines ihrer Worte –, aber ihre Stimme dirigierte das seltsame Ritual. Ich glaube, das Ganze dauerte mehrere Stunden.

Nach einer Weile – eher eine Folge unseres Tanzes als eine bewußte Handlung – öffnete sich mein Hemd, ihr Kleid fiel auf den Boden, ein Fuß wurde entblößt und eine magere Schulter, die bleich in dem immer dunkler werdenden Zimmer leuchtete, wo der durch unsere Bewegungen verursachte Luftzug eine Kerze nach der anderen erlöschen ließ. Ich wurde mehr und mehr erregt von dieser nicht vollzogenen Vereinigung. Je mehr Kleidungsstücke auf den Boden fielen und je näher wir einander kamen, desto größer wurde der Abstand zwischen uns. Ich tat alles, um ans Ziel zu kommen, ohne brutal zu werden, aber sie war zu weit weg.

Als sie mich schließlich mit Händen, Armen, Beinen und Mund an sich zog, war da trotzdem etwas, das unsere Vereinigung verhinderte. Tanne bewegte sich grazil und weich, dennoch war sie steinhart. Ich versuchte den Krampf zu lösen, ihren Widerstand zu überwinden, um sie weich und feucht zu machen. Sie war innig und fügsam, blieb aber kalt und trocken.

Viele Frauen, die ich geliebt habe, sind erschöpft in glückliche Tränen ausgebrochen. Nun kämpfte ich selbst mit einer Art verzweifeltem Begehren. Es handelte von unbefriedigter Lust, kaum von Genuß.

Hinterher war Tanne voller Zärtlichkeit und Späße. Sie brachte mich zum Lachen, indem sie von unserem Abend erzählte, als hätten ihn andere als wir erlebt. Ich verstand, daß sie mir eine Liebesstunde geschenkt hatte, die einmalig war, etwas, das ich immer in meiner Erinnerung bewahren würde. Aber sie hatte mich nicht empfangen.

Ich verließ »Näsbyholm« am 24. März 1913. Es duftete nach Frühling, die Wege um das Haupt- und die Nebengebäude und um den Kuhstall waren morastiger als sonst, und der Wind war erstaunlich mild. Die Menschen auf dem Gut strafften den Rücken und hoben den Blick. Ich hatte ein paar Wochen lang nichts anderes getan, als die Wangen von Verwandten und Freunden zu küssen und Knechten, Stubenmädchen und Nachbarn die Hände zu schütteln. Lotty war die einzige, die eine Träne vergossen hatte.

Nicht einmal meine Mutter weinte. Sie stakste auf den Hofplatz hinaus und betrachtete mich mit Angst und Sorge, als ich in den Wagen stieg und verschwand.

»Alles geht kaputt, alles verschwindet«, sagte sie und rang ihre gichtgeplagten Hände.

Als ich abreiste, trauerte sie nicht in erster Linie um einen geliebten Sohn, mein Abschied war Teil einer zusammenstürzenden Welt. Ich trauerte mehr über ihr Elend als über den Abschied von ihr.

Tanne drückte auf dem Bahnhof in Kopenhagen lange meine Hände, während Hans mein Gepäck in das Zugabteil trug. Sie küßte mich innig, und ihre Augen waren blank vor Rührung. Trotzdem klang es überzeugend, als sie von einem freudigen Abschied sprach. Es war der erste Schritt zu unserem Glück.

Vater und Hans begleiteten mich nach Hamburg. Ich hätte es vorgezogen, allein zu reisen, aber es war eine Selbstverständlichkeit, daß sie mich ein Stück auf den Weg bringen wollten. Vaters Stolz und Würde waren verschwunden, und es kamen meistens Seufzer und Klagen aus seinem Mund.

Wir würden einander nie wiedersehen, und ich würde es nicht schaffen, nach Hause zu seiner Beerdigung zu kommen.

Wie konnte es sein, daß Vater in den letzten Jahren so schnell gealtert war? Während der Zug durch das nordwestliche Deutschland fuhr, kam ein Strom von Erinnerungen aus Vaters Mund. Hans' und meine Lausbubenstreiche wurden feierlich in die Familienmythologie eingeordnet. Als die Erinnerungen erschöpft waren, folgten Klagen über meine Entscheidung, mich in Afrika anzusiedeln.

Hans mied meinen Blick. Er würzte Vaters Klagegesang mit lustigen Anekdoten. Ich wollte ihm etwas sagen, aber ich wußte nicht was. Auf eine vage Weise handelte es davon, daß ich durch die Trennung von ihm nicht mehr halb, sondern ganz sein würde. Aber dafür fehlten uns die Worte. Wir hatten nie über anderes gesprochen als über Jagd, Frauen, Sport, Reisen, Familie und Freunde, und dann nur ganz konkret. Unser Leben bestand aus Dingen und Handlungsabläufen. Mit keinem Wort hatten wir jemals die Tatsache berührt, daß wir eineiige Zwillinge waren. Wie stark fühlte er sich an mich gebunden? Wie sehr liebte ich ihn?

Als der Zug den Hamburger Bahnhof verließ, traf mich Hans' Blick. Wir starrten einander an – ich muß gestehen, daß ich Vater völlig vergaß –, und ich sah meine eigene Kindheit und Jugend in einer altklugen und verwachsenen Gestalt auf dem gewaltigen Bahnhof zurückbleiben. Einen Anflug von Trauer hatte ich in seinem Blick gesehen, für einen Augenblick waren seine Gedanken nicht von Frauen, Sattelzeug und Steuerknüppeln in Flugzeugen in Anspruch genommen. Aber ich wußte, daß er Vater in den Rücken knuffen und die Stituation mit einem Scherz auflockern würde, sobald wir Abschied genommen hätten.

Er war mir so nahe, wie es ein anderer Mensch nur sein kann – und trotzdem unzugänglich.

Ich passierte eine Grenze. Dies war der zweite wichtige Schritt zum Erwachsenen. Den ersten hatte ich getan, als ich zusammen mit Tanne »Frijsenborg« verlassen hatte.

Mir wurde übel, und ich begab mich eilig auf die Toilette. Während wir durch Hamburgs südliche Vororte fuhren, stand ich über ein WC gebeugt und versuchte zu erbrechen. Es gelang nicht. Ich klatschte mir Wasser ins Gesicht. Da löste sich der Krampf, und ich begann zu weinen. Ich wusch mich und weinte, wusch mich und weinte, und je länger ich dort stand, desto glücklicher wurde ich.

6.

Die Reise in Richtung Süden nach Ostafrika war zunächst eine einzige große Prüfung. Sobald wir hinaus aufs Meer gekommen waren, schlummerte die Zeit langsam ein, und angefangen beim Aufwachen am Morgen bis zum Einschlafen am Abend schleppte ich die Sekunden hinter mir her. Schiffsreisen ohne Seemannsarbeit sind eine Tortur. Die eignen sich nur für Menschen, die sich höchstens ein Lager zum Ausruhen bereiten mögen. Ich versuchte mich der Ereignislosigkeit anzupassen, döste an Deck, sprach mit den anderen Passagieren, aß und trank stundenlang, um die Zeit herumzukriegen. Aber die Stille schwoll in mir an wie ein Ballon. Plötzlich explodierte etwas im Körper, ich fuhr aus dem Halbschlaf hoch und lief auf dem Schiff umher, während meine Glieder nach Beschäftigung schrien. Das war eine Art von Verrücktheit. Ich war eingeschlossen von den Weiten des Meeres, ohne Möglichkeit, mich zum Horizont vorzukämpfen. Einige Passagiere an Bord fürchteten, daß ich mir selbst oder einem von ihnen etwas antun könnte. Sie hatten recht. Eine Schlägerei hätte mich beruhigt. Zuerst fuhren wir in die falsche Richtung, verließen Neapel mit westlichem Kurs nach Marseille. Das ließ mich vor Ungeduld schnaufen. Danach ging es mit einem anderen Schiff zurück nach Port Said, eine Höhle, die bis weit hinaus aufs Meer stank. Das Rote Meer war ein Ort, an dem man vor Angst sterben konnte. Von den Ufern wehte eine Hitze herüber wie aus einem Ofen, und es gab nichts als salziges Wasser und trockene Wüste.

Ich bemühte mich, diese fremde Gegend zu betrachten und an ihr teilzuhaben, aber da war nichts zu sehen, ich schnupperte, aber die Düfte in der Luft sagten mir nichts. Ich nahm an Abendessen teil, tanzte, flirtete. Es war, als würde man sich im Traum amüsieren, nichts war Wirklichkeit. Eine englische Dame adliger Herkunft, mit der ich auf dem Roten Meer eine Nacht Liebe gemacht hatte, während ihr betrunkener Mann im angrenzenden Zimmer saß und mit Geld, Frauen und Jagd prahlte, fragte, warum ich meine Seele nach Afrika vorausgeschickt hätte. Sie wäre ihr gern begegnet und »nicht nur meinem wunderbaren Körper«, wie sie es generös ausdrückte. Anschließend, als wir mit geordneten Kleidern und Gesichtszügen zum Ehemann und dessen Saufkumpanen zurückkehrten, stellte ich fest, daß erst eine Stunde vergangen war.

Das Merkwürdige war, daß meine Sehnsucht nach Ostafrika nicht dem gewöhnlichen »Fernweh« glich. Die Sehnsucht, die ich empfand, war der Schmerz, den ich als Kind fühlte, wenn ich »Heimweh« hatte.

Der Indische Ozean veränderte alles. Aden war ein orientalischer Traum; hier lebten die Menschen in einem ewig währenden Märchen, obwohl das meiste, was sie besaßen, mit Schmutz und Schmerz überzogen war. Die feuchten warmen Winde aus dem Süden waren mild, weiter unten an Afrikas Küste lag für mich das magnetische Zentrum der Welt, das eine beruhigende Anziehungskraft ausübte. Wenn sich die anderen Passagiere ungeduldig erhoben und sich über den Schweiß und die Feuchtigkeit der Tropen beklagten, ließ ich mich vergnügt an Deck in meinen Stuhl zurückfallen und schlief ein. Nun hatte ich keine Eile mehr, nun war ich dem Platz meiner Bestimmung nahe. Die Lethargie, in die ich fiel, war eine Fiebereuphorie, die meinen Blick schärfte, jede einzelne Welle des Meeres einzigartig machte, jedes sinnlose Gespräch an Deck wichtig erscheinen ließ.

Es geschah etwas mit der Zeit selbst. Wenn ich den Blick über die einförmige Meeresoberfläche gleiten ließ, schlich sich die Vergangenheit von hinten an mich heran, und meine Zukunft kam mir entgegen. Mein Leben wurde zu etwas Kompaktem, Starkem und doch Empfindsamem zusammengepreßt.

Trotzdem erinnere ich mich an sehr wenig von der Reise nach Mombasa. Ich registrierte viel, wovon später nur noch Fragmente da waren: eine Schar Tümmler, drei Wale, die dem Schiff eine halbe Stunde folgten, ein deutsches Paar, das in der Hitze so in Streit geriet, daß es sich an Deck prügelte. Aber es war, als vermißte ich eine Sprache, die diese neue Welt fassen konnte. Ich sah und erlebte alles mit offenen Sinnen, aber hatte keinen Halt in Gedanken und Worten.

Eines Abends konstatierte ich zur Entrüstung einiger Frauen, daß es mir so gut wie nichts ausmachen würde, wenn das Schiff im Laufe der Nacht untergehen würde. Ich war bereit, ich war am Ziel.

In Mombasa hatten Europa und Asien je eine Hand ausgestreckt und ihre Abdrücke auf Afrika hinterlassen. Ein portugiesisches Fort mit dem frommen Namen Jesus, einige europäische Villen an den Stränden der Insel, ansonsten Minaretts und Tempel, arabische Gassen, die vom Meer hinaufkletterten und in das Gewimmel der Marktplätze mündeten. Der Sand leuchtete weiß vor dunklen Lavaklippen, in der Bucht wimmelte es von afrikanischen Kanus, arabischen Dhauen und europäischen Schiffen. Im Hafen gab es einen Überfluß von Waren, aufgestapelt in einer schwer durchschaubaren Ordnung. Im Schatten alter Mangobäume drängelten sich in farbenfrohe Tücher gehüllte Neger. Araber in Weiß und mit einer Miene, als gehörte ihnen die ganze Insel, schritten langsam unter tausendjährigen, blauroten Baobabbäumen dahin. Ganz weit draußen auf der Landzunge lag ein großer Gouverneurspalast, und sogar eine Golfbahn für die europäische Bourgeoisie war vorhanden. Überall herrschte ein strenger Geruch: Gewürze, Meer, Fäulnis, Jasmin, Hibiskus. Es war feucht und heiß, und den ersten Tag badete ich in Schweiß.

Seltsamerweise war ich darüber erstaunt, so viele Neger zu sehen. Die Menge bewirkte, daß die Zugehörigkeit zu ihrer Rasse sich auflöste, während wir – ich und einige wenige andere Weiße – uns abhoben. Ich wunderte mich auch darüber, daß es unter den Afrikanern beinahe eine größere Vielfalt gibt, was Aussehen und Eigenschaften angeht, als bei den Europäern: Die Bantu sind kräftig und haben negroide Züge, die Somali sind heller und von einer Schönheit, die aus ihrem Inneren strahlt. Eine kleine Zahl von den Hirten des Landes, deren lange, dünne Körper hart und sehnig sind, wie die Beine von Windhunden, schienen nicht in das Großstadtgewimmel zu gehören. Rassenvermischung war alltäglich, und alle paßten sich der Swahili-Kultur an. Es war merkwürdig, daß so viele Volksstämme, die alle stolz und selbstbewußt wirkten, so dicht zusammenleben konnten, ohne einen ständigen Bürgerkrieg zu führen. Vielleicht beruhte das darauf, daß die meisten durch den mohammedanischen Glauben verbunden waren.

Mombasa war der Vorhof zum Paradies. Einige Stunden, nachdem der Zug in nördlicher Richtung die Stadt verlassen hatte, glaubte ich, in himmlische Gefilde einzutauchen. Ich bin niemals gläubig gewesen, weder als Kind noch später, aber in dem Dschungel der Küste, in den Wüsten und trockenen Steppen und an den Böschungen des Hochlandes – über allem lag etwas Göttliches. Die Landschaft war karg, hart, gnadenlos und zugleich so großartig und schön, daß ich sie mit kindlicher Wehmut betrachtete. Mir bot sich ein Bild wie von einem fremden, fernen Zeitalter: Ein Meer von Gras, Erde und Himmel.

Ein höherer Himmel und eine größere Erde! Scharen wilder Tiere durchstreiften das Land, in einem Zustand allumfassenden Vergessens. Und in welcher Zahl! Millionen von Antilopen und Büffeln! Der Artenreichtum war unglaublich! Ich wurde von einer Verliebtheit befallen, verlor Urteilsvermögen, Humor und Charakter. Wie soll ich es erklären, daß ich mit tränenfeuchten Augen jagen und töten wollte, wie es begreiflich machen, daß ich mich danach sehnte, mich gegen den Wind anzuschleichen, diesen einzigartigen Körpern nahe zu kommen, dazuliegen, stundenlang zu warten, sie zu betrachten und auf den rechten Augenblick zu warten, um einen Schuß nach dem anderen abzufeuern. Ich wollte mich hineinschneiden in ihr Blut, ihre Sehnen und Muskeln, wollte den Duft des Fleisches aufnehmen, Fell und Horn mit meinen Fingern spüren. Ich wollte diesem Leben huldigen, indem ich es tötete. Das war kein Wunsch, das war ein Trieb! Ich war ein glückliches Monster, ein hungriger Jäger.

Solange Tageslicht herrschte, tat ich auf der Zugreise nichts, außer, am Fenster sitzend oder stehend, das Land zu betrachten, zu dem ich von nun an gehörte. Ich ermüdete meine Mitreisenden mit Fragen nach dem Familienzusammenhalt der Elefanten, nach Seh- und Hörvermögen der Nashörner, den Wanderwegen der Gnus und dem Biß der Hyänen. Die Namen der Antilopen schrieb ich in ein Notizbuch: Impala, Kudu, Thomson- und Grantgazelle, Dikdik, Oryks, Elen, Kongoni, Topi, Gnu. Ich murmelte die Namen, rhythmische Psalmenverse, die ich nie vergessen sollte.

Nach einem Besuch der Toilette später am Abend wurde ich von einem asiatischen Gentleman gescholten. Zuerst verstand ich nicht, was ich falsch gemacht hatte, aber dann zeigte er auf das Schild an der Toilettentür: »Nur für Asiaten«. Zwei andere Schilder hatte ich gesehen: »Nur für Europäer« und »Nur für Afrikaner«, aber nicht dieses dritte. Ich sah ihn erstaunt an. Mit einer Handbewegung in Richtung der Ebene sagte ich: »Aber die Tiere vermischen sich doch frei miteinander.« Er warf mir einen ängstlichen Blick zu, schüttelte den Kopf und ließ mich stehen.

Während der Zug am Morgen, als die Sonne gerade aufgegangen war, bergan fuhr, ließ der Lokomotivführer halten. Auf der linken Seite lagen zwei Löwen. Hinter ihnen, weit in der Ferne, sah man den weißen Gipfel des Kilimandscharos.

Die Sehnsucht nach Tanne drang mir wie ein Messerstich in den Leib. Am liebsten wäre ich nach Mombasa zurückgekehrt, um dort auf sie zu warten und später diese Eindrücke mit ihr zu teilen.

Die Löwen erhoben sich und entfernten sich ein paar Schritte von den Gleisen. Beide hatten dünne, helle Mähnen, woraus man schließen konnte, daß es sich um männliche Jungtiere handelte. Ohne darüber nachzudenken, was ich tat, öffnete ich die Tür des Abteils und trat auf den Bahndamm hinaus. Einer der Schaffner rief mit energischer Stimme, daß ich in den Zug zurückgehen solle. Aber ich nahm keine Notiz davon. Er rief einen anderen. Mehrere begannen zu schreien, wie aus weiter

Ferne erfaßte ich, ob die Stimmen erregt, bange oder zornig waren. Aber ich wußte, was ich tat – dies hier hatte ich schon einmal erlebt –, und ich wußte genau, wo die Grenze zwischen mir und den Löwen verlief. Als ich mich ihnen näherte, blieben sie stehen, drehten sich um und betrachteten mich. Dann kam ein tiefes Knurren von ihnen, ich machte zwei Schritte auf sie zu; mein Herz schlug hart, und in den Ohren rauschte es wie von Wasser.

Die Löwen zögerten – flüchten oder angreifen? –, die Schwänze peitschten irritiert.

Ich spürte Hunderte Augen im Nacken und registrierte, daß die Rufe verstummt waren. Es war ganz still, sowohl im Zug als auch auf der Ebene. Die Löwen knurrten erneut, der größere von beiden machte eine hitzige Kopfbewegung und stieß ein kurzes Brüllen aus. Ich rührte mich nicht von der Stelle.

Die Spannung ließ nach, die Löwen zogen sich würdig zurück, ich wandte ihnen den Rücken und ging zum Zug.

Gerade als ich auf den Bahndamm treten wollte, schrie ein rotfleckiger Brite, dem der Alkoholgestank wie feuchter Dunst aus dem grinsenden Mund strömte: »Passen Sie auf! Sie kommen!«

Ich blieb stehen, ohne mich umzudrehen: »Sollen sie kommen.«

Sobald sich der Zug wieder in Gang gesetzt hatte, kam die Scham. Wie hatte ich ein so geringes Urteilsvermögen zeigen können? Ich sah das bevorstehende Schulterklopfen, die erhobenen Gläser, die großen Zähne unter buschigen Schnurrbärten – und flüchtete schnell in mein Abteil, wo ich mich hinter meinem Mantel versteckte und so tat, als ob ich schliefe. Nie wieder wollte ich wilden Tieren, Auge in Auge, vor einem stummen Publikum gegenüberstehen. Allein, oder zusammen mit anderen Jägern, wollte ich die Grenzen zwischen mir und dem Wild erforschen.

Nairobi war eine Enttäuschung. Blechschuppen auf einer Ebene. Um den Bahnhof herum herrschte Gedränge: Neger, Inder und einige Europäer riefen einander zu und hantierten mit Pferden, Eseln und Ochsenkarren. Große Regenmengen hatten gerade das Dorf ertränkt, und William Northrup MacMillan, ein amerikanischer Millionär, groß wie ein halberwachsener Elefant, stand wie ein Pfahl im Lehm und brüllte ein »Willkommen!«

Er und Åke Sjögren, die Ländereien beim Ngong Hills besaßen, nahmen mich auf dem Bahnhof in Empfang. Sjögren, der Land zu verkaufen hatte, sah neben MacMillan wie ein gealterter Junge aus, obwohl auch er ein kräftiger Kerl war. Sein Gesicht war hart und viereckig – das war kein Mann, der sich zum Narren halten ließ! –, und er war kompakt wie ein Granitblock. Die beiden Männer schienen aus dem gleichen Stoff zu sein, aber während dieser bei MacMillan aufgequollen war, hatte er sich bei Sjögren verdichtet. Als ich ihnen die Hand gab, war ich froh, daß ich selbst einen festen Händedruck hatte. MacMillans Herzlichkeit war nahe daran, mich in eine Schlammpfütze zu befördern.

»Hier kannst du wie ein Mann leben«, sagte Sjögren und brüllte nach einigen Negern, die mein Gepäck eilig auf einen Wagen luden. MacMillan besaß eins von den wenigen Autos in Nairobi und bot an, mich zu fahren. Als er auf den hinteren Sitz kletterte, bewegte sich das Fahrzeug wie ein Trawler im Sturm. Ein Dutzend Kikuyu schoben den Wagen durch den Schlamm.

Ich wurde in einer Baracke, die sich »Nairobi Club« nannte, zu einem Willkommenslunch eingeladen. Einige hagere Kolonialbeamte mit strenger Moral im Blick zogen sich zurück, als MacMillan und Sjögren einen der Räume in Besitz nahmen. Zuerst Gin in Literflaschen, danach Büffelsteaks, die den Teller verdeckten. MacMillan sprach davon, Zebras und Strauße zu zähmen und Elefanten für die Landarbeit einzusetzen. Sjögren war skeptisch und meinte, die einzige Möglichkeit, eine effektive Landwirtschaft in Gang zu bringen, sei die Besteuerung der Afrikaner, so daß sie zur Lohnarbeit auf den Farmen gezwungen wären. Außerdem müßte man den Häuptlingen reichlich Geschenke machen und sich mit Geduld und Waffen rüsten.

Das sei eine realistische Methode, Arbeitskräfte zu bekommen. MacMillan meinte, Zebras seien ein amüsanterer und weniger hinterlistiger Weg zum Erfolg.

Die Sonne stand hoch am Himmel, und die Fenster strahlten von Licht. In der dunkelsten Ecke des Raumes gab es einen Hauch von Kühle. Als wir zu Ende gegessen hatten, räumten die Kellner widerwillig ab, das Porzellan klapperte mehr als üblich, draußen verstummten Haustiere und Menschen. Die Mittagshitze entzog der Stunde alle Energie. Nur in Afrika kann man die Ruhe der Nacht mitten im intensivsten Licht des Tages erleben. Sjögren und MacMillan schnarchten eine Weile jeder auf einem Sofa. MacMillans Sofa war unter ihm nicht sichtbar, so daß man den Eindruck hatte, er würde frei im Raum schweben. Ich zog mich in den Schatten hinter dem Haus zurück. Einige Frauen saßen mit Kindern unter einem Feigenbaum auf einem trockenen Flecken Gras, die Beine von sich gestreckt. Sie grüßten geistesabwesend, und ich nickte zur Antwort. Ansonsten kümmerten sie sich nicht um mich. Eine von ihnen frisierte ihre Freundin, eine andere flocht einen Korb. Sie redeten lebhaft, lachten laut und saßen danach stumm da. Die Kinder kletterten auf ihnen herum und schlugen über die Beine der Frauen Purzelbäume. Ich nahm ein Stück Papier hervor und begann an Tanne zu schreiben. Alles, was sie gern hören wollte, schrieb ich. Mir war bewußt geworden, daß sie nicht wissen konnte, wie ernst ich es in dem Brief mit der Wahrheit nahm. Das Wort »glücklich« benutzte ich drei Mal. An zwei Stellen versuchte ich es zu ersetzen, aber es gelang mir nicht, andere Ausdrücke zu finden. Ich probierte es mit »geborgen«, aber strich es. Ein Gefühl sagte mir, daß sie dieses Wort verabscheute.

Die erste Nacht schlief ich im »Norfolk Hotel«. Als ich in der Dämmerung das Hotel betrat, trafen gerade einige weißhäutige Jäger ein. Sie waren schmutzig, laut und schon vor dem Abendessen beschwipst. Einige hatten afrikanische Huren dabei, die in einem Raum, der zur Küche hin lag, zu essen bekamen.

Ich ging früh zu Bett, wurde aber unablässig durch Gewehrschüsse, brüllendes Gelächter und schrille Frauenschreie geweckt. Flaschen zerbrachen, Leute glitten auf der Treppe zur oberen Etage aus, und aus dem Hof klang es, als übte sich jemand im Hindernisspringen über ein Pferd oder über Gartenmöbel. Die Geräusche waren verlockend, aber ich war zu müde, um mich zu amüsieren. Es würden weitere Nächte folgen. Nur als ich einen jungen Löwen in der Bar brüllen hörte, zog ich ernsthaft in Erwägung aufzustehen.

Unmittelbar bevor ich in Schlaf fiel, wurden meine Munterkeit und Zuversicht zu Einsamkeit und Verlassenheit. Ich vermißte Hans. Nachdem ich in Ostafrika angekommen war, hatte ich kaum an ihn gedacht. Jetzt stand er wie ein stummer, anklagender Schatten neben dem Bett. Das Eigentümliche war, daß ich mich in die Zeit zurückwünschte, als die Welt noch in Ordnung und Hans mit Tanne zusammen war – und ich als Hans' Bruder und Tannes bester Freund mit dazugehörte.

7.

Ein Somalier stand draußen auf der Veranda des »Norfolk Hotels«, während ich frühstückte. Ich betrachtete ihn interessiert, denn er stand völlig reglos da. Als ich mich vom Tisch erhob, drehte er sich langsam um, wie ein Kamel, das geistesabwesend die Bewegung eines unbedeutenden Artgenossen registriert, und sah mich durch eins der Fenster an.

Gleich darauf tauchte Åke Sjögren auf, um mich abzuholen. Er sagte, daß ein Somalier bei mir Arbeit als Diener suche.

»Nimm einen Somalier«, sagte er, »durch die bekommt man einen gewissen Status.«

Der Somalier war der Mann auf der Veranda. Er hieß Farah Eden. Er betrachtete mich, ohne zu blinzeln, und fragte, ob er mir dienen dürfe. Der Blick war eindringlich, trotzdem wirkte er irgendwie geistesabwesend. Ich hatte ein Gefühl, als betrachte er eigentlich etwas hinter mir. Wie man in der Situation hätte nein sagen können, weiß ich nicht. Ich nickte, Sjögren schlug einen Lohn vor, Farah nickte, und seitdem folgte der Somalier mir, wohin ich auch ging.

Im Laufe eines Vormittags wurde ich ein Veteran. Mit einem Blick, einem Wort oder einer Handbewegung vermittelte Farah eine zeitlose Erfahrung, die bewirkte, daß jede Situation aus einem Chaos gerissen wurde und in eine Ordnung einging. Wir waren nicht länger als einen Tag zusammen gewesen, und ich vertraute ihm mehr, als ich meinem Bruder je vertraut hatte. Als Sjögren am selben Tag die Gefahr der Rinderpest in Afrika beschrieb, schielte ich zu Farah, der zum Zeichen, daß ich vorsichtig sein solle, die Mundwinkel herunterzog. In all den Jahren, die wir zusammen verbrachten, war er niemals im Zweifel darüber, wo die Grenze zwischen Gut und Böse, Richtig und Falsch verlief. Er war so sehr anders als ich, wie es ein Mann nur sein kann. Er war ein Mensch, in dem alle Puzzleteile ihren richtigen Platz gefunden hatten. Wo ich mich auch befand, immer hatte ich eine strenge und unerbittliche Richtschnur bei mir. Aber Farah war kein Richter. Er trug das Gesetz in sich und stellte nie meine Freiheit in Frage, dieses zu brechen. Weil er sowohl mein Gewissen als auch mein Diener war, fühlte ich mich völlig frei. Oft habe ich darüber nachgedacht, ob er mich verachtete, aber wenn er es tat, zeigte er es nie.

Gegen acht Uhr ritten Sjögren und ich in westlicher Richtung zum Ngong Hills und erreichten allmählich eine Höhe von zweitausend Metern über dem Meeresspiegel. Wir passierten sowohl einen Teil der gewaltigen Athisebene als auch einen Wald mit hohen Eukalyptusbäumen. Überall sahen wir Antilopen und Gazellen. Warzenschweine flüchteten mit erhobenen Bürzeln, Perl- und Frankolinhühner trippelten mit wachsam gestreckten Hälsen, ein scheuer Schakal ließ mich an die Füchse bei »Näsbyholm« denken.

Es hatte einige Wochen geregnet, die Pferde platschten durch den Lehm, überall wurde es grün, und die Luft war gegen neun Uhr morgens noch frisch und kühl. Um die Lunchzeit hatte die Kraft der Sonne die kühle Bergluft durchdrungen, und die Hitze brannte auf den Unterarmen. Ich hatte keine Ruhe auf dem Pferderücken, saß ab und ging zu Fuß. Sjögren sagte, ich würde alles falsch machen. Wenn die Wärme kommt, müsse man reiten, wenn man zu Fuß gehen will, solle man das im Morgengrauen oder in der Dämmerung tun. Ich erwiderte, für mich sei es richtig, zu Fuß zu gehen, unabhängig vom Zeitpunkt.

Es waren meine Schritte, die ich erforschte. Da sich meine Füße an alle Wanderungen durch Schonens Wälder und Felder erinnerten, trugen sie mich nun in ein neues Terrain. Ich war wie ein Kind, das man ins Wasser geworfen hat und das entdeckt, daß es schwimmen kann. Das machte mich natürlich glücklich. Die Lederstiefel empfand ich zwar als schwer und klobig, aber da ich nicht wie die Afrikaner barfuß gehen konnte, beschloß ich, mir dünne und weiche Mokassins zu kaufen.

Ich fragte Farah nach den Spuren im Lehm, nach Schlangen, Erdhörnchen, Mistkäfern, Exkrementen und Trampelpfaden. Alles brannte sich in mein Gedächtnis ein.

»Wann wollen wir auf Safari?«

Farah machte eine Bewegung in Richtung Athisebene.

»Sjögren drehte sich im Sattel um und sagte auf schwedisch: »Erst die Arbeit, dann das Vergnügen.«

Für einen Kolonisten in Ostafrika war Sjögren ein ungewöhnlicher Mann.

Unter einem Feigenbaum machten wir eine kurze Rast. Die Hitze war stark. Es herrschte Stille. Das einzige, was sich bewegte, waren die fächelnden Wedel einiger Thomsongazellen und ein Habicht, der am Himmel schwebte. Das Schweißband des Hutes klebte an der Stirn, und ich wischte ein paar Tropfen von der Oberlippe. Wohlbehagen durchströmte meinen Körper wie Ameisenkolonnen, und als wir an einigen Kikuyufrauen, die auf dem Kopf Lasten trugen, vorüberkamen, glänzte ihre schwarze Haut in der Sonne. Nie zuvor hatte ich so weiche Haut gesehen. Farahs Blick wanderte zwischen den Frauen und mir. Nichts wäre natürlicher gewesen, als zu der Schönsten hinzugehen, ihr die Bürde abzunehmen und sie mit sanften Händen, zärtlichen Worten und freundlichem Lächeln an einen schattigen, abgelegenen Ort zu führen. Nicht um zu lieben, sondern um die Liebkosungen und Spiele zu beginnen, die, wenn die Nacht Stunden später hereinbrechen würde, zur Vereinigung führen sollten. Tanne würde das verstehen. Sjögren dagegen sprach über Kaffeebüsche, Arbeitskräfte und einen Preis von fünfunddreißig Pfund für den Morgen Land.

Ich ließ mich auf Sjögrens Farm »Swedo« nieder. Die Luft war klar, und die Berggipfel von Ngong lockten mich jeden Morgen. Die Wolken trieben zur Bergwand, lösten sich in Regenschauern auf oder verschwanden westlich bei Great Rift Valley mit seinen trockenen und heißen Tiefebenen, ausgetrockneten Flußbetten und sodareichen Seen.

Sjögren zeigte auf die blühenden weißen Kaffeebüsche, wühlte mit einem Spaten in der Erde und sprach über die Fruchtbarkeit des Bodens. Ich versuchte ihm zuzuhören, vernahm jedoch nur Vogelgezwitscher und Frauenrufe, die von den kleinen Bodenparzellen kamen. Der Blick glitt über die Büsche zum Waldrand, stieg danach die Bergwand hinauf und brachte mich in eine immer größere Zerstreutheit.

»Du hörst nicht zu!« schimpfte Sjögren und ging.

Ich rief ihm nach, daß ich mich schon besser in der Gegend zurechtfände als er.

Er antwortete, daß mir diese Fähigkeit kein Geld auf der Bank einbringen werde.

Eines frühen Morgens stand ich neben meinem neu eingestellten Gewehrträger Juma und betrachtete eine Büffelherde, die den Berghang herunterkam. Die Tiere waren schwarz, massig, die ersten Sonnenstrahlen glänzten in ihren feuchten Nüstern, und die warmen Körper dampften. Ihre Bewegungen und Geräusche verebbten, als sie uns erblickten. Sie blieben stehen, die Köpfe in unsere Richtung gewandt. Ich wählte einen Bullen aus. Als der Schuß fiel, war es, als hätte dieser die ganze Herde getroffen. Die Hufe donnerten den Abhang herunter, Kälber stolperten, fielen, erhoben sich wieder und liefen weiter. Der Bulle vollführte einen Sprung, landete auf der Nase, versuchte sich wieder aufzurichten, die Zunge in Richtung seiner flüchtenden Kühe ausgestreckt. Dann brach er zusammen und war tot. Verpflegung für Sjögrens Arbeiter.

Ich ging weiter hinauf und folgte dem Tierpfad oben auf dem Bergrücken. Unten, auf der anderen Seite, grasten friedlich einige große Elchantilopen. Sie hatten den Schuß nicht gehört. Ich setzte mich hin und betrachtete das tiefe Tal, das sich durch Ostafrika zieht. Es war still, der Wind zerrte an meiner Jacke, und weit unten sah ich rotgekleidete Massai ihr Vieh treiben. Das ganze Tal rief nach mir. Nichts anderes war wichtig. Tanne würde das verstehen.

Ich war auf der Jagd, als das Telegramm von Onkel Aage Westenholz eintraf.

»Kauf!« stand da.

Meine neugewonnenen Freunde, Emil Holmberg und Ture Rundgren, die mich auf die Jagd mitgenommen hatten, forderten mich auf, nach »Swedo« zurückzureiten und die Farm von Sjögren zu kaufen. Das geschah gewiß mehr, um mich loszuwerden – sie konnten meine robuste Gesundheit nicht ertragen –, als aus Sorge um meine Geschäfte. Ich selbst hätte lieber die Jagd fortgesetzt.

Rundgren hatte unmittelbar vor der Jagd wertvolle Landgebiete bei Nakuru verspielt. Als ich beide verließ, lag er im Fieberwahn und litt an Windpocken, Halsentzündung und vermutlich Malaria. Trotzdem versuchte er weiter, vom Zelt aus Affen zu schießen. Holmberg, der eine etwas bessere Kondition hatte, tastete sich in großer Eile mit einer Binde vor den Augen durch das Lager. Er wurde sowohl von einem Sonnenstich als auch von einem verdorbenem Magen geplagt. Außerdem hatte er Angst, daß sich seine handlungskräftige Ehefrau Olga mit einem anderen Mann amüsieren würde. Ich aß die Essenrationen der beiden und jagte zusammen mit Juma und dem Spurenleser Kongoni von Sonnenaufgang bis Sonnenuntergang. Rundgrens Späße wurden gefährlich, als er bei meinem Aufbruch mit scharfer Munition hinter mir herschoß.

Auf dem Heimweg stieß ich auf eine Löwin. Durch das Fernglas hatte ich sie von weitem gesehen, war vom Pferd gestiegen und mich an sie herangepirscht. Als ich, auf allen vieren kriechend, sie wieder erblickte, war sie zu meiner Überraschung sehr nahe. Auch sie hatte sich in meiner Richtung angeschlichen. Ich glitt in den Schatten eines dornigen Gebüsches und machte eine Kehrtwendung, um von der Seite an sie heranzukommen. Wieder standen wir uns Auge in Auge gegenüber, sie zögerte mit dem Angriff, ich zögerte mit dem Schießen. Als ich spürte, daß ein unfreiwilliges Lächeln über meine Lippen glitt, wandte sie verlegen den Kopf ab und entblößte nicht nur den Hals sondern auch die Schulter. Genau in dem Moment, als der Schuß fallen sollte, vollführte sie einen Sprung und war fort. Wieder zurück auf dem Pferderücken, begann ich zu singen.

Die folgenden Monate zerbrach meine Liebe zu Afrika beinahe. Ich sehnte mich nach der Jagd und der Wildmark, war aber an die Erde und das Bestellen des Bodens gebunden. Die Farm, die ich »Mbagathi« nannte, wurde mein Kasernenhof mit harten und fordernden Verpflichtungen. Jeden Morgen peitschte ich mich in die Verantwortung, ich ritt, ging und lief mit Kopfschmerzen. Nur ein einziger Gedanke beherrschte mich: nicht aufzugeben, die Farm aufzubauen, daß sie reichlich Ertrag brächte, den Grund für eine erfolgreiche Landwirtschaft zu legen, bevor Tanne anreiste. Die Farm sollte mich zu einem reicheren, vollkommeneren Menschen machen. Sie sollte ein Teil meiner kommenden »Größe« werden. Ich wollte wirklich Verantwortung übernehmen.

Wochenlang saß ich mit Sjögren am Schreibtisch, bis der Kaufvertrag unter Dach und Fach war. Ich bekam vom vielen Sitzen einen wunden Hintern, so daß ich wie ein Pavian aussah. Rundgren und Holmberg, die inzwischen wieder gesund geworden waren, besuchten mich, saßen auf der Veranda und genossen meinen Frust. Rundgren lockte mit Spiel und Tollheiten auf »Norfolk« oder mit einer Nashornjagd in mannshohem Gras. Holmberg gab gute Ratschläge in Hinblick auf Kaffeebüsche, was mich zu der Einsicht brachte, daß er sich statt meiner der Farm annehmen sollte.

Als das Finanzielle und Juristische in Ordnung waren, blieb nur noch das Praktische zu erledigen, Leute mußten eingestellt, Wald gerodet und Kaffeebüsche gepflanzt werden. Hätte ich zu diesem Zeitpunkt die Reichweite der Beschwerlichkeiten, denen ich gegenüberstand, begriffen, wäre ich geflohen. Auch für Verantwortung gibt es einen Höchstpreis. Nichts auf dieser Welt würde mich dazu bringen, dasselbe noch einmal durchzumachen.

Ahnungslos ritt ich in das Dorf des Kikuyuhäuptlings Kinanjui. Ich begrüßte ihn höflich, überreichte einige Geschenke und fragte, ob er mir helfen könne, zweihundert Arbeiter zum Fällen von Bäumen zu beschaffen. Er bot mir einen Platz an, ich trank sein übelschmeckendes Bier, wir sprachen über unsere verschiedenartige Bekleidung, und nach ein paar Stunden des Schweigens im Schatten eines Baumes war er bereit, die

Frage zu diskutieren, wo und wann wir die Verhandlungen beginnen können. Schockiert über die umständliche Prozedur kehrte ich im Galopp nach Hause zurück und fragte Holmgren, der auf der Veranda saß und seinen »Sundowner« trank, ob sich diese Verhandlungen wirklich über mehrere Tage hinziehen müßten. Er lachte und sagte, er habe noch nie gehört, daß jemand für so etwas mehrere Tage gebraucht hätte. Für gewöhnlich dauere es ein paar Monate oder vielleicht ein halbes Jahr.

Da entschloß ich mich, eine andere Taktik zu wählen. Wenn ein Verhandlungstopf soviel Zeit brauchte, um zum Kochen zu kommen, war es wichtig, daß ich unter so vielen Töpfen wie möglich Feuer machte, so daß – wenn die Zeit reif wäre – etliche Arbeitsmannschaften ungefähr zur gleichen Zeit auf die Beine gestellt werden könnten. Ich begann damit, daß ich mir ein Fahrrad kaufte (sowohl Weiße als auch Schwarze lachten über mich) und durch die Umgebung trampelte, um mit den örtlichen Häuptlingen zu reden. Ich fuhr schnell, um Zeit zu sparen, und erschreckte sowohl das Wild als auch die Menschen. Ich stürzte in Schlammpfützen, Zweige zerkratzten mir Gesicht und Arme, in Schlaglöchern wirkte der Sattel mit der Kraft eines Vorschlaghammers auf mein Hinterteil ein, und die Hügel lief ich neben dem Fahrrad hinauf, um keine Zeit zu verlieren. Nach ein paar Tagen war ich kurz davor, sowohl meine Milz als auch Farah einzubüßen. Ich hatte ihm befohlen, hinter dem Fahrrad herzulaufen, was er ablehnte. Wenn ich also schwitzend und abgekämpft in einem Dorf ankam, konnte ich erst das Gespräch beginnen, nachdem er in gemächlicher Gangart ein paar Stunden später eingetroffen war. Ich drohte ihm mit der Peitsche, aber er antwortete, daß weder er noch ich stärker als die Zeit seien.

»Du lebst vielleicht auch noch morgen, ›Bwana‹«, sagte er und verließ mich, als wäre ich ein hysterisches Kind.

Statt ihn auszuschimpfen, fragte ich ihn um Rat.

Er antwortete, daß die Idee, viele Häuptlinge nach Arbeitskräften zu fragen, wenn ich viele Arbeiter haben wolle, gut sei.

Aber kein Mensch könne zur gleichen Zeit an mehreren Orten sein. Ich müsse lernen, daß Verhandlungen und Beschlüsse ihr eigenes Leben haben und ihre Zeit beanspruchen, die kein Mensch beeinflussen kann. Wenn die Zeit gekommen ist, dann geschieht es. Weder früher noch später.

Wir gingen nach Fort Hall (ein Marsch von ein paar Tagen), und die Verhandlungen mit der Kikuyuelite hatten fast einen Monat lang ihr Eigenleben. Für mich kam nichts dabei heraus, die Häuptlinge dagegen blickten freudig auf meine Geschenke und genossen schamlos die sich lang hinziehenden Diskussionen. Einer sagte voller Anerkennung zu mir, daß er lieber mit mir verhandele als mit seiner jüngsten Ehefrau zu schlafen.

»Es dauert auch länger«, sagte er und entblößte beim Lachen seine spärliche Zahnreihe. Wenn ich eine Woche länger bliebe, könnte ich sie für ein paar Nächte ausleihen, bot er mir an.

Eines Nachts erwachte ich von Kälteschauern. Erst glaubte ich, daß ich Malaria bekommen hätte, aber es stellte sich heraus, daß diese Symptome reiner Ungeduld geschuldet waren. Ich brach früh am Morgen auf und ging nach Embu. Während des langen Tagesmarsches (vierzig Kilometer) hörte ich zum erstenmal den Namen, den mir die Eingeborenen gegeben hatten: »Wahoga«. Unruhig erkundigte ich mich nach seiner Bedeutung. Viele Europäer hatten mich gewarnt: An dem Tag, an dem man erfährt, wie man von den Schwarzen genannt wird, lernt man etwas über sich selbst.

»Wahoga« – »die Wildente«. Niemand wollte eine Erklärung dazu geben. Ich weiß, daß ich mit wiegendem Schritt gehe, ich fühle mich wohl an Stränden, ich bleibe nie am selben Ort. Die Wildente ist friedlich und verschwindet ebenso schnell wie sie aufgetaucht ist. Sie erinnert uns an traurige Abschiede und an Freunde, die weit entfernt von uns sind. Den ersten Abend in Embu dachte ich viel an »Näsbyholm«. Ich war eine Wildente, die sich danach sehnte, das Vertraute zu verlassen und sich auf den Weg nach dem Unbekannten zu machen.

In Embu weckten wir König Kombo aus seinem jahrelangen Dämmerschlaf und schmeichelten ihm mit der Vermutung, daß er wahrscheinlich der einzige sei, der mir innerhalb einer Woche mindestens zweihundert Mann zur Verfügung stellen könne. Er blinzelte halb im Schlaf und signalisierte mit einem schlauen Lächeln, daß er dann auf einen Monat zähfließende Verhandlungen verzichten müßte. Meine Geduld war aber aufgebraucht. Ich ging zum Bezirkskommissar Tudor Qwen und bat ihn, mir beizustehen und Druck auszuüben. Ich habe Tanne nie erzählt, was wir taten. Es handelte sich nicht nur um drohende Worte, da waren auch Gewehrmündungen an Schläfen, junge Männer spürten die Peitsche auf ihrem Rücken, und Kombo selbst mußte die Schande ertragen, vor seinen tüchtigsten Leuten wie ein Schuljunge behandelt und mit dem Tod bedroht zu werden.

Ich bekam meine Männer – und hatte ein schlechtes Gewissen.

Auf dem Rückweg verzichtete ich darauf, den gewundenen Weg von Embu über Fort Hall, Thika nach Nairobi zu gehen (dafür brauchte man fast eine Woche) und wählte statt dessen den geraden Weg nach Hause über eine baumlose Ebene. Drei Tage in sengender Sonne. Wir schliefen auf der Erde, während die wilden Tiere um unser Nachtlager herumschnüffelten. Raubtiere, Elefanten, Nashörner und Büffel zwangen uns zur Vorsicht, und ich dachte an nichts anderes als an Wasser und Hotelbetten. Das war unwürdig. Ebensosehr wie ich es liebte, mich in dieser Landschaft aufzuhalten, verabscheute ich sie als Transportstrecke. Die Tiere wurden zur Mühsal, die Nächte zu unendlichen schwarzen Hohlräumen, die Sonne zu einem Feuer und die Vegetation zum Hindernis.

Zum ersten Mal schlug ich ein Tempo ein, das meine eingeborenen Gefolgsleute aufrieb. Als wir ankamen, waren sie alle in einer schlechteren körperlichen Verfassung als ich.

Sich in Afrika aufzuhalten, machte mich glücklich. Afrika auszubeuten, machte mich unglücklich. Die Geduld der Afrikaner während einer Safari war wunderbar. Bei Verhandlungen war sie Terror. Es dauerte seine Zeit zu lernen, was wichtig und was unwichtig war.

Voller Wut ging ich von Häuptling zu Häuptling. Ich lernte, die Panik in ein mildes Lächeln fließen zu lassen, ich sprach über Viehhaltung und Maisanbau, während ich an in Reihen aufgestellte Arbeiter dachte. Ich habe nie so vielen Menschen Achtung und Respekt erwiesen, wie ich es im Laufe dieser Monate tat. Aber meine Gedanken waren immer an einem anderen Ort.

Kinanjui sagte einmal, als ich wieder am Feuer vor seinem Haus saß: »Wahoga, deine Gedanken sind nicht da, wo du sitzt. Du bist zweigeteilt, und du willst meine und die Gedanken meines Volkes zweiteilen.«

Ich fragte ihn, was er meine. Er antwortete, indem er mich fragte, warum seine Männer auf meiner Farm Wald roden sollten. Sie lebten in ihrem Dorf und wollten nicht Baumstubben aus einem Boden graben, den man ihnen genommen hatte. Ich antwortete, daß sie mit Geld bezahlt würden, für das sie sich etwas kaufen könnten.

Sie müßten sich nichts kaufen, fuhr er fort. Wenn sie etwas aus den Geschäften der Inder haben wollten, tauschten sie es sich für Mais oder Fleisch ein. Das einzige, wofür sie mein Geld brauchen könnten, sei die Hüttensteuer, die ihnen von den Engländern auferlegt worden sei.

»Wir haben euch als Gäste in unserem Land empfangen. Nur die Massai und Nandi haben versucht, euch wegzujagen. Ihr nehmt unsere Gastfreundschaft in Anspruch, indem ihr uns anbietet, für euch zu arbeiten, so daß wir die Steuer bezahlen können, die ihr uns aufgezwungen habt. Mein Volk ist ein dienendes Volk geworden. ›Wahoga‹, leb mit uns, jag mit uns, aber versuche nicht, unsere Gedanken dazu zu bringen, in zwei verschiedenen Welten zu leben! Dann sind wir nicht länger Kikuyu.«

Seine Rede bereitete mir Unwohlsein.

Im September stand ich eines Morgens im Sonnenaufgang und sah, wie ein Heer von Menschen in den Wald ging. Ich war über Erwarten erfolgreich gewesen. Als die gut eintausend Leute zwölf Stunden später nach Hause gingen, war ein Teil des Waldes verschwunden. Statt dessen pflügten dort zwei Ochsengespanne schlingernd Furchen in den jungfräulichen Boden. Die Eingeborenen verstehen nicht das Prinzip der geraden Linie.

Ich stellte den besten Vorarbeiter ein, den ich in ganz Afrika bekommen konnte – Åke Bursell hieß er –, baute das Haus um und legte auf dessen Rückseite einen Garten an. Ich bestellte Eisenbahnschienen, um eine Bahnlinie bis nach Nairobi zu führen, so daß das Holz aus dem Wald zu seinen Käufern gelangen könnte. Während ich damit beschäftigt war, kaufte ich auf der anderen Seite des Mbagathiflusses mehr Land und legte eine Wasserleitung vom Fluß bis zur Farm. Dies kostete so viel Geld, daß sich Onkel Aage zu einem Brief veranlaßt sah, in dem er den Gedanken vom goldenen Mittelweg entwickelte. Aber wie soll man investieren, ohne Geld auszugeben?

Die weiblichen Arbeiter bezahlte ich mit Holz, das sie aus dem übriggebliebenen Wald holen mußten – so wurde dieser gleichzeitig in Ordnung gebracht. Sjögren lachte über meine List, aber in den Augen der Frauen las ich Kinanjuis Worte über die geteilten Gedanken. Ich dämpfte meine eigene Unzufriedenheit, indem ich ihnen eine extra große Ration Mais gab und ließ sie nach Hause gehen, wenn sie mit ihrem Tagewerk fertig waren.

Nie habe ich mir selbst so sehr Gewalt angetan wie in der ersten Zeit in Ostafrika. Und nie bin ich so sehr von so vielen selbstgerechten und herzlosen Menschen gelobt worden. Der Weg der Tugend führte mich in die Arme eines jeden Spielverderbers in Nairobi. Tüchtigkeit tut weh, lernte ich, sie brachte harte Fäuste mit sich, die sowohl über die geduckten Köpfe der jungen Kikuyumänner als auch über die gebeugten Rücke der Frauen herrschten. Meine Gedanken gingen kaum noch in zwei Richtungen. Das Dasein wurde einseitig durch die Eintragungen im Kassenbuch gefiltert; jeder Baum wurde unter meinem Blick in Geld umgerechnet, und jede taufrische Morgendämmerung war eine neue Möglichkeit für Investitionen und Einnahmen. Selbst Sjögren schlug vor, daß ich einen freien Tag nehmen solle. Ich wäre kaum unter den Saufbrüdern auf »Norfolk« willkommen gewesen. An die Jagd war nicht zu denken. Ich hatte Angst bekommen vor der Wildmark. Sie bedrohte mein gesamtes Projekt. Die Pflicht saß wie eine Schraubzwinge an den Schläfen.

Nun kam es darauf an, daß die verdammten Büsche auch Kaffee brachten! Der Krampf in den Schultern und im Magen ließ nicht eher nach, bevor ich beschlossen hatte, daß die Büsche nun auch bestmöglich wachsen, blühen und Früchte tragen mußten. Es lag nicht in meiner Macht, sie dazu zu zwingen. Ich legte alles in Bursells allmächtigen Hände und nahm mir einen freien Tag, um langsam hinunter nach Nairobi zu wandern. Auf »Norfolk« erkannten sie mich wieder. Es war rührend, wie froh sie waren, mich wiederzusehen. Wir machten Zielschießen in der Bar, leerten eine Flasche Gin, und ich bekam für die Nacht das schönste Kikuyumädchen.

Am selben Tag verließ Tanne Dänemark.

8.

Als das weiße Schiff vor dem Hafen von Mombasa auf Reede ging, war alle Unruhe verschwunden. Den Körper erfüllte ein Gefühl von Leichtigkeit, und er war eifrig, in Bewegung zu kommen. Meine Gedanken konzentrierten sich auf das einzig Wichtige: Tanne war in Afrika, und der Kontinent sollte sich wieder für mich öffnen – dieses Mal durch Tannes Augen. Zusammen würden wir ohne Begrenzungen leben. Fort waren alle Sorgen wegen der Farm. Bursell, der die Kaffeebüsche mit einer Fürsorge pflegte, als wären es seine eigenen Nachkommen, hatte alle Verantwortung für sie übernommen. Eine Farm zu bewirtschaften, war für ihn ein Trieb, ebenso stark wie der Fortpflanzungstrieb und ebenso erquickend wie der Schlaf einer guten Nacht.

Ein arabischer Jüngling paddelte mich hinaus zum Schiff. Als dessen Anker rasselnd zu Boden fuhr, schaukelte unser Kanu schon längsseits. Ich erspähte Tanne auf dem Deck. Sie wirkte klein und zerbrechlich, wie sie dastand und winkte, umgeben von hochgewachsenen und kräftigen Männern mit großen Tropenhelmen.

Es gibt Augenblicke, wo man so glücklich und erwartungsvoll ist, daß das Sehvermögen beeinflußt wird. Mein Gesichtsfeld verkleinerte sich, so als sähe ich alles aus größerem Abstand durch ein Fernglas. Wie sehr ich mich auch bemühte, es gelang mir nicht, das Triviale in der Situation zu erblicken. Ich wollte, daß unser Wiedersehen das Gepräge des Alltags annähme, daß die Begegnung mit Tanne ein Ereignis im Bereich des Wirklichen würde. Sonst könnte sie ihre Gültigkeit verlieren, sich in einen Tagtraum verwandeln. Aber das ging nicht. Trotzdem war nicht ich es, der sich in einem Glücksrausch befand, es waren der Strand, die Stadt, das Schiff und das Kanu, die den Kontakt mit dem Fundament der Erde aufgegeben hatten und im feuchten, heißen Wind schwebten. Die Dünung des Meeres, in der das Kanu längs des weißen Schiffes stieg und sank, die funkelnde Sonne, unsere bevorstehende Vereinigung – alles befand sich in einer eigenen Welt. Es war, als lebte man mitten in einer Erzählung.

Sie war bleich und mager nach mehreren Malariaanfällen – aber ihre Gesichtszüge waren voller Energie. Ich lief die Gangway hinauf und atmete die starken Gerüche von Farbe, Terpentin und salzigem Meer. Ein Sonnenreflex schnitt den Rumpf des Schiffes, und aus seinem Innern hörte man einige dumpfe Schläge. Auf dem Schiffsdeck blieb ich ein paar Meter entfernt von ihr stehen. So unverändert – und trotzdem ein anderer Mensch, mehr Frau als Mädchen. Die Kleidung war wie gewöhnlich auffallend elegant. Ich könnte sagen, ihr Gesicht strahlte mir entgegen, wäre da nicht das spöttische Lächeln gewesen.

Neben ihr stand Prinz Wilhelm, der uns auf »Näsbyholm« besucht und auf einigen Jagden danebengeschossen hatte. Direkt hinter ihr standen sein Adjutant, Graf Gustav Lewenhaupt, und ein Mann, wie aus einem Stück hartem Granit gemeißelt, der deutsche General von Lettow. Tanne war von Männern umgeben, genau wie sie es gern hatte – aber ich war der primitive Wanderer aus der Wildmark.

Ich küßte sie, hob sie hoch, machte eine Handbewegung zu dem für sie fremden Kontinent und sagte mit einem Lachen, um nicht sentimental zu wirken: »All dies hier will ich dir schenken!«

Die Willkommenszeremonie wurde durch Räuspern und Husten von Prinz Wilhelm abgeschlossen, der seine Gliedmaßen in einer seltsamen Choreographie drehte und gleichzeitig seine Freude darüber ausdrückte, mich zu sehen. Als ich von Lettow begrüßte, versuchte ich, seine Hand zu zerquetschen. Es dauerte eine Stunde, ehe der Schmerz aus meiner Hand verschwand.

Wir kamen in Gesellschaft von Prinz Wilhelm an Land. Der Bezirkskommissar Hobley hatte ein Boot geschickt, um ihn standesgemäß in Empfang zu nehmen. Wir wurden eingeladen mitzukommen. Der Prinz, der unverhältnismäßig groß und mager war, hatte sich auf eine Bank gequetscht, die knochigen Knie in Kopfhöhe. Der lange, ausgemergelte Körper schien mehr zäh als zerbrechlich zu sein. Er bewegte sich überraschend leicht und geschmeidig.

»Es ist warm«, war das einzige, was er sagte.

Ich fragte ihn ohne Umschweife, ob er am nächsten Tag Trauzeuge bei unserer Hochzeit sein wolle. Ich weihte ihn auch in unsere Pläne ein, die Hochzeitsnacht schon am selben Abend im »Mombasa Club« zu verbringen, also vor der Hochzeit.

»In Afrika tut man, was man will, wenn es um das Zusammenleben geht«, erklärte ich.

Der Prinz wirkte amüsiert, begann aber ängstlich seine langen Gliedmaßen im vorderen Teil des kleinen Bootes zu bewegen. Er schielte zuerst auf Tanne, dann auf Lewenhaupt und die anderen, bevor er mit einem Räuspern seine Stimme in Gang brachte, etwa wie einen langsam startenden Automotor. Als Tanne erklärte, daß es auf diese emanzipierte Weise mehr Spaß mache und die anderen zustimmend lachten, versprach der Prinz, am nächsten Tag um elf Uhr zu kommen.

»Es ist vielleicht nicht so wichtig, in welcher Reihenfolge es getan wird«, murmelte er und löste bei der Gesellschaft ein hysterisches Gelächter über soviel königliche Vorurteilslosigkeit aus.

»Hier in Ostafrika sind wir nicht Sklaven altmodischer Regeln und Gebräuche. Hier schaffen wir unser eigenes Leben«, erkärte Tanne, bevor sie zum erstenmal ihren Fuß auf den Kontinent setzte.

»Bror und ich wollen gemeinsam unser Dasein zu einem großen Kunstwerk formen.«

Ich hielt die Luft an, als Tanne ihre ersten Schritte an Land tat. Wir verharrten und wandten die Gesichter einigen Palmen zu, deren große Blätter im Wind rauschten. Eine Ahnung von Glück und Leid zog wie ein Wind über die Landschaft. Als die königliche Gesellschaft uns betrachtete, wirkte sie wie eine Schar begeisterter Jungen auf verbotenen Abenteuern.

In meiner Erinnerung schien Tanne an diesem ersten Tag eher ein luftiges »Geistwesen« zu sein als eine Frau aus Fleisch und Blut. Ich erinnere mich besser an die Männer. In gewisser Weise war jedoch sie es, die ihnen Kontur und Charakter verlieh.

Am Abend bestand Tanne darauf, daß wir mit General von Lettow speisten. Er mußte schon am nächsten Tag weiter nach Dar-es-Salaam reisen, um das Kommando über die dort stationierten deutschen Truppen zu übernehmen. Wir saßen auf der Veranda des »Mombasa Clubs«, jeder von uns mit seinem »Sundowner«. Von Lettow trank Tee. Ich hatte das ausgeprägte Gefühl, verglichen, gemessen und gewogen zu werden. Aber ich war fest entschlossen, mein eigener Maßstab zu sein.

Die feuchte Hitze ließ ein wenig nach, als vom Meer eine Brise aufkam, trotzdem hatte von Lettow Schweißperlen auf seiner breiten Stirn. Tanne dagegen, die das Klima ebensowenig gewöhnt war, schien die Wärme nichts auszumachen.

Hätte man von Lettow rohes Nashorn und in Scheiben geschnittenen Kaktus serviert, er hätte es gegessen. Das Kinn, der Nacken, die Art, das Essen zu kauen, alles machte einen entsetzlichen Eindruck von Stärke und Kompromißlosigkeit. Außerdem war er höflich und auf den meisten Gebieten gut bewandert. Tanne konversierte mit ihm über die verschiedensten Themen. Das, was sie am meisten interessierte (sie schienen darüber schon früher diskutiert zu haben), war ein Vergleich zwischen der englischen und der deutschen Mentalität. Ich versuchte teilzunehmen, fand aber keinen Weg in die Welt von Lettows, die aus Ordnung und Prinzipien bestand. Wenn ich so lebendig wie möglich über meine mißglückten Fahrradtouren zu verschiedenen Kikuyuhäuptlingen erzählte, kommentierte er kurz, daß auch ich entweder hätte gehen oder mich in einem Tragsessel hätte herumschleppen lassen müssen. Effektivität, Disziplin und Würde gäben das beste Resultat. Von Lettow hätte innerhalb von ein paar Jahren Tanganjika zu einer Art Preußen machen können.

Um neun Uhr abends erhob er sich hastig, schlug die Hakken zusammen, verabschiedete sich und verschwand in der tropischen Nacht. Weder Tanne noch ich wußten, wo er wohnte oder wie er nach Hause kommen würde. Der Ärmste, der auf die Idee käme, ihn im Dunkeln anzugreifen.

»Wie findest du ihn?« fragte Tanne.

Ich erklärte, daß ich ihn weder zum Freund noch zum Feind haben wolle.

Tanne saß eine Weile stumm da.

Dann sagte sie: »Der Mann hat alles – abgesehen von Humor.«

Wir begaben uns in einen anderen Teil der Veranda, wo Prinz Wilhelms Gefolge saß und zusammen mit Åke Sjögren und MacMillan trank. Die beiden Letztgenannten waren nach Mombasa gekommen, um die schwedische Gesellschaft im persönlichen Eisenbahnwagen des Gouverneurs nach Nairobi zu bringen. MacMillan grölte von ehelichem Glück und scherzte über unsere Hochzeitsnacht. Prinz Wilhelm, der neben MacMillans Zweihundert-Kilo-Figur noch magerer wirkte, lächelte bleich aus seinem Korbstuhl und machte Tanne zaghafte Komplimente.

Aber Tanne war müde. Mit einer eleganten Geste, die auf vielfältige Weise gedeutet werden konnte, demonstrierte sie, daß wir uns zurückziehen wollten. Unter dem Beifall der Männer nahm ich sie auf meine Arme und trug sie in unsere Hochzeitssuite.

»Ich liebe alle diese Männer«, sagte Tanne, »aber am liebsten würde ich mit dir allein in der Wildmark sein.«

Wir gingen hinein und legten uns hin, ohne eine Lampe anzuzünden. Die Fenster zum Meer waren geöffnet, die Gardinen wehten leicht im Dunkel der Nacht. Das große, weiße Moskitonetz, genäht aus dem Stoff für Brautkleider, überwölbte das Doppelbett wie die Kuppel einer kleinen, hellen Kathedrale. Wir sagten nichts, legten uns im Bett dicht zusammen und hielten einander bei den Händen. Sie strich mit ihren Fingern segnend über mein Gesicht und legte eine Handfläche auf meinen Brustkorb. Kein Begehren, keine Verspieltheit oder Leidenschaft – was wir empfanden, waren Feierlichkeit und Ernst. Als wir uns liebten, war das ein Ritual, eine Passage zur Ehe, in der Mann und Frau zu einem Bund vereint werden, der weiter reicht als Verliebtheit und erotische Ekstase.

Hinterher sagte sie mit großem Ernst: »Wir haben jetzt einen Pakt geschlossen. Versprich mir, daß du immer, immer zu mir und unserer Ehe zurückkehrst!«

Ich versprach es.

Wir lagen mehrere Stunden beieinander und flüsterten. In der Wärme waren wir halbnackt, und Tannes Stimme bekam die fiebrige Energie, die jede Replik zu einem Sprungbrett für die Phantasie machte. Die Tristesse auf »Rungstedlund« wurde zu einer Komödie ebenso wie der verwirrende Besuch auf »Näsbyholm«, als meine Familie nicht wußte, wie man Tanne behandeln sollte. Zwei kurze Treffen mit Hans erwähnte sie pflichtschuldig mit ein paar dürren Worten. Während sie sich gähnend unter dem Laken zusammenkrümmte, erzählte sie von Prinz Wilhelms gutmütiger Verwirrung und wie kompromißlos von Lettow über die Auswirkungen von Truppenverlegungen sowohl auf die Schlacht als auch auf die Menschenseele gesprochen habe. Die Frauen auf dem Schiff hatten die beiden Männer mit mütterlicher Fürsorge respektive weiblicher Ehrfurcht behandelt. Sie selbst hatte versprochen, von Lettow gute Pferde zu besorgen.

Schließlich schliefen wir ein, jeder auf seinem Teil des großen Doppelbettes.

Die Hochzeitszeremonie war eine Farce. Wir weckten Prinz Wilhelm und Gustaf Lewenhaupt um Viertel vor elf, und sie wankten hinaus, müde und verkatert nach der Nacht mit Sjögren und MacMillan. Unwillig folgten sie uns zum Büro des Bezirkskommissars auf der anderen Straßenseite. Das starke Sonnenlicht mitten am Tag machte sie blind und hilflos, und wir mußten sie in Hopleys schmuddliges Büro führen. An die gekalkten, schmutzigen Wände waren die Köpfe von schlecht präparierten Tieren genagelt. Zwei Antilopen streckten uns die Zunge raus, ein Leopard starrte entsetzt zur Tür, und ein Löwenhaupt sah einem Pavian zum Verwechseln ähnlich. Hobley selbst war in einem traurigen Zustand, schmutzig und durchgeschwitzt und nicht ganz nüchtern. Er war ebenso mager wie der Prinz, aber nur halb so groß.

Indem er nach Art der Alkoholiker die Knie hoch anzog, trat er an den kleinen Tisch, auf dem eine unbrauchbare Feder und ein Stück Papier lagen. Einen Augenblick lang starrte er uns erstaunt an und fragte, ob wir uns darüber im klaren seien, was wir dort trieben. Ich erklärte, daß wir fest entschlossen seien zu heiraten. Als ich die Trauzeugen mit Titeln und all dem präsentierte und mich selbst als Baron von Blixen-Finecke vorstellte, öffnete er den Mund, entblößte vier Eckzähne und stieß ein brüllendes Gelächter aus. Er hielt die Titel für einen Spaß und hatte offenbar vergessen, daß er am Tag zuvor ein Boot geschickt hatte, um einen schwedischen Prinzen in Empfang zu nehmen. Als er sich beruhigt hatte, fragte er, wer von uns mit der »Prinzessin« verheiratet werden wolle. Ich trat vor und sagte wieder unsere Namen, aber er schüttelte nur den Kopf: so schwierige Namen konnten nicht zusammengefügt werden. Ich handelte einen Kompromiß aus. Wenn er die Trauformeln las, würde ich die richtigen Namen ergänzen. Das half, und nach ein paar Minuten war die Zeremonie überstanden. Tanne überraschte uns, indem sie zu Hobley trat und ihm feierlich für den originellen Trauungsakt dankte. Er hielt das für Hohn und scheuchte uns wie eine Schar Hühner hinaus. Wieder draußen im blendenden Sonnenschein, fielen wir einander lachend um den Hals. Prinz Wilhelm sah sehr glücklich aus.

Am Nachmittag packten wir das, was wir besaßen, und begaben uns zur Eisenbahnstation, wo der Wagen des Gouverneurs auf uns wartete. MacMillan hatte seinen eigenen Küchenwagen an den Zug gekoppelt, und sein Küchenpersonal wimmelte in weißen Schürzen auf dem ganzen Bahnhofsgebiet herum. Tanne und ich, Åke Sjögren und MacMillan sowie der Prinz und seine Gesellschaft stapften in den Wagen des Gouverneurs wie eine Schulklasse auf einem Ausflug.

Nach ein paar Stunden schliefen alle ein. Als ich erwachte, sah ich Tanne hellwach dasitzen. Ihre großen Augen bewegten sich neugierig zwischen der Landschaft da draußen und den Männern, die schnarchend überall im Wagen herumlagen. Der Zug bebte, knirschte und klapperte. Ein Arm von Prinz Wilhelms hing herunter und schwang im Rhythmus der Bewegungen des Zuges. MacMillans fette Wangen vibrierten bei jedem Schienenstoß. Sjögren schickte seine Schnarchlaute zur Decke.

Tannes Blick wanderte über weite Ebenen. Ich betrachtete sie verstohlen und sah, wie kleine Veränderungen in ihrem Gesicht große Gemütsbewegungen enthüllten: alles war möglich, Vergangenheit und Zukunft prallten aufeinander und wurden zu einem einzigen kompakten Jetzt.

Auf den weiten Flächen tauchte allmählich Wild auf. Hier und da kam der Zug an Dörfern vorbei, wo Leute kleine Feuer entzündet hatten. Die Erwachsenen hoben die Hände zum Gruß, während die Kinder schreiend und winkend an der Bahnlinie entlangliefen. Im Westen loderte der Himmel und warf einen brandgelben Schein in den Wagen. Tanne kroch wie ein kleines Mädchen vor dem Fenster zusammen. Die Stille der Landschaft gab Ruhe und Andacht. So hatte die Welt schon immer ausgesehen. Hier gab es eine Unveränderlichkeit, die trostreich war.

Ich betrachtete die schlafenden Männer. Wir waren eine Gruppe von Menschen, die sich einen neuen Kontinent auf dieselbe Weise eroberten wie Kinder, die in einen gerade eröffneten Vergnügungspark laufen. Die Vergangenheit war eigenartig bedeutungslos, und die Zukunft kam uns mit jeder Sekunde entgegen. Alles lag in unseren eigenen Händen. Wir hatten keine Ahnung, ob unsere Verantwortung unüberschaubar groß war oder ob sie nur bis zu unserem eigenen Wohlbefinden reichte.

Ich setzte mich auf und flüsterte: »Tanne, wir können genau das tun, was wir wollen.«

Sie nickte und antwortete: »Es gibt keine Begrenzung in irgendeiner Richtung.«

Ich kroch an sie heran und nannte die Namen der Tiere, die beim Sonnenuntergang in immer größerer Zahl auf den Ebenen auftauchten.

Das Hochzeitsmahl wurde von uns – wie es unter den Europäern in Ostafrika Brauch war – in Nachtkleidung eingenommen. Prinz Wilhelms Pyjama flatterte im Durchzug, der durch die offenen Fenster verursacht wurde, und MacMillan tauchte im weißen Nachthemd auf – es sah aus, als wäre sein Kopf oben auf einem Zelt angebracht. Wo er sich auch befand, gab es Gedränge.

Schwarze Kellner im Frack tafelten Delikatessen auf, die ich nicht mehr gesehen hatte, seit ich Europa verließ. Sjögren schoß Champagnerkorken hinaus in die Wildmark, tosendes Gelächter stieg auf und verebbte wieder, und alle griffen nach den Gläsern. Da wurde mir schlagartig bewußt: Tanne war weg. Die anderen waren ebenso erstaunt wie ich.

Sie stand sicher irgendwo und wartete darauf, daß wir sie vermissen würden. In dem Augenblick, als wir uns dem Teil des Wagens näherten, wo wir uns in einigen kleineren Abteilen umgezogen hatten, kam sie zum Vorschein. Sie trug ein tief ausgeschnittenes Nachthemd und kam uns barfuß entgegen. Ohne Schuhe war ihr Gang weich und intim, weiblich, aber zugleich voll kindlicher Unschuld. Es war eine Geste des Vertrauens in die männliche Gemeinschaft, und wir beantworteten das Vertrauen, indem wir sie wie einen kostbaren Schmuck entgegennahmen. Ich hatte sie nie zuvor so reizvoll gesehen. Ihre weißen und schönen Füße waren das Geheimnis des Abends, das nun offenbart wurde, wonnig schockierend im Vergleich zu all den offenstehenden Schlitzen in den Pyjamahosen. Um ihrer Füße willen dämpften wir das lärmende Treiben und befleißigten uns gewählterer Umgangsformen.

Ihre leichte Bekleidung veranlaßte mich, einen Blick auf die schwarzen Kellner zu werfen. Ich war neugierig, wie sie reagierten, und ich sah hinter toten Blicken eine Verwirrung, die völlig heimatlos war. Wo sie sich auch hinwandten, überall waren Herren in schockierend legerer Aufmachung, während sie selbst die Festkleidung des weißen Mannes trugen. In ihren Gesichtern sah ich klumpige Bodenparzellen, ich sah Ebenen mit Tieren und rauchende Hütten, in denen es säuerlich nach altem Essen und Ausdünstungen roch.

Als ich die Kellner forschend betrachtete, entstand eine weitere Unruhe, als hätte ich sie angeklagt, heimlich etwas Verbotenes angesehen zu haben. Ich beugte mich vor und fragte Tanne flüsternd, was wohl die Eingeborenen ihrer Meinung nach von unserem Hochzeitsfest hielten.

»Sie mögen es«, antwortete sie, ohne zu zögern. »Sie sehen, daß das Leben für uns ohne Begrenzungen ist.«

Ich entgegnete, sie seien vielleicht erschrocken darüber, daß der weiße Mann so unbeständig und unbeherrscht ist.

Wir aßen und tranken, und die Nacht senkte sich herab. Als MacMillan anordnete, die Tafel aufzuheben, erhob sich Tanne und erklärte, daß sie einen Wunsch habe: Sie wolle, daß die Diener die Erlaubnis erhielten, die Reste zu essen. Auch die Eingeborenen sollten an unserer Hochzeit teilhaben. Tannes Wunsch wurde als exzentrischer Einfall, der der Wirkung des Champagners geschuldet war, aufgenommen. Er paßte recht gut zum Charakter des Festes. Tanne ging auf nackten Füßen in den Küchenwagen – ich folgte ihr voller Neugier –, und sie lud die befrackten Kellner ein, Platz zu nehmen und das Essen zu genießen. Sie setzten sich vorsichtig um die Schalen und Servierplatten und betrachteten die Speisen, die sie kurz zuvor aufgetragen hatten, mit neuen Blicken: Konnte man das hier essen? Tanne beschrieb ihnen die verschiedenen Gerichte, ermunterte sie zu probieren und verfolgte interessiert ihre ersten Bissen. Einer von ihnen begann zu lachen, ein anderer konnte seinen Ekel nicht verbergen, und als Tanne beim Anblick der abweisenden Mienen in Gelächter ausbrach, begannen mehr und mehr zu reden, zu lauschen und sich umzusehen. Einer fragte sogar nach dem Namen eines

Gerichts. Das Merkwürdige war, daß Tanne sie beinahe wie Gleichgestellte behandelte – und trotzdem agierte sie mit einer selbstverständlichen Autorität, die keinen Zweifel daran ließ, wer es war, der in dieser Gesellschaft bestimmte.

Der Zug arbeitete sich in hochgelegene Gebiete hinauf, und es wurde im Kupee zunehmend kühler. Draußen leuchtete der Mond. Die Ebenen wurden seltsam hell, und die Wälder und Berge warfen dunkle Schatten. Der Sternenhimmel brannte, wie man es nur in Afrika kennt.

Bevor die Nacht anbrach, kleideten sich alle in umgekehrter Reihenfolge an: die Pyjamas wurden durch gewöhnliche Kleidung ersetzt. Ich hatte Decken und Laken mitgenommen. Es gab keine Schlafwagen, und alle bereiteten sich so gut es ging ein Lager auf den Bänken.

Mitten in Tsavo hielt der Zug eine halbe Stunde. Die Laute der Wildmark drangen ins Abteil. Heuschrecken, Nachtvögel, Eulen und Hyänen waren nicht weit.

Tanne wollte hinausgehen. Im Licht einer Stallaterne entfernten wir uns ein Stück vom Zug. Es war das erste Mal, daß sie sich in der Wildmark bewegte. Tanne atmete in tiefen Zügen die Düfte der Nacht und lauschte mit offenem Mund allen Lauten. Wir sprachen nicht, bis wir auf eine kleine Anhöhe gekommen waren. Ich löschte die Lampe. Im Mondschein sahen wir das warme Licht aus den Zugfenstern. Flüsternd erzählte ich von »The Man-Eaters of Tsavo«. Als man die Eisenbahn baute, wurden die indischen Arbeiter neun Monate lang jede Nacht von menschenfressenden Löwen angegriffen. Wie sie sich auch schützten, die Löwen fanden sie und schleppten einige von ihnen jede Nacht weg. Drei Wochen lang ruhte die Arbeit, bis es einem der Arbeitsleiter gelang, die Löwen zu erschießen.

Während ich schilderte, wie die riesengroßen Katzen nachts angeschlichen kamen, schielte ich zu Tanne. Niemand wußte, wann und wo ihr tödlicher Angriff erfolgen würde. Im Gestrüpp hinter uns raschelte es – vermutlich eine kleine Dikdikantilope –, und Tanne wandte sich mir mit einem großen

Lächeln zu. Sie nahm meine Hand, und wir kehrten mit langsamen Schritten zum Zug zurück.

In der Nacht schliefen wir wie Vagabunden. Tanne richtete sich ein Lager auf einer Bank her, ich breitete vor ihr auf dem Fußboden einen Mantel aus und legte eine Jacke zu einem Kopfkissen zusammen. Ich schlief ein, ihre Hand auf meiner Wange.

9.

Farah hatte unsere Ankunft auf der Farm vorbereitet. Er fragte, ob er einen kleinen Empfang veranstalten dürfe. Ich lehnte ab, das sei nicht nötig. Aber Tanne fand, das sei eine gute Idee. Sie brachte mich dazu, meine Meinung zu ändern.

Ich wäre mit ihr am liebsten allein gewesen, dann hätten wir die Farm schweigend und mit bedächtigen Schritten wie ein Heiligtum betreten können. Ausführlich hätte ich ihr vom Haus erzählt und ihr jede Einzelheit gezeigt. Ich wollte sie mit hinaus in den Garten und die nähere Umgebung nehmen. Nach dem Essen und einer Ruhepause wären wir zu den neu gepflanzten Kaffeebüschen gewandert. Ich hatte gehofft, daß wir zusammen das Terrain erkunden und die Farm zu unserem gemeinsamen Revier machen würden.

Als wir uns »Mbagathi« näherten, nach einer ruhigen Autoreise von Nairobi, wo sich die schwüle Luft langsam erwärmte und mit Düften von Bäumen und Büschen anreicherte, hörten wir Lärm wie von einer großen Volksmenge. An der Einfahrt zum Haus sahen wir weder das Gebäude, den Garten noch den davorliegenden offenen Platz. Jegliche Sicht wurde von Menschenkörpern versperrt. Alle, die eine Beziehung zur Farm hatten, saßen oder standen um das Haus herum. Als sie uns erblickten, schwiegen sie einen Augenblick, und alle erhoben sich. Ein neuer, ohrenbetäubender Lärm brach aus. Die Leute grölten und sangen, klatschten in die Hände und stürzten uns entgegen.

Wir mußten weit vom Haus entfernt das Auto verlassen, da es nicht möglich war durchzukommen. Ich wurde zornig und rief Farah. Mit Stößen und mit Schlägen meiner Nashornpeitsche jagte ich die allzu Aufdringlichen weg und schrie, daß Farah diesem Spektakel ein Ende setzen solle. Aber Tanne stieg unerschrocken aus dem Auto, legte eine Hand auf meinen Arm und versicherte, daß alles »wunderbar« sei. Sie begab sich direkt in die lärmende Masse, verschwand zwischen den

Schwarzen, so daß ich kaum noch ihren großen Hut sehen konnte. Ich drängelte mich hinterher, um dafür zu sorgen, daß ihr nichts Unangenehmes geschehe.

Das, was ich zu sehen bekam, war ein Wunder. Die Eingeborenen, die sie vorher nie gesehen hatten, verehrten sie von dem Augenblick an, da sie den Fuß auf »Mbagathi« gesetzt hatte, sie berührten sie und riefen ihr aufgeregt zu. Sie antwortete, indem sie, wie um göttliche Gnade zu spenden, ihre Hand auf Frauen und Kinder legte. Es war, als sähe man einen heimkehrenden Propheten, auf den alle gewartet hatten und von dem die Legende verhieß, daß er kommen werde, wenn die Zeit da sei. Und Tanne ging mit stolzer Würde und großem Talent in der Rolle auf.

Um mich kümmerten sie sich nicht. Zwischen mir und der Menge entstand ein leerer Raum. Mich kannten sie, ich war jemand, den sie fürchteten und respektierten, Tanne liebten sie, ohne zu wissen, wer sie war.

Als wir beim Haus angekommen waren, sagte Tanne, daß sie eine kleine Dankesrede halten wolle. Sie beabsichtige, ihnen etwas zurückzugeben.

Was sie ihnen schenken könne, fragte sie mich.

»Fleisch«, antwortete Farah, der hinter uns stand.

Sie betrachtete mich fragend. Ich nickte.

Sie stieg auf einen Tisch und hielt eine feierliche Rede mit einer derartigen Intensität, daß ihre Hände und Knie zitterten. Sie sprach davon, daß sie heimgekommen sei in ein fremdes Land, und daß die Menschen des Landes ihr große Liebe gezeigt hätten.

Sie erklärte, daß wir alle auf der Farm zueinandergehörten und daß sie ein Teil von ihr seien und sie selbst ein Teil von ihnen. Sie dankte und versprach, daß sie ihnen in ein paar Tagen Wild schenken werde, das ihr gutherziger Ehemann schießen wolle. Sie beabsichtige auch, ihre Häuser zu besuchen und sich anzusehen, wie sie lebten. Dann bat sie alle, den Hofplatz zu verlassen, denn sie sei müde nach ihrer langen Reise und brauche Ruhe.

Der Jubel dauerte mehrere Minuten. Tanne ging ins Haus und sank auf einen Stuhl. Sie war so erschöpft, daß sie kurz davor war zu weinen.

»Es ist einzigartig!« flüsterte sie.

Zehn Minuten, nachdem sie ihre Rede abgeschlossen hatte, war die Farm leer und still. Farah stand nachdenklich lächelnd auf der Veranda und sah in Richtung Ngong Hills. Und in der Stille nach dem großen Lärm kamen die Vögel aus den Wäldern und von den Feldern geflogen und ließen sich auf den Bäumen, die das Gehöft umstanden, nieder. Ihr Gesang war lauter als je zuvor.

Nach einer Woche fühlte ich mich veranlaßt, Prinz Wilhelm zum Essen einzuladen. Tanne wollte etwas mehr. Sie wollte ein großes Fest für die beiden schwedischen Freunde und die Eingeborenen von der Farm arrangieren. Aber, betonte sie, das Fest solle voller Respekt für die Eigenart jedes einzelnen sein. Sie wolle, daß sich alle zu einer großen »Ngoma« träfen, anschließend sollten sich die Eingeborenen und die Weißen jeweils nach ihren Vorstellungen amüsieren.

Ich fragte, woher sie wisse, was eine »Ngoma« sei.

»Farah hat davon erzählt«, antwortete sie und schlug vor, daß wir auf dem Platz beim Haus ein Feuer machen sollten, um das die Kikuyumoranen tanzen könnten. Ein paar Tage nach ihrer Ankunft hatte sie dem Häuptling Kinanjui einen Besuch abgestattet und wollte nun auch ihn und seine Ratgeber einladen.

Einmal hatte ich von weitem eine »Ngoma« erlebt. Zuerst machten der Tanz und die Festlichkeiten einen komischen Eindruck auf mich – ein eintöniges Hüpfen und Trampeln, das durch einen monoton stöhnenden und heulenden Gesang vorangetrieben wurde. Nach einer Weile jedoch wirkte der Tanz ganz anders auf mich, obwohl die Bewegungen die gleichen waren. Durch die Wiederholung bekam das Ritual andere Konturen, ein Effekt, der auch eintritt, wenn man lange auf denselben Gegenstand starrt. Jedes Detail erhielt eine halluzinatorische Deutlichkeit, die sich einem aufdrängte. Die Teilnehmer zeigten eine Mischung von Freude, Verzweiflung, Zorn und Stolz, die unbehaglich war – und doch anziehend. Ich starrte sie lange an, und eine Art Rausch stahl sich in mein Bewußtsein. Erst als Åke Sjögren neben mich trat, lachte und etwas von der »Wildheit« der Eingeborenen sagte, erwachte ich und ging eilig weg.

Die Erinnerung daran beunruhigte mich ein wenig.

Prinz Wilhelm und Gustav Lewenhaupt kamen spät am Nachmittag von Nairobi. Wir nahmen zusammen einen Drink auf der Veranda. Tanne erzählte enthusiastisch von dem bevorstehenden Tanz, obwohl sie selbst zuvor niemals einem solchen beigewohnt hatte. Merkwürdig war, wie gut ihre Schilderung mit meinem Erinnerungsbild übereinstimmte.

Unmittelbar vor Einbruch der Dämmerung tauchten die Kikuyutänzer auf. Die jungen Männer, die Moranen, waren für sich, und auch die jungen Mädchen kamen als Gruppe. Ihnen folgten etwa hundert Zuschauer, die mehr passiv am Tanz teilnehmen sollten. Unter ihnen befand sich einer von meinen Vorarbeitern, der zu uns kam und berichtete, daß Häuptling Kinanjui beschlossen habe, diese »Ngoma« zu besuchen. Er wolle das Fest mit seiner Anwesenheit beehren, weil er erfahren habe, daß ein schwedischer Prinz und die junge Baronesse zugegen sein würden. Mit seinem Besuch wolle er auch zeigen, daß er mich für einen Farmer halte, dem man vertrauen könne.

Gerade als das große Feuer auf dem ein Stück vom Haus entfernten Platz angezündet wurde, kam Kinanjui mit seinem Gefolge. Eingehüllt in Decken aus Affen-, Leoparden- und Löwenfell und mit eigentümlichen Kopfbedeckungen schritten die alten Männer, gestützt auf dünne Speere, zum Haus, unberührt davon, was um sie herum vorging. Mit halboffenen, geistesabwesenden Augen grüßten sie uns gemessen. Ihre Hände waren klein, knotig und hart. Kinanjui blieb einen Augenblick vor Prinz Wilhelm stehen, musterte seinen langen Körper, murmelte etwas und nahm ohne Kommentar Tannes und meine Begrüßungsworte entgegen. Seine Anwesenheit war für uns eine Ehre.

Wir leiteten die alten Männer, die Respekt und Ehrfurcht einflößten, obwohl sie wie eine Schar zersauster Geier aussahen, zu den Tischen und Stühlen, die wir ein kleines Stück vom Feuer entfernt aufgestellt hatten. Gläser und Whisky standen bereit, und sie begannen ohne Kommentare das Getränk zu schlürfen.

Am Feuer wärmten sich einige junge Männer vor dem Tanz auf. Sie zielten mit den Speeren, machten Tanzschritte und taten, als würden sie einander angreifen. Es war etwas in ihrem Auftreten, das mich beunruhigte. Das Lachen war hart und stolz, und mit Hilfe von Worten und Blicken schlugen sie aufeinander ein wie Raubtiere. Sie waren im Begriff, den Alltag zu verlassen und im Ritual aufzugehen.

Ich bat Farah, mein Pferd zu holen und saß auf. Es war mein Boden, auf dem die »Ngoma« stattfand, und ich war es, der die Grenzen dafür absteckte.

Als Kinanjui den Tanz durch ein kaum merkbares Zeichen seiner klauenähnlichen Hand startete, führte Tanne die beiden Schweden in die Nähe der Tanzenden. Ich selbst blieb ein Stück von ihnen entfernt auf dem Pferd sitzen. Wieder war ich Zeuge dieses merkwürdigen Schauspiels, bei dem die Teilnehmer sich selbst in Ekstase treiben. Es konnte kaum die Rede von einer gesteigerten Anwesenheit sein, eher von einer intensiven Abwesenheit.

Sie bejahten die grundlegenden Ausdrucksformen des Körpers: springen, zittern, stöhnen, heulen. Selbst die Monotonie erhöhte die Temperatur, und die umgebende Wirklichkeit verschwand aus ihrem Bewußtsein. Alle Energie schien nach innen zu fallen, zu einer Erfahrung, von der ich keine Ahnung hatte. Die Mädchen und auch die jungen Männer tanzten für sich. Ich fürchtete, daß sie sich einander zuwenden würden – denn das könnte Kräfte freisetzen, die sie meiner Meinung nach nicht unter Kontrolle hätten. Aber sie sahen einander kaum an. Statt dessen tanzten die jungen Männer immer intensiver in einer enger werdenden Gemeinschaft, sie erhoben die Speere und schüttelten sie, der Schweiß glänzte auf den nackten Schultern, und auf ihren Gesichtszügen lag eine Maske von drohender Gleichgültigkeit. Funken und Rauch stiegen in den Sternenhimmel, und die Hitze des Feuers kam in Wellen zu uns.

Wie zufällig umringten die Moranen Prinz Wilhelm und Lewenhaupt, und die Mädchen taten das gleiche mit Tanne. Während Tanne mit gemessenen Gesten und hoch erhobenem Haupt ihre Aufmerksamkeit entgegennahm und ihnen Beifall spendete, wirkten die beiden Männer erschrocken und verlegen. Die Tänzer kamen näher, ihre Bewegungen wurden heftiger und bedrohlicher. Es war unmöglich zu entscheiden, ob dies ein Versuch war, einzuladen und zu überzeugen oder auszuschließen und zu erschrecken. Aber erschreckt wurden sie. Und der Tanz wurde zu einer Jagd um ihre Furcht.

Ich zögerte nicht, sondern ritt zwischen die Tanzenden, sprang vom Pferd und führte die beiden hohläugigen Schweden aus der Mitte des Tanzes. Mit einem Zeichen bedeutete ich den Moranen, daß sie den Tanz fortsetzen könnten. Schlaftrunken begannen die jungen Männer von neuem, ohne wieder die gleiche Intensität zu erreichen. Kinanjui sandte einen gelben Blick in meine Richtung, und das Gesicht verzerrte sich zu einem stummen Lachen.

Eine Stunde später saßen wir zu Tisch. Wir speisten von Näsbyholmer Porzellan, tranken aus Kristallgläsern französischen Wein, aßen Gänseleber und gebratene Rebhühner. Die Stimmung war nervös und gespannt. Prinz Wilhelm bekam Heimweh und begann »Fjäriln vingad«, eins der bekannten »Fredmans-Lieder« von Bellman zu singen. Lewenhaupt trank zuviel und machte Tanne Komplimente. Er verdarb es selbst, indem er sagte, er könne nicht verstehen, daß die Engländer in Nairobi ihr gegenüber so kritisch seien. Er sehe nichts Hochmütiges oder Exentrisches in ihr. Sie lauschte angespannt, und es traf mich wie ein Messerstich ins Herz, als ich sah, wie Kummer und Zorn in ihr kämpften. Ich erhob mich hastig und wandte mich Lewenhaupt zu. Als der Prinz entdeckte, daß sein Adjutant in Gefahr war, mischte er sich ein. Farah tauchte fürsorglich auf und fragte, ob wir Kaffee haben wollten. Tanne nickte. Lange war es still, bevor sich der erschrockene Lewenhaupt mit einem Wortschwall entschuldigte, der nicht ganz leicht zu verstehen war. Es war offenbar, daß er selbst seine Gedankenlosigkeit nicht bemerkt hatte.

»Der Gouverneur, die Leute auf der Farm und Häuptling Kinanjui schätzen mich. Das ist mir genug«, sagte Tanne und beendete den Abend.

10.

Tanne schrieb oft Briefe nach Hause. Sie las sie mir laut vor. Es waren frohe Rufe aus einer Welt in immerwährendem Freudentaumel. Ich weiß nicht, woher sie die Kraft nahm. Ich selbst schrieb selten. Es war, als würde jedes Wort, das ich formulierte, zu einer Lüge. Die Farm wuchs sich zu einem großen Betrug aus, die Natur wurde zu einem europäischen Park mit afrikanischen Bäumen und Tieren, die wie Skulpturen aufgestellt waren. Die Eingeborenen verwandelten sich in hilflose Wilde auf Anschauungstafeln für die Schule, und die Weißen erinnerten an Tivoli-Flaneure, die sich nach Afrika verirrt hatten.

Jedesmal, wenn ich einen Brief von Hans bekam, riß ich ihn auf und erwartete, Worte zu lesen, die wie Rufe aus meinem eigenen Innern wären. Jedesmal wurde ich in der gleichen Weise enttäuscht. Unsere gemeinsame Brudersprache, die damals gewachsen war, als wir uns um dasselbe Stück Spielzeug gezankt hatten, kannte keine Schriftsprache. Das Fehlen einer gemeinsamen Erwachsenensprache war nicht auszuhalten. Ich wollte, daß Hans in mir lebte, obwohl ich wußte, daß er ein fremdes Wesen gewesen wäre, ein Parasit in meinem Innern. Am glücklichsten war ich, wenn ich nicht an ihn dachte. Die Stunden wuchsen zu Wochen, Monaten.

Nichts ist wichtiger als ganz zu sein in Willen und Gefühl. Es ist wirklich leichter – vielleicht auch ehrlicher –, eine schlechte Ganzheit zu leben, als geteilt zu sein in zwei gute Hälften.

Kinanjui hatte mich mit seinem müden Blick betrachtet und gesehen, daß ich als die Wildente »Wahoga«, die sich über große Gebiete bewegte, meine Seele an einem Platz haben mußte. Ich begann zu lernen. Einige Tage, eine Woche vielleicht, stapfte ich auf der Farm herum, ohne daran zu denken, das sichere Revier zu verlassen. Plötzlich eines Morgens strekkte ich den Hals, sah mich um und nahm Witterung auf. Einige Sekunden später hatte ich Luft unter den Schwingen – und war weg.

Selbst wenn ich auf der Erde stand, hatte ich die Fähigkeit, die Landschaft wie von einem Berg aus zu sehen: eine Ebene mit einigen wenigen dornigen Bäumen hing an unsichtbaren Fäden vom Himmel, eine einsame Kongoniantilope auf einem Erdhügel, weiter entfernt ein Salzsee mit Flamingos, blau, weiß und rosa. Ein Fischadler kreiste in der Luft, schwach schreiend.

Oben am Bergrücken eine mit Buschwerk bewachsene Schlucht, ein von Hufen getrampelter Pfad, ein kleiner Sumpf mit Riedgras, dort, wo ein Bach seinen Abfluß hatte, von sattem Grün umgeben. Die Büffel standen unbeweglich in der nachmittäglichen Luft, die von der untergehenden Sonne brannte. Die Kuhreiher waren Wachposten auf deren Rücken. Unten im Rifttal bewegten sich Wirbelwinde aus Staub wie Kolonnen, die über das trockene, verbrannte Gras wandern. In den hochliegenden Regenwäldern wurde das Licht durch Laub gefiltert.

Man wanderte durch Dunkel und Licht, und darüber, gleichsam wie Märchengeschöpfe, hingen von Lianen und knorrigen, harten Zweigen bärtige Flechten. Ein Leopard hustete in der Nacht, die Hyänen antworteten, und danach brüllten die Löwen. Zikaden und Unken hielten beharrlich den Rhythmus bis zum Morgengrauen.

Hier war ich ganz und ungeteilt. Auf andere Art läßt sich das nicht sagen.

Spät am Nachmittag kam ich von der trockenen Athisebene. Der Schweiß war zu einer kühlenden Haut an Rücken und Brust getrocknet. Die Hände rochen nach Gewehrfett und dem Leder der Rucksackriemen, und die dünne, nach Nadelwald duftende Luft um die Farm pumpte immer noch durch meine Lunge, als ich mit Wildmarkschritten in unser Heim trat.

Die Nacht war hereingebrochen. Gardinen und Jalousien vor Fenstern und Türen waren geschlossen. Die kühle, dunkle Luft roch nach Zement, eingeschlossenem Atem und angewärmtem Bettzeug. Farah hielt an der Türschwelle zu Tannes Zimmer

Wache. Ich sah sie halb liegend in ihrem Bett, die großen Augen leuchteten aus einem mageren, weißen Gesicht. War sie an einem einzigen Tag so mager geworden?

»Ich bin ernsthaft krank«, sagte sie und hob mit einer matten Bewegung die Hand.

Und ich sah, daß Krankheit ein Zustand war, den sie ebenso gut beherrschte wie Gesundheit und Erfolg. Sie gab sich der Krankheit hin.

»Komm herein. Wie lange du doch fort gewesen bist!« klagte sie.

Ich zögerte mit dem Eintreten. Als ich mich vorsichtig zum Bett stahl, sprang ein Schalter in meinem Gehirn um. Die Frage: »Ist Mutter wieder krank?« schoß mir durch den Kopf. Meine Stimme wurde zu einem leisen Falsett, als ich ihren Zustand bedauerte.

Zwei Stunden saß ich an ihrem Bett, ohne mich zu waschen, ohne mich umzuziehen oder zu essen. Alles deutete darauf hin, daß sie Malaria hatte. Farah brachte feuchte Handtücher, mit denen ich ihre Stirn kühlte. Sie drückte mit kraftlosen Fingern meine Arme, Beine und Wangen und murmelte, wie gesund und stark ich sei. Es war schwer zu erkennen, ob es der Kontrast zu ihrer Schwäche war, den sie markieren oder ob sie meine Stärke auf sich übertragen wollte.

Das Merkwürdige war, wie gut ich mit ihrem Krankenlager umgehen konnte. Es war für mich ganz natürlich, sie zu pflegen und zu füttern. Farah holte Suppe, die ich ihr einzuflößen versuchte, aber sie wollte wie üblich nichts essen. Sie bekam Chinin und Tee mit Honig, und sie quengelte wie ein Kind.

Plötzlich wandte sie sich von mir ab. Sie sagte kurz, ich solle gehen, sie habe das Bedürfnis, sich auszuruhen.

»Ruh dich aus, ich sitze gern bei dir«, wandte ich ein.

»Geh und kümmer dich um deine Dinge!« erwiderte sie mit Nachdruck und verschloß ihr Gesicht.

Als ich eine halbe Stunde später ein Bad nahm, kam Farah angelaufen und sagte, daß »Memsahib« nach mir gerufen habe. Ich hüllte mich in mein Badehandtuch und begab mich eilig, voller banger Ahnungen, an ihr Bett. Sie sagte, daß sie wohl an einer unbekannten tropischen Krankheit sterben werde.

»Verlaß mich nicht«, flüsterte sie und ergriff meine Hände.

Ich versuchte sie damit zu trösten, daß alle, die in die Tropen kämen, in der ersten Zeit erkrankten. Aber sie ließ sich nicht beruhigen.

Als ich ihr anbot, nach einem Arzt zu schicken, wurde sie noch ängstlicher und lehnte es kategorisch ab, jemals einen nach Gin stinkenden englischen Quacksalber ihren Körper befummeln zu lassen.

»Bring mir lieber Kinanjuis Medizinmänner!« sagte sie, und die Wangen glühten fieberrot. Sie hatte Angst, und für einen Augenblick war ich ratlos und verlegen.

Da kam Farah und fragte, ob er etwas sagen dürfe. Tanne schwieg und streckte sich ihm entgegen, als läge ihr Leben in seinen Händen.

»›Memsahib‹ kann ganz ruhig sein. Wenn Gott es will, ist sie bald wieder gesund.«

Das war alles, was er sagte, aber Tanne sank in die Kissen zurück und seufzte zufrieden, weil ihr das Leben erneut geschenkt worden war.

»Die Mohammedaner wissen etwas, das wir nicht wissen. Die Wege des Schicksals sind mit einer geheimen Schrift niedergelegt«, erklärte sie mir. Eine Viertelstunde später schlief sie, die Knie an den Bauch gezogen und die Hände unter dem Kinn gefaltet. Es war schwierig zu entscheiden, ob da ein Kind oder eine sehr alte Frau im Bett lag.

Als ich am nächsten Morgen erwachte, schrieen die Webervögel in der Palme östlich vom Haus lauter als sonst. Das Sonnenlicht warf sich in einen Spalt zwischen den Gardinen, und draußen hörte ich den Gärtnerjungen mit der Wasserkanne klappern. Als ich die Tür zur Veranda öffnete, fegte der frische Morgenwind ins Zimmer. Obwohl ich mich danach sehnte rauszukommen, eilte ich an Tannes Krankenbett. Auf dem Weg dahin kam mir die Idee, Tanne einen Welpen zu schenken.

Sie schlief noch immer, also beeilte mich mit der Morgentoilette und dem Frühstück. Als ich die Wasserspülung im WC hörte (dem einzigen in Britisch-Ostafrika!), beendete ich meine Mahlzeit und ging in ihr Zimmer. Sie hatte immer noch Fieber, war aber ruhiger als am Tag zuvor. Sie betrachtete mich voller Zärtlichkeit und sagte, daß sie keinen besseren und umsichtigeren Mann hätte bekommen können.

Ich versicherte ihr, daß ich, so lange sie krank sei, an ihrem Bett ausharren werde. Sie protestierte, nahm aber meine Hand und hielt sie hart umschlossen.

Nach einer halben Stunde wurde sie wieder unruhig und begann nun von Safari und Jagd zu reden. Falls sie die Krankheit überleben würde, sollten wir zusammen auf Safari gehen.

»Sehnst du dich nicht, rauszukommen?« fragte sie. »Nicht gerade jetzt«, antwortete ich ehrlich, und meine Antwort überraschte auch mich. Ich fühlte mich wohl an ihrem Krankenbett, es war natürlich, ihr zu trinken und zu essen zu geben, sie zu baden und zu trösten. Es war ebensosehr meinet- wie auch ihretwegen, daß ich dort saß. Das gab mir Ruhe. Tannes Unruhe legte sich nicht. Mit Worten und Händen tastete sie nach dem Halt, den ich ihr geben sollte, aber eine Kraft, die tiefer saß als die Mattheit des Fiebers, bewirkte, daß sie sich meiner helfenden Hand zu entwinden versuchte.

Plötzlich drehte sie sich zur Seite, von mir weg, und sagte anklagend: »Verlaß mich, geh auf die Jagd, mach, was du willst, aber sitz nicht hier rum! Das ist keine Aufgabe für dich.«

Das tat weh. Ihre Worte rührten nicht nur an den Punkt, wo Starrsinn und Selbstmitleid wachsen, sie verletzten mich tief. Ich erhob mich mit den Worten, daß mein Leben nicht nur aus Großwildjagden und Festen auf »Norfolk« und im »Muthaiga Club« bestehe. Das wichtigste sei, sie zu unterstützen. Aber sie war unnachgiebig.

Als ich das Zimmer verließ, rief sie mir nach: »Geh!«

Ich ließ einen von unseren »Totos« das Pferd holen. Ein harter Ritt nach Nairobi und ein festlicher Abend würden das Gleichgewicht in meinem Kopf wiederherstellen. Ein paar Tage könnte ich wegbleiben. Während ich das Pferd sattelte, das den Boden stampfte, als würde es bestraft, hörte ich, wie sie aus dem Haus mit matter Stimme meinen Namen rief. Es war der Ruf einer Ertrinkenden, aber ich ging nicht zu ihr zurück.

Nairobi mußte allerdings warten; ich hatte mich entschieden, zu Bursell und seinen Arbeitern zu reiten, um mein Interesse für die Arbeit auf der Farm zu zeigen. Aber nicht einmal das konnte ich. Das Pferd durfte gehen, wie es wollte. Mit gesenktem Kopf verwarf es die Kaffeebüsche und trottete durch den Wald zum Mbagathifluß.

Ich war innerlich zerrissen. An Tannes Krankenbett war ich ruhig und ganz ich selbst gewesen. Es war nicht nur die Wildmark, die mir ein »Zuhause« gab. Das Wohlbehagen, das ich empfand, wenn ich mit der einen Hand ihren Kopf vom Kissen hob und mit der anderen ein Getränk an ihre Lippen führte, war ganz ungetrübt. Es erinnerte mich an all die Stunden, in denen ich als Kind selbst krank gewesen und umsorgt worden war oder wenn ich am Krankenbett meiner Mutter gesessen und sie getröstet hatte. Aufzugeben, schwach zu sein, sich der Fürsorge eines anderen anzuvertrauen, ist etwas sehr Intimes. Es läßt sich nur mit dem Gefühl der Nähe vergleichen, das man empfinden kann, wenn man selbst die Möglichkeit bekommt, einen anderen zu pflegen.

Aber noch mehr erinnerte es mich an damals, als ich in der Ecke eines Salons Mädchen zugehört hatte, die sich ihre Träume und heimlichen Hoffnungen erzählten.

Nach den ersten mühsamen und recht sinnlosen Worten, mit denen wir uns einander vorgestellt hatten und bei denen ich gezwungen gewesen war, ein wenig zu prahlen, trat die wunderbare Stille ein, in der wir nichts mehr sagen mußten. Die Gedanken durften schweifen. Ich ließ immer die Mädchen mit dem Erzählen beginnen. Das war keine bewußte Verführungskunst, ich genoß es ganz einfach, zuzuhören, wenn sie sich öffneten und immer freier ihre Gefühle und Gedanken zeigten. Mit kleinen gezielten Fragen öffnete ich weitere Türen – und plötzlich las ich in den Gesichtern der Mädchen, daß sie etwas über sich selbst begriffen hatten. Das waren Stunden, die ich fast heilig nennen würde. Wenn ich später die Mädchen berührte, mit Liebkosungen oder Küssen, nahmen sie diese wie eine Huldigung an jene entgegen, als die sie sich gerade offenbart hatten. Und dann wußte ich, daß sie hoffnungslos in mich verliebt waren.

Einmal, im Alter von vier Jahren, als ich mir ein Bein verletzt hatte, wurde ich von einem Dienstmädchen in eine Wanne mit lauwarmem Wasser gelegt. Eine Frau so in ein Bad zu senken, ist ebenso erregend und ebenso selbstausliefernd.

Wenn Tanne mich der Möglichkeit beraubte, sie zu pflegen und ihr zu helfen, dann blieben nur das Wirtshaus und die Wildmark. Dann würde ich in eine Ganzheit gezwungen, die ich nicht selbst gewählt hatte. Dann galt es, meine Männlichkeit zu schützen, hart zu werden.

Als ich sie zum Lunch besuchte, war ich auf der Hut. Sie war verzweifelt und bat mich um Entschuldigung, zog mich ins Bett und drückte mich hart an sich. Sie weinte vor Verzweiflung. Eine Viertelstunde später tat sie, als ob sie schliefe. Ich wußte, daß sie mich wiederum weit weg wünschte, am liebsten an einen Ort, wo der Löwe zum Sprung auf mich ansetzt und ich auf ihn schieße.

Eine Weile saß ich stumm bei ihr, überließ sie dann aber Farahs Schutz. Unmittelbar vor Einbruch der Dunkelheit ritt ich im Galopp nach Nairobi. Im »Muthaiga Club« wußten alle, wer ich war. Die zwanzigjährige Tochter eines englischen Beamten, die sich in den Club verirrt hatte, wurde eine leichte Beute. Sie betrachtete mich mit großen Augen und murmelte bewundernd meinen Namen. Ich tat, als lauschte ich ihrem Geschwätz über Kleider und Klatsch, danach trug ich sie unter ihren entzückten Protesten auf ein Zimmer, verschloß die Tür und sank in ihr weiches Fleisch. Es war, als versuchte man hohe Sprünge im Treibsand. Kein Widerstand. Danach hing sie an mir wie ein ängstlicher Schoßhund, und schließlich war ich gezwungen, die Prozedur zu wiederholen, um sie zum Einschlafen zu bringen.

Später, zwischen den Männern an der Bar, fühlte ich, wie Wut in mir aufkam. Die anderen behandelten mich wie explosives Material, und das nächtliche Saufgelage wurde ein Balancegang am Rande von Abgründen. Die ganze Zeit über hatte ich das fast ekelhaft starke Gefühl, ich hätte während des Abends richtig gehandelt. Dies war der Weg, der mir vorbestimmt war. Hier war ich unverwundbar, hier stand ich neben einer menschlichen Gemeinschaft und schrieb meine eigenen Gesetze.

Am Tag darauf, um die Mittagszeit, als die Hitze am stärksten war und ich schon lange nicht mehr aus der Wasserflasche getrunken hatte, ritt ich auf einem Pferd, das sich aufführte, als wäre es blind oder voller Trauer, in »Mbagathi« ein. Ich selbst öffnete nur die Augen, wenn ich im Schatten ritt.

«Es war gut, daß du dich losgerissen hast«, sagte Tanne, die auf der Veranda in einem mit Kissen ausgepolsterten Korbstuhl saß wie eine morgenländische Prinzessin. »Das hattest du dir nach all der Krankenschwesterarbeit verdient.«

Ich zog einen Stuhl heran und setzte mich neben sie. Sie begann über das Leben der Somali zu erzählen. Ich nahm an, daß Farah ihr darüber berichtet hatte. Sie hielten ihre Familien zusammen, wenn sie auch Hunderte von Kilometern getrennt waren. Sie lebten sicher in der Überzeugung, daß der Weg, den sie gingen, der richtige sei. Sie empfanden keine mitleidigen Schuldgefühle und begegneten Krankheit und Tod ohne Sentimentalität. Eine Ehe dauerte ein ganzes Leben. Ihre Trauer und ihr Glück waren tief und klar, aber völlig ungekünstelt. Stolz und Würde waren wichtiger für sie als Vergnügen und Erfolg.

Während ich von dem Zitronenwasser trank, das Farah gebracht hatte, kamen mir die Tränen. Die Erinnerung an Tannes Worte, als Farah ihr am Tag zuvor das Leben zurückgegeben hatte, ließen etwas in mir schmelzen: »Die Wege des Schicksals sind mit einer geheimen Schrift niedergelegt.« Mir waren die Worte nur zum Teil verständlich, aber ich erinnerte mich deutlich an sie. Sie sagten mir, daß das Netz des Schicksal für Tanne eine Befreiung und ein Trost war, aber daß es für mich nur Gefangenschaft bedeutete. Ich konnte zwischen ein paar einfachen Wegen wählen, aber vielleicht konnte ich nur einen von ihnen gehen, ohne durch Selbstverachtung vernichtet zu werden.

11.

Tanne ruhte halb liegend im Schatten des Hauses. Einer von ihren Laufburschen, ihrer Meinung nach der eigensinnigste »Toto« und damit ihr Favorit, stand neben ihr und wedelte mit einem riesengroßen Fächer, der die Form eines Spatens hatte, die Fliegen fort. Sobald sie die Augen schloß, schlich sich der Junge von der langweiligen Aufgabe weg. Einige Sekunden später hörte man Tannes klagende Stimme, mit der sie ihn zurückrief. Wenn er mit schweren Schritten zu seiner Pflicht zurückgekehrt war, traf ihn zur Strafe ein harter Schlag mit dem Fächer auf den Kopf. Sofort begann er laut zu brüllen, und sie gab ihm hastig eine Süßigkeit, um ihn zum Schweigen zu bringen.

Ich schlich mich an die beiden heran und legte ihr ein Gewehr, ein 256er mit Zielfernrohr, auf den Schoß. Ein Gefühl von Unbehagen über das Gewicht und die Härte des Gegenstandes ließen sie zusammenzucken. Sie versuchte die Waffe wegzuschieben, aber ich hielt sie energisch auf ihrem Schoß und erklärte: »Halt fest! Das Gewehr ist ein Geschenk von mir.«

Sie wurde stumm und nachdenklich. Ich schickte den Jungen weg. Er verschwand mit fröhlichen Sprüngen, und ich nahm ihre Hände und legte die linke um den Lauf und die rechte um den Abzug. Danach forderte ich sie auf, das Gewehr mit festem Griff zu halten und aufmerksam zuzuhören, was ich ihr zu sagen hätte.

Ich erklärte ihr, wie man sich im Gelände bewegt, wie man es vermeidet, auf Zweige und trockene Blätter zu treten, wie der Wind stehen muß, wenn man sich der Beute nähern will, wie man das Terrain nutzt, um ungesehen vorwärtszukommen, wie man zielt, wie man abdrückt, damit der Schuß so effektiv wie möglich ist. Wie man ein verwundetes Tier aufspürt und worauf man achten muß, wenn es sich um große Beutetiere handelt. Der Angriff des Nashorns erfolgt immer blind und unerwartet. Der Büffel ist listiger, er begibt sich in unübersichtliches

Terrain, um einen überraschenden Angriff von der Seite oder von hinten zu starten. Der verwundete Löwe wartet, bis man ganz dicht bei seinem Versteck ist, ehe er angreift. Der Elefant ist das »menschlichste« von allen Tieren, fürsorglich gegenüber seinen Artgenossen, ruhig, so lange er nicht provoziert wird, aber wenn das geschieht, kann es schnell in einem Zorn enden, der sich zu Unversöhnlichkeit und Rachedurst entwickelt.

Ich erzählte über verschiedene Möglichkeiten der Jagd: zu Pferde, das Aufspüren zu Fuß, das Warten im Versteck an einem Wasserlauf oder bei einem Köder, um im Mondschein auf Schußweite an die Raubtiere heranzukommen, die fressen wollen. Ich erzählte, wie man Spuren liest, nicht allein die Fußabdrücke auf dem Boden, sondern auch die Spuren an Bäumen und Zweigen, die das Tier beim Bewegen im Gelände oder beim Ausruhen hinterläßt, und wie man an der Vegetation erkennen kann, welches Tier dort vor kurzem von Gras oder Büschen gefressen hat.

Tanne war die ganze Zeit über stumm. Als ich fertig war, saßen wir lange schweigend da, den Blick auf den Bergrücken von Ngong Hills gerichtet.

»Wer hat dir das alles beigebracht?« fragte sie schließlich mit gedämpfter Stimme.

Ich antwortete, daß ich mir einen Teil selbst durch Erfahrung angeeignet hätte, aber das meiste wisse ich von meinem Spurenleser Simba, meinem Gewehrträger Juma und allen den anderen Afrikanern, mit denen ich auf Jagd gegangen sei.

»Sie sagen, daß ich schon jetzt der tüchtigste weiße Jäger sei, den sie kennen. Trotzdem wissen sie unendlich mehr als ich.«

Auch darüber dachte sie lange nach.

»Und du sprichst Swahili mit ihnen?«

Ich nickte. Sie sah lange auf das Gewehr und fragte, ob es nicht weh tue, so schöne Tiere zu töten.

»Nein, ich töte sie mit Respekt vor ihrer Schönheit und Eigenart«, antwortete ich. Sie dachte darüber einen Augenblick nach, erhob sich aus dem Liegestuhl und ging zum Haus, immer noch mit dem Gewehr im Anschlag. Der kleine »Toto«, der vorher für sie gefächelt hatte, kam um die Hausecke gerannt und sah den Gewehrlauf. Er blieb jäh mit einem Schrei stehen und stürzte zurück in den Schutz des Hauses.

Tanne lachte, wandte sich mir zu und sagte: »Morgen bin ich gesund.«

»Gut«, sagte ich, »dann gehen wir nächste Woche auf Safari ins Massaireservat.«

Sie nickte und verschwand im Haus.

Die Vorbereitungen waren eine Freude, so als würde man ein Liebeslager herrichten. Ich saß auf der Veranda und plante jede mögliche Situation. Ich beteiligte mich am Beladen und hatte Freude daran, daß jeder Gegenstand sein Gewicht und seine Form, jedes Ding seine Funktion hatte. Alles war zweckmäßig.

Wir beluden die Wagen mit einem Kantinen-, Küchen-, Schlaf-, Toiletten- und Duschzelt, mit Betten, Matratzen, Bettzeug, Tisch, Stühlen, Glas, Porzellan, Badewanne, Töpfen, Kasserollen, Bestecken und anderer Küchenausstattung, mit Oberbekleidung, Büchern, Wein, Schnaps, Trinkwasser, Konserven, Mehl, Kartoffeln, Reis, Salz, Gewürzen, Zwiebeln, Spaten, Hacken, Werkzeug, Reserverädern, Lampen, Petroleum für die Lampen, Wäsche und Hygieneartikeln, mit fünf Gewehren und einer Menge anderer Sachen. Ich schrieb ausführliche Listen und strich jeden Gegenstand ab, der aufgeladen wurde.

Wir reisten mit drei Wagen, die von Maultieren gezogen wurden. Tanne und ich fuhren in einem kleinen Wagen, wo wir Schutz vor der Sonne hatten. Unsere Reitpferde, die wir vielleicht während der Jagd brauchen würden, trugen Gepäck anstelle von Reitern. Mit uns reisten Führer, Spurenleser, Gewehrträger, ein Koch, Wäscher, eine Handvoll Boys und natürlich Farah. Es war eine bescheidene Safari, wir wollten uns schnell bewegen, ohne allzuviel Aufhebens zu machen. Aber ich wußte, daß es beschwerlich werden würde, mit so wenigen Bediensteten unser Lager aufzubauen.

Zuerst arbeiteten wir uns vom Hochland einen steinigen Weg hinunter, der zuweilen zu einem kleinen Pfad schrumpfte. Die

Vegetation war eintönig, und es wurde immer wärmer, je weiter wir in die Ebene kamen. Bevor wir das Kedongtal erreichten, schlugen wir am Fuße des Mount Souswa unser Lager auf. Tanne wurde immer rastloser. Sie ging von Zelt zu Zelt, ohne zu wissen, was sie tun sollte. Unmittelbar vor Sonnenuntergang kletterte sie auf eine steinige Anhöhe, die direkt vor unserem Camp lag. Ich beobachtete sie, wie sie da auf dem höchsten Stein saß, bis die Sonne untergegangen war und die Antilopen sich im Dunkel der Ebene auflösten. Die Grillen hatten ihren Gesang angestimmt, als ich zum Essen rief. Nachdenklich, und mit bedächtigen Schritten, verließ sie den Hügel. Im Halbdunkel vor dem Kantinenzelt stahl sie sich an meine Seite, ließ eine Hand unter mein Hemd gleiten und streichelte mir zart den Rücken.

»In Mombasa wurden wir zum Ehepaar getraut, nun werden wir für ein gemeinsames Leben geweiht. Wir gehören zusammen mit dieser Landschaft.«

Dann küßte sie mich mit offenem Mund auf den Hals. So etwas hatte sie früher nie getan.

Wir aßen und tranken schweigend. Tanne nahm fast nichts zu sich, und als ich sie aufforderte zu essen, um Kräfte für die Jagd zu bekommen, hörte sie nicht auf meinen Rat.

»Der Fette und Aufgedunsene jagt zwangsläufig schlechter«, sagte sie selbstbewußt. »Sieh nur die großen Raubtiere! Das magere und hungrige bewegt sich effektiver und hat offenere und sensiblere Sinne«, behauptete sie.

Es lag eine verzerrte Wahrheit in der Überlegung, die es schwierig machte, gegen sie zu argumentieren. Sie war stolz auf ihre sich unter der Haut abzeichnenden Knochen. Das Schlimmste, was es für sie gab, waren »die kleinen pummligen englischen Mittelklassefrauen, die in ihrem Heim herumpusseln wie Säue, die gerade Ferkel bekommen haben.«

Wir gingen früh zu Bett. Tanne kroch nackt zu mir, mit einer Zielstrebigkeit, die mich überraschte. Es lag Entschlossenheit in ihrer leidenschaftlichen Wärme. Ich antwortete, indem ich zum ersten Mal versuchte, sie tiefer zu berühren, zu dem Weiblichen in ihr vorzudringen, das Harte, Stolze und Abweisende zu brechen, sie weich, empfänglich zu machen, genußvoll kratzend und spielerisch träge. Sie setzte mir einen eisernen Willen entgegen. Grillen und Unken erregten uns. Wir griffen nacheinander, stießen, bissen und liebkosten – aber da war ein Widerstand überall.

Hinterher weinte sie vor Wut und schwor, daß sie »bald kommen« werde. Verschwitzt ging sie hinaus in die Nacht, saß eine halbe Stunde draußen vor dem Zelt und lauschte auf die nächtlichen Laute, bis sie zitternd vor Kälte zurückkam und sich in ihr Bett legte.

Wir wollten so gut zueinander sein, aber waren so hilflos, wenn wir einander in den Armen lagen.

Nach dem Regen blühten auf der ganzen Ebene Veilchen. Rund um uns leuchteten blau die Berge und Bergketten, auf denen Zedern und Olivenbäume wuchsen. Die Massai trieben langsam ihr Vieh vorwärts, und manchmal gingen sie direkt durch eine Herde von Zebras oder Thomsongazellen hindurch, ohne daß ein einziges Tier von ihnen erschreckt worden wäre.

Je dichter wir an das Wild herankamen, um so tiefer schöpfte ich Atem. Die äußere Stille, die mir anfangs Ruhe und Frieden gegeben hatte, entzündete nun eine wachsende Begierde in mir. Tanne bemerkte meine Veränderung, leckte sich die Lippen und lächelte mich an. Sie griff nach dem Gewehr, aber ich legte die Hand beruhigend auf ihren Arm.

Ihre Ungeduld war beinahe komisch. Ich mußte sie zurükkhalten, als sie auf gut Glück einen Schuß in Richtung einiger Grantgazellen, die mehrere hundert Meter von uns entfernt waren, abfeuern wollte. Wir schlichen uns an ein paar von ihnen an, und als wir auf gut hundert Meter herangekommen waren, ließ ich sie schießen. Das Tier war schwer verletzt. Es schleppte sich hinter seinen flüchtenden Artgenossen her, fiel um und rollte auf den Rücken. Dann lag es da und japste mit heraushängender Zunge, während ein röchelnder Laut aus seiner Kehle drang. Vergeblich versuchte die Gazelle, wieder auf die Beine zu kommen. Ich schielte zu Tanne, um zu sehen, wie sie auf den quälenden Todeskampf reagierte. Sie war hingerissen. Ihr Gesicht leuchtete, und sie begann zu laufen. Sie bewegte sich verblüffend schnell im Gelände und war bald bei dem Tier, das sich mit einer letzten verzweifelten Kraftanstrengung hatte erheben können und nun zitternd mit vor Ensetzen aufgerissenen Augen dastand. Tanne setzte die Gewehrmündung an die Schläfe der Gazelle und ließ den Schuß fallen. Dann beugte sie sich über ihre Beute und betrachtete sie.

Als ich sie erreicht hatte, stand sie immer noch da und schnaufte. Sie wandte sich mir mit einem brennenden Blick zu.

»Bror, Bror, ich habe gesehen, wie sich das Leben aus dem Blick der Gazelle verflüchtigte. Es war unglaublich!«

Und sie drehte sich um und spähte über die Ebene, um eine neue Beute zu finden. Ich selbst war innerlich völlig kalt.

Es war, als hätten die Tiere in dieser Gegend niemals Grund gehabt, den Menschen zu fürchten. Anfangs entfernten sie sich gar nicht, sondern unterbrachen nur ihr Grasen und betrachteten uns als friedliche Ankömmlinge.

Tanne wurde mir fremd. Wenn sie über die Jagd sprach, verwendete sie Wörter wie »Ritual«, »Hingabe«, »Respekt«, aber es war das Abschlachten, das sie amüsierte. Sie wollte Blut und Tod sehen. Für mich, der ich die Jagd vielleicht mehr als alles andere liebte, war es, als würde ich mit einem Alkoholiker trinken. Die Unersättlichkeit ging zu Lasten des Vergnügens. Ich wurde bedrückt, vorsichtig und begann – was ich früher nie getan hatte – mit den Tieren zu leiden.

Sie hörte nicht länger auf meine Ratschläge, feuerte die Schüsse aus einem Abstand von vierhundert Metern ab, schoß auf alles – nicht nur auf vierbeinige Beutetiere, sondern auch auf Geier, Papageien, Schlangenadler, Strauße. Der Gewehrlauf suchte alles Lebendige. Sie ließ Kugel auf Kugel in eine Herde flüchtender Zebras einschlagen, sie schoß eine Giraffe, die in einem sich unendlich langsam hinziehenden Todeskampf einen bizarren Tanz aufführte. Die Beine des Tieres drehten sich in alle Richtungen, der Hals schwankte wie im

Sturm, und als das Ende kam, fiel der Körper wie ein Haus, und der Hals stürzte wie ein Turm auf die Erde. Der Kopf schlug hart auf.

Muntere und gesunde Tiere verschwanden aus der Gegend und ließen Gnus zurück, die vor Schmerzen brüllten, und Gazellen, die über die Ebene hinkten. Blutspuren und tote Körper überall, wohin wir auch gingen. Tausende summender Fliegen kreisten über Kadavern und sterbenden Tieren. Die nächstgelegenen Kikuyudörfer schafften es nicht, all das Fleisch zu bergen. Hyänen, Schakale und Löwen schlichen sich zu den Kadavern, um sich eine leicht zugängliche Mahlzeit zu verschaffen. Sie schoß auch auf diese. Die Selbstreinigung der Natur verschwand in wildem Galopp. Über unseren Köpfen hörten wir nur den unheimlichen schweren Flügelschlag der Geier. Sie waren die einzigen, die Gewinn hatten von unserer Jagd.

Dic Boys, die zu Beginn Tannes Jagdeifer applaudiert hatten, wurden stumm und verschlossen. Freudlos schnitten sie aus den Tieren die feinsten Filetstücke, die wir zum Frühstück, Lunch und Abendessen verzehrten. Das Fleisch schmeckte nach Blut und Fäulnis, unabhängig davon, wie frisch und wohlgewürzt es war. Tanne aß fast nichts. Sie saß da und machte sich Notizen zu jeder Tierart, die sie getötet hatte, und sie führte eine Statistik über jedes Exemplar. Nachts fuhr sie voller Verzweiflung und Zorn fort, mich mit Liebe zu bearbeiten.

Wir brachen auf und errichteten ein neues Lager auf der anderen Seite des Nyeriflusses. In der Nähe zog eine Herde Massaivieh vorüber. Als sie verschwunden war, entdeckten wir, daß sie Schwärme von Fliegen zurückgelassen hatte, die sich überall niederließen: auf der Nahrung, dem Zelttuch, um Mund und Augen. Sie setzten sich auf unsere Gesichter und Arme und Beine. Sie waren wie eine Seuche, eine Rache, ein Fluch. Das Lager lag tief an einem Sumpf, und wir sahen kein anderes Wild als eine erschrockene Dickdick, die sich eilig im Gestrüpp versteckte. Das Gerücht über unser wildes Treiben hatte sie offenbar erreicht.

Am Abend aßen wir im Kantinenzelt, die Körper schwer von Unlust und Scham. Tanne hob den Blick und betrachtete mich gedankenvoll mit ihren großen Augen. Die Fliegen wanderten unbehelligt über ihre Augäpfel und tranken am Wasserloch. Sie kümmerte sich nicht mehr um sie. Dann öffnete sie den Mund, um etwas zu sagen, pustete aber statt dessen einige Insekten fort, die versuchten, in die Mundhöhle zu gelangen.

Schließlich fragte sie: »Verhalte ich mich falsch?«

Ich nickte.

Es sei die Ehefrau, die ich in ihr liebte und respektierte, nicht eine vorübergehende erotische Passion, erklärte ich. Sie schlug die Fliegen vom Gesicht weg und fügte hinzu – mehr und mehr engagiert –, daß wir Kompagnons fürs Leben seien, daß unser Pakt auf Tradition, Respekt und Verantwortung füreinander basiere. Ich ergänzte, daß ich sie liebte, so wie sie war, und sie kommentierte lachend, daß sie eigentlich schon immer der Meinung gewesen sei, die Sexualität werde überschätzt.

Spät am Abend kam sie wie sonst und legte sich zu mir, aber dieses Mal war sie sanft, ruhig und keusch. Wir lagen nebeneinander wie zwei Kinder, die sich an einem gemeinsamen Geheimnis freuen. Eine Bürde war von unseren Schultern genommen, und wir wurden fröhlich, weil wir den Weg zurück zueinander gefunden hatten.

Aber wir hatten nur die halbe Strecke zurückgelegt. Sie fragte vorsichtig, wie ich mir die Fortsetzung der Safari gedacht hätte. Ich sagte, das Schluß sein müsse mit dem Abschlachten. Fortan dürfe niemand einen einzigen Schuß abgeben, ohne daß die Beute besonders begehrenswert sei. Jeder Schuß müsse tödlich sein. Nun seien wir auf große Löwen aus, und wir müßten auf eine ganz neue Weise jagen.

Ernst und schweigend lag sie neben mir.

»Bist du böse auf mich?« fragte sie.

»Nein«, antwortete ich, »aber ich will nie mehr bei diesem wahllosen Töten dabei sein.«

Ihre Entschuldigungen und ihre Scham hingen in der Luft, aber es kam kein Wort dazu über ihre Lippen.

»Es wird so, wie du entscheidest«, sagte sie schließlich und schlief ein.

Wir begaben uns höher hinauf und fanden einen Platz für das Camp, der paradiesisch war. Die Fliegen verschwanden, die Boys machten Späße und lachten, Farah sagte, daß Gott wieder auf unserer Seite sei, und Tanne lächelte, erzählte Geschichten und aß am Abend fast eine ganze Portion. Das Lager befand sich im Schatten, wir hatten frisches Wasser von einem kleinen Bach und Aussicht über die Ebene. In der ersten Nacht brüllten die Löwen und kamen bis an unser Lager heran. Wir lagen Hand in Hand mit offenen Augen und offenen Mündern und lauschten, wie zwei von ihnen unser Zelt umrundeten. Wir horchten auf ihre schweren Atemzüge und das kaum vernehmbare Schleichen ihrer großen Tatzen. Dann wurde es still.

»Erzähl, wie es ist, wenn man richtig jagt«, bat Tanne.

Ich erklärte, der Körper müsse singen und warm sein, aber der Kopf ruhig und kalt. Die Muskeln sollten angespannt sein, wie vor einem Liebesakt, aber der Geist so konzentriert wie beim Lösen eines mathematischen Problems. Man solle nie mit Kraft und Lärm jagen, immer voller Andacht sein, man müsse Wehmut in jeder Bewegung spüren, so wie vor einem Abschied. Es solle immer ein Kampf sein zwischen den eigenen Sinnen und denen des Tieres. Denn in einem Augenblick höchster Anspannung stehen sich Jäger und Tier wachsam, mit rasendem Puls gegenüber, als könnte jeden Moment der Blitz einschlagen. Jetzt muß der Jäger die Fluchtwege, die Windverhältnisse, die Möglichkeiten des Geländes kalkulieren und eine Entscheidung treffen, die nicht in erster Linie auf Technik basiert, sondern auf einer Intuition, die auf Talent und einer viele tausend Jahre alten Tradition beruht. Das Tier schließlich zu töten, bedeutet, etwas in sich selbst zu töten, worauf man stolz ist.

Als die Löwen uns verlassen hatten und ihr Gebrüll in einiger Entfernung fortsetzten, wollte Tanne sofort hinaus, um deren Spuren zu erforschen.

»Hast du nie Angst?« fragte ich.

»Doch«, antwortete sie, »aber ich bin immer mutig.«

Ich nahm ein Gewehr mit, in derartigen Situationen entschied ich mich stets für meine zuverlässige 318-kalibrige »Wesley & Richards«, und wir gingen in die Nacht. Während wir die großen Spuren draußen vor dem Zelt anleuchteten, hörten wir schräg hinter uns ein Knurren und erblickten im Schein der Lampe einen Löwen, der mit ein paar schweren Sprüngen flüchtete. Tanne bat mich, die Lampe zu löschen, und wir standen stumm nebeneinander im Dunkel.

»Bror«, flüsterte sie, »ich liebe dich.«

Es war das erste und einzige Mal, daß sie diese Worte zu mir sagte.

Am nächsten Morgen schliefen wir lange, frühstückten ein paar Stunden und schlichen uns am späten Nachmittag dicht an das Wild heran, ohne zu schießen. Wir badeten vor einem frühen Abendessen im Bach, und danach zogen wir uns um für die nächtliche Jagd.

Farah und Simba bauten eine »Mboma« (Dornenbüsche, die in einem Kreis angebracht wurden) – etwa einhundert Meter von unserem Lager entfernt. Unmittelbar davor, in der Richtung, aus der der Wind kam, legten wir ein Zebra aus, das wir am Tag zuvor geschossen hatten. Das Fleisch war verdorben und roch. Als die Sonne über der Massaiebene unterging, krochen Tanne und ich in die »Mboma«. Farah schloß uns mit noch mehr Dornengestrüpp ein und sorgte dafür, daß wir einen freien Blick auf das Zebra hatten. Danach waren wir uns selbst und der Dunkelheit überlassen, die im Laufe weniger Minuten hereinbrach.

Wir saßen an einen großen Stein gelehnt und waren ausgerüstet mit Decken, Butterbrot und einem warmen Getränk in einer Thermosflasche. Es kam darauf an, bis zum Morgen so still wie möglich zu sitzen, nicht den geringsten Lärm zu machen und nicht einzuschlafen. Dieses war die Art der Jagd, die am meisten Geduld erforderte. Die größte Gefahr lag in dem Risiko, daß die Unruhe in Panik überging und man aus dem Gehege hervorbrach.

Nach einer halben Stunde lärmten Grillen und Unken. Die Geräusche drängten sich so stark auf, daß man nicht entscheiden konnte, ob sie aus einem selbst oder von außen kamen. Nach einer Stunde wurde ich unruhig, und die Beinmuskeln begannen unkontrolliert zu zucken. Es raschelte und kratzte in den Dornenbüschen, und ich grübelte, was für ein Tier das sein könne. Der Geruch des Zebras war ekelhaft; er kam in Wellen mit dem Wind. Zuweilen hörte ich einen tiefen Atemzug von Tanne, wie ein Schluchzen, und nach zwei Stunden begann sie zu flüstern, ohne es wohl selbst zu hören. Ich rechnete damit, daß sie nach einer weiteren Stunde aufgeben würde. Für einen kurzen Augenblick wünschte ich, daß sie es tun würde. Es war eine genußvolle Unterbrechung, aufzustehen, ein paar Schritte zu gehen und Wasser zu lassen. Der Körper schrie vor Freude über die Erlaubnis, sich strecken zu dürfen, und selbst die Luft war weiter oben anders. Tanne folgte meinem Beispiel. Das kleine Tier, das so dicht bei uns gescharrt hatte, verschwand voller Panik.

Die Gedanken begannen von selbst zu kreisen: Mutter lag im Bett und jammerte, während Vater zu ihr hereinkam, kühle Luft in der Kleidung und einen Duft nach Pferden und Zigarren verströmend. Sie sank in die Kissen, er lachte über das ganze Gesicht, der Körper schwoll an, und er verließ sie mit einem ekelhaften Gelächter. Unsere fröhlichen Stubenmädchen waren im nächsten Augenblick bei ihm und zogen ihm Stiefel und Mantel aus – sie verschwanden, über ihn gebeugt, unter Rufen und Lachen in einem Zugabteil. Ich wollte ein frischgebackenes Milchbrötchen von der Köchin haben, aber Hans war schneller, schnappte es und kaute den restlichen Tag darauf herum. Sein Gesicht war rund und vertraut, und plötzlich hatte es Lottys liebenswürdige Züge, und ich fuhr vor Schreck zusammen. Tanne legte eine Hand auf meinen Arm, aber ich sah Lottys Hand – und ich versuchte an die Dornenbüsche um mich herum zu denken, aber sie waren für mich nicht richtig wirklich, der Blick glitt hinunter auf Lottys Nabel. Der Gedanke, daß ich den nie mehr sehen würde, machte mich verzweifelt. Ich erinnerte mich so deutlich an ihn, daß ich ihn von tausend anderen hätte unterscheiden können – und ihr weicher Popo war so angenehm an der Handfläche, und ihre freundliche, leicht heisere Stimme, die mich rief, hörte ich drinnen im Schädel, und wenn sie den Kopf zurücklegte und Liebesworte flüsterte ...

Ich erwachte, als der Mond hinter einer Wolke hervorglitt und das Licht der Nacht die Welt für ein paar Sekunden erhellte. Alles wurde so deutlich, daß ich fast ein Buch hätte lesen können. Tanne seufzte glücklich, und ihr dunkler Blick glühte. Beim Zebra sahen wir einen jungen Schakal, den wir in der Dunkelheit nicht gehört hatten. Er riß mühsam kleine Bissen ab und sah sich ängstlich um. Der Mondschein erschreckte ihn, und er flüchtete. Die Laute der Nacht und der Geruch des Zebras verstärkten sich in dem graublauen Licht, das Gefühl der Unwirklichkeit wuchs: die Welt war wieder vor meinen Blick getreten, aber nun als ein Schatten, ein Blendwerk, ein Phantasieprodukt ohne Realität.

Wieder tauchten Bilder in mir auf. Ich befand mich in unserem Zelt, und Tanne schlich sich nackt in mein Bett, wo ich ebenfalls nackt lag. Aber da ich die Szene von der Seite aus betrachtete, begriff ich, daß nicht ich es sein konnte, der dort lag. Es war Hans. Sie schmiegte sich an ihn und bedeckte seinen Körper mit Küssen. Sie erregte ihn mit den herausfordernsten Liebkosungen. Sie waren beide außer sich vor Lust, und sie murmelten unaufhörlich Liebesworte. Ich sah, daß sie gleichzeitig einen Orgasmus bekamen – trotzdem hörten sie nicht auf, einander zu lieben. Sie fuhren bis ins Unendliche fort, sie hörten nie auf, und ich wollte auch nicht, daß sie aufhörten. Es war erregend zu sehen, wie sie einander bis aufs Blut liebten, daß sie in ihrem Begehren einander verletzten und daß ihre Liebe irgendwann einmal in der Zukunft in Verzweiflung enden würde. Ein zwanghaftes Schluchzen brach aus mir hervor, und Tanne ergriff meine Hand.

»Was ist?« flüsterte sie, und es war merkwürdig, nach so langem Schweigen eine menschliche Stimme zu hören.

»Ich denke an die zu Hause«, antwortete ich, und sie strich mir übers Haar.

Nach Mitternacht kamen die Hyänen hervor. Erst vorsichtig, witternd, dann näherten sie sich immer mehr dem Zebra, bis sie sich schließlich mit rasendem Hunger auf den Kadaver stürzten. Das Blut tropfte, Knochen krachten, sie schlürften, wenn sie die Riesenhappen verschlangen, sie knurrten und bissen nacheinander. Der Gestank nahm zu, und ich wünschte nur, daß sie aufhören würden. Der Mond verschwand hinter einer Wolke, und wir konnten sie nicht mehr sehen.

Dann hörte die Schwelgerei plötzlich auf, und es wurde vollkommen still. Das Dunkel war nun tiefer, bedrohlicher. Es schien, als wäre ich sowohl blind als auch taub geworden. Ein großes Glücksgefühl machte sich in mir breit. Ich war völlig der Nacht ausgeliefert und wartete wie in einem immer stärker werdenden Rausch. Bald hörte man ein anderes Geräusch. Erneut wurde vom Fleisch gefressen, aber jetzt ruhiger, mit mehr Würde und ohne Angst.

Erst nach fünf langen Minuten glitt der Mond wieder hervor, und beim Zebra lagen zwei Löwen, eine Sie und ein Er. Einige Meter von ihnen entfernt saß der Schakal und beobachtete ihre Mahlzeit. Der Löwe war groß mit dunkler Mähne. Er hatte sich direkt über das Zebra gelegt, und die Löwin mußte sich damit begnügen, von einem Hinterlauf zu fressen. Ein etwas kleineres Weibchen glitt aus der Vegetation hervor, aber der Löwe ließ sie nicht fressen.

Ich war mir nicht sicher, ob ich Sekunden vor dem Schuß die an der Stirn befindliche Lampe anschalten sollte, oder ob ich darauf vertrauen könnte, daß mir der Mond ausreichend Licht spenden würde. Ich entschied mich, die Lampe nicht anzuschalten. Es war schwierig, Kimme und Korn deutlich zu erkennen, aber die Entfernung war nicht groß. Der Knall war unglaublich laut, und den Rückstoß empfand ich stärker als sonst. Ich sah, daß die Kugel die Stirn traf, und in der nächsten

Sekunde waren alle Tiere verschwunden. Auch der Löwe. Es raschelte und schrie überall – wir waren umringt gewesen von Raubtieren, die darauf gewartet hatten, an die Reihe zu kommen. Dann wurde es wieder still.

Mein Instinkt ließ mich die »Mboma« verlassen, um den Löwen aufzuspüren und ihm, sofern er noch lebte, den Todesschuß zu geben. Aber ich wußte, daß es dummdreist war. Die Sicht war zu schlecht, und sowohl der angeschossene Löwe als auch die weiblichen Tiere könnten angreifen.

Der Mond verschwand und zeigte sich in dieser Nacht nicht mehr. Einige Stunden später hörten wir bei dem Zebra einen Leoparden husten, aber der flüchtete, als ein Löwe knurrte. Sie waren also immer noch in der Nähe. Und sie wußten, wo wir uns befanden. Unmittelbar hinter uns hörten wir, wie sich ein Löwe tief knurrend näherte, die Nase voll von unserer Witterung. Er befand sich unmittelbar vor unserer Dorneneinfriedung und ging hin und her, um einen Weg hinein zu finden. Ich drehte mich schnell um und richtete den Gewehrlauf hinaus in das Dunkle und in Richtung des Knurrens. Tanne tat das gleiche.

Nach einer Weile klang es, als würde sich der Löwe niederlegen. Er blieb bis zum Morgengrauen liegen. Zuweilen konnten wir hören, daß er sich bewegte und atmete. Wir lebten mit dem Tier mehrere Stunden zusammen und nahmen seine Nähe mit allen Sinnen wahr. Als es zu dämmern begann, sahen wir durch einen milchartigen Dunst, daß sich eine Löwin erhob und wegging.

Einige Meter hinter den stinkenden Resten des Zebras lag der Löwe. Er hatte sich durch einen Sprung der Gefahr entziehen wollen und war in der Bewegung getötet worden.

Tanne betrachtete den Löwen lange, dann hob sie den Blick zu mir und ließ ihren ermatteten Körper gegen meinen sinken. Sie schlug die Arme um meinen Hals und verbarg ihr Gesicht unter meinem Kinn. Ich hob sie hoch und trug sie den ganzen Weg zurück. Noch bevor wir das Lager erreicht hatten, war sie eingeschlafen.

12.

Da war etwas, das nicht stimmte. Von Sjögren hatte ich die beste Farm im Bezirk Nairobi gekauft – jedenfalls nach seiner eigenen Aussage –, und ich hatte Bursell eingestellt, den besten Vorarbeiter, den man in ganz Ostafrika bekommen konnte, und trotzdem schluckte die Farm Geld. Bursell trocknete den Schweiß von seinem sonnengebräunten Gesicht und sprach sich von jeder Verantwortung frei. Er behauptete, daß der Boden für Kaffeeanbau zu hoch liege. Meine Kollegen zuckten mit den Schultern und trösteten mich damit, daß es viele Jahre dauere, bis eine Farm Ertrag bringe.

»Hab Geduld!«

Geduld – was für ein abscheuliches Wort!

Rastlosigkeit und Zorn trieben mich zu einem berüchtigten Kreditgeber in Nairobi. Ich verwies auf meine Freundschaft mit dem Gouverneur und veranlaßte ihn, mir eine größere Summe zu leihen. An einen unerfahrenen Kaffeeaufkäufer verkaufte ich eine relativ hohe Anzahl von Tonnen, die noch nicht die Kaffeebüsche verlassen hatten. Der Aufkäufer jubelte vor Glück, als ich ihm erklärte, daß die Kaffeesäcke im Hinterhof des Gouverneurs gestapelt seien.

Auch der Geduldige muß etwas haben, wovon er leben kann, und das Geschäftsleben erfordert Schlauheit und List. Das liegt in der Natur der Sache. Wie viele Male war ich doch selbst betrogen worden!

Einige Tage darauf kam Tanne am späten Nachmittag aus Nairobi zurück. Sie sah aus, als hätte sie den Tod zwischen den Blechschuppen getroffen. Sie wankte ohne Gruß in ihr Zimmer. Der Hut fiel auf die Türschwelle. Es gab niemanden, der wie sie Gespenster und Dämonen heraufbeschwören konnte. Ihr Unbehagen verbreitete sich wie Rauch durch die Räume. Selbst Farah zog sich schnell zurück und durchlitt, in einer Ecke hockend, die Katastrophe.

Nach ein paar Minuten kam sie heraus, verlangte ihr Pferd und antwortete auf meine eindringlichen Fragen, daß sie hinunter zu ihren Kikuyufamilien, den »Squattern«, wolle, um nachzusehen, was sie brauchten.

»Sie nennen mich ›Jerie‹, eine, die Fürsorge erweist«, sagte sie mit überschwenglicher, gebrochener Stimme.

Viele Stunden später – es war bereits dunkel – kam sie von den »Shambas« der Eingeborenen zurück, mit tränennassen Wangen. Als ich fragte, ob mit ihnen etwas passiert sei, antwortete sie, daß sie jeden Tag leiden müßten. Sie aß kein Abendbrot, sondern jagte die Diener fort. Sogar Farah wurde gezwungen, das Haus zu verlassen. Sie zog ein weißes Kleid an, löste ihr Haar und ging barfuß von einem Zimmer ins andere und löschte die Lichter. Nur eine kleine Lampe durfte weiter im Salon brennen, und sie setzte sich mitten im Raum auf einen Stuhl. Der Schatten auf der Wand schräg hinter ihr glich einem Greis, der auf dem Thron zusammengesunken ist. Dies war keine Märchenstunde oder ein vertrauliches Gespräch, das sie inszenierte, es war ein nächtliches Gericht.

Die erstickende Luft von »Rungstedlund« legte sich über ganz »Mbagathi« und preßte sich in meine Lunge. Irgendein Mädchen in Nairobi hatte gewiß geschwatzt. Oder sie hatte den Gouverneur getroffen, der verwirrt gefragt hatte, warum Leute in seinem Hinterhof nach den Kaffeesäcken des Barons Blixen suchten. Das Sündenregister konnte beliebig lang sein.

Sie begann mit den Worten, daß sie mir vertraut und mich unterstützt habe. Alles, was ich zustandegebracht und der Respekt, den ich genossen hätte, seien ausschließlich der Tatsache zu verdanken, daß sie mich aus meiner Haltlosigkeit und meinem Mangel an Ehrgeiz emporgehoben habe. Ohne sie wäre ich ein Narr, ein Trunkenbold und Vagabund, dessen pathetische Versuche, den Weiberhelden zu spielen, Frauen und Männer in ganz Britisch-Ostafrika zu höhnischem Lachen oder verlegenem Erröten veranlaßt hätten.

Hier machte sie eine lange Kunstpause, bevor sie sagte: »Ich sterbe, und das durch deine Schuld.«

Ich versuchte mich lieb und verständnisvoll zu zeigen – »die erste Zeit in den Tropen ist hart für eine Frau« –, aber sie betrachtete mich kalt und drohte, mich anzuspucken, wenn ich ihr zu nahe käme. Ich gab auf, sank auf einen Stuhl am anderen Ende des Raumes und fragte, was ich getan hätte.

»Du hast mich mit Syphilis angesteckt.«

Mein Hals wurde trocken und kalt. Instinktiv griff ich mir in den Schritt. Dann kehrte meine Vernuft zurück. Wenn man Afrika als Wohnort wählte, mußte man Krankheiten aushalten. Die meisten von ihnen konnten tödlich enden. Ich lauschte zerstreut ihrem Bericht über den Arztbesuch in Nairobi und der eindeutigen Diagnose. Gewiß klang das glaubwürdig, aber ebensogut konnte Tanne das Ganze erfunden haben. Als sie schwieg, fragte ich trocken: »Wer kann dich angesteckt haben?«

Sie wandte sich mir mit mitleidiger Miene zu: »Wenn du mit blutenden Wunden am ganzen Körper daliegst, 41 Grad Fieber hast und deine Beine lahm sind, dann kennst du die Antwort.«

Ich verstand es trotzdem nicht.

»Aber ich bin doch nicht krank!« protestierte ich.

Eine Stunde lang hörte ich mir ihre Vorwürfe und Fragen an. War es »Kikuyusyphilis«, Massaisyphilis« oder die »gewöhnliche kleinbürgerlich-englische Syphilis«?

Was sollte ich antworten? Ich hatte genug und sehnte mich danach rauszukommen. Es war alles vorbei, die Erde verbrannt und zerstört, und wie ein Schuljunge ausgescholten zu werden, das hielt ich nicht aus. Mitten in ihren Vorwürfen unterbrach ich sie. Plötzlich hatte ich Macht über meine Worte.

Ich erzählte ihr, daß ich heimlich eine große Anleihe aufgenommen und Kaffee verkauft hätte, der noch nicht geerntet sei. Ich erklärte, daß ich keineswegs vorhätte, Onkel Aage davon zu erzählen, sondern daß es mein Plan sei, das Ganze zurückzuzahlen, wenn die Farm eines Tages Überschuß bringen werde. Ich räumte ein, daß ich nicht nur ein Betrüger, sondern auch ein untreuer Ehemann sei, ein erbärmlicher Mensch und ihrer nicht würdig. Meine intellektuelle Kapazität liege weit unter der ihren, ich sei ein verantwortungsloser Abenteurer, der gern auf die Jagd gehe und das Leben auf den weiten Hochebenen liebe. Das einzige, was ich zu meiner Verteidigung vorbringen könne, sei, daß ich nie bewußt einem Menschen geschadet hätte. Ich erklärte, daß mich die Syphilis – wenn wir wirklich angesteckt wären – nicht mehr erschrecke als die Tropenkrankheiten, daß ich nächste Woche sterben könnte, durchbohrt von einem Büffelhorn oder zerrissen von einem Löwen.

Die Nähe des Todes flöße mir keine Angst ein, eher versuchte ich, Situationen herbeizuführen, in denen mein Leben in Gefahr sei. Todesangst hätte ich nie erlebt, da ich nicht wisse, was der Tod sei. Das, was die anderen als Untreue bezeichneten, habe für mich nichts mit Gut und Böse zu tun. Die sexuelle Lust zu befriedigen, sei für mich ebenso natürlich wie essen und trinken. Das Geschwätz der Moralisten handele vor allem von Angst vor dem Leben und dem Tod. Ich hätte niemals das eine noch das andere gefürchtet. Wegen dieser Eigenschaft würden mich Frauen und Männer lieben, aber die Handlungen verurteilen, die damit verbunden waren. Verantwortung? Niemand hatte jemals Verantwortung von mir erwartet. Ich sei immer ein Schatten gewesen. Das Original sei Hans, ihn könne man zur Verantwortung ziehen. Mit mir habe nie jemand gerechnet. Meine Worte offenbarten mir selbst Wahrheiten, die ich vorher nicht gekannt hatte. Sie machten mich glücklich. Und sie beeindruckten Tanne.

Ich stand auf und erklärte, daß ich im Laufe der Nacht nach Nairobi gehen und mich im »Muthaiga Club« einquartieren wolle, der nächste Schritt werde sein, die Farm zu verkaufen und dafür zu sorgen, daß Tanne nach Dänemark komme und Pflege und Ruhe habe. Ich würde alles tun, um ihr zu helfen, aber mich ansonsten fernhalten. Rache und Skandal seien nichts für mich. Übrigens sei ich als Farmer eine Witzfigur. Ich sei in der Wildmark zu Hause.

Nach mehreren Kilometern in der Dunkelheit kam Farah hinter mir hergelaufen und bat mich mit müder Stimme zurükkzukommen.

»›Memsahib‹ wünscht es.«

Die Zikaden sangen, im Gestrüpp raschelte es von Leben, und weit draußen auf der Ebene hörte ich das Geheul der wilden Hunde. Eine kühle Briese entfachte Munterkeit in mir, und der Trieb, meine Wanderung fortzusetzen, wurde nahezu überwältigend. Im Schein der Stallaterne setzte ich mich auf einen umgestürzten Baumstamm, um zu überlegen und zu einer Entscheidung zu kommen. Nach einer Weile erhob ich mich, zeigte in Richtung der wilden Hunde und sagte zu Farah, daß mein Leben dort draußen sei. Er antwortete, immer noch mir abgewandt, daß dies wahr sei, aber es sei auch wahr, daß man sich aufgrund einer Unstimmigkeit nicht gegen sein eigenes Schicksal wende.

»Jetzt gehen wir«, sagte er, und ich folgte ihm zurück zur Farm.

Tanne war außer sich vor Zorn.

»Du hast mir versprochen, mich nie zu verlassen! Wir sind Ehepartner und haben füreinander Verpflichtungen. Deine Untreue und Unverantwortlichkeit kann ich dir verzeihen, sogar die Syphilis kann ich dir verzeihen, aber ich verzeihe dir nie, wenn du mich verläßt!«

Zum ersten und einzigen Mal schlug sie nach mir. Instinktiv wich ich zurück, und ihre Hand traf ins Leere. Sie verlor die Balance, und ich fing sie auf. Wir brachen beide in Lachen aus.

Gleich darauf wurde sie wieder ernst.

»Bleib hier! Ich brauche dich, so wie ich das trockene Gras und die staubige Erde brauche. Du bist glücklich und grausam – wie die Savanne. In mir sind Phantasiewelten, leer wie Schloßsäle, dort lebt es sich sehr einsam.«

Um halb vier Uhr morgens öffneten wir eine Flasche Champagner und begannen zu planen, wie wir uns am besten mit dem Geld, das ich ergaunert hatte, vergnügen könnten. Ein Auto vielleicht? Sie sprach darüber, wie intensiv das Leben im Schatten des Todes werde, wie wir zusammen die ganze Welt zum Narren halten wollten und zum Schluß als Sieger dastünden – wenn wir auch arm und verachtet wären. Wir versprachen einander, daß die Krankheit unser Geheimnis bleiben solle. Ich wußte, daß ich das Versprechen nicht brechen würde – das Geheimnis bedeutete für mich ja nichts, aber Tanne würde nie ein so schweres Kreuz tragen können, ohne die Welt darauf aufmerksam zu machen.

Eine Stunde später schliefen wir ein – einer in den Armen des anderen.

Am Vormittag des nächsten Tages wurde ich von polternden Männerstimmen geweckt. Durchs Fenster sah ich zwei britische Offiziere zu Pferd und neben ihnen einige eingeborene Söldner, sogenannte »Askaris«. Die beiden Briten lispelten sich ihr Kinn feucht und saßen mit geradem Rücken da, steif wie Pfähle. Tanne wollte nicht einmal mit ihnen reden, aber ich schickte Farah raus. Sie behandelten ihn wie einen Hund. Ich ging hinaus und fragte, was sie wollten. Als sie mich erblickten, wurden sie zugänglicher, und ihre Schnurrbärte hüpften bei den gekeuchten Entschuldigungen auf und ab. Es gehe um Pferde, die die Baronesse dem Feind verkauft habe. Falls von Lettow die zehn Zuchtpferde bekäme, die die Baronesse versucht habe, nach Deutsch-Ostafrika zu transportieren, könnte das ernste Folgen für uns haben. Der Gouverneur würde es als Verrat betrachten. Es sei eine Frage der Moral, riefen sie und verabschiedeten sich mit Ehrenbezeigung. Begleitet von schneidigen, triumphierenden Rufen: »Bald bricht der Krieg aus!« trabten sie davon, wie Gummibälle in ihren Sätteln hüpfend.

Tanne kommentierte trocken, daß sie niemals ein Versprechen brechen würde. Von Lettow solle seine Pferde haben.

Ich antwortete, daß wir dann interniert würden.

Tanne sah mich mit aufgerissenen Augen an.

»Interniert von denen?« fragte sie und zeigte in Richtung der Offiziere. »Dann breche ich lieber ein heiliges Versprechen!«

Sie war in ausgezeichneter Laune und wollte eine Safari planen. Aber der Krieg kam dazwischen.

13.

Ich versammelte bei mir zu Hause einige Schweden. Es war wichtig, dem Krieg mit einer durchdachten Strategie zu begegnen. Holmberg, von Otter, Fjaestad, Kjellberg, Fägerskjöld und Rundgren waren beim Kriegsausbruch tiefernst und skeptisch, aber ich sah, daß der Kriegseifer in ihnen wie gärender Teig wuchs. Als ich vorschlug, wir sollten uns um das Ganze nicht kümmern, denn was hätten wir Afrika-Schweden mit dem Krieg der Engländer und Deutschen in Europa zu tun, waren sie schockiert. Krieg sei keine leichtfertige Sache, sagten sie, und sie wurden immer engagierter, wie vor einer wichtigen Großwildjagd.

Wir beschlossen, uns gegenüber dem Protektorat loyal zu verhalten und es auch mit Waffen zu verteidigen, wenn es nötig wäre. Falls Schweden an Deutschlands Seite mit in den Krieg ginge, würden wir um Befreiung vom Militärdienst ersuchen. Erik von Otter, ernst und abgemagert wie ein Wüsteneremit, fragte, ob sein mohammedanischer Glaube die Situation für ihn noch weiter komplizieren würde. Ich kannte mich wie üblich nicht aus, wenn es um religiöse Fragen ging, aber antwortete, daß diese Tatsache nur das Vertrauen der Briten in seinen Mut auf dem Schlachtfeld stärken würde. Ein schwedischer Adliger und Mohammedaner, der in der afrikanischen Wildmark für die Engländer gegen die Deutschen kämpfte – wie sollte jemand die Logik darin verstehen?

Ein paar Tage später radelten von Otter und ich nach Nairobi, um uns im Rekrutierungsbüro zu melden. Erik bestieg das Fahrrad nicht nur so, als wäre es ein Kamel, er behandelte es auch wie ein großes und respekteinflößendes Tier. Als wir den halben Weg zurückgelegt hatten und ich austreten ging, breitete er seinen Teppich aus und verrichtete, nach Nordosten gewandt, sein Gebet. Mit Erik konnte man nicht scherzen – das war, als hätte man danebengeschossen –, und er jagte Großwild mit einem Ernst, der kein Spiel und keine Dummdreistigkeit zuließ. Aber Allah war auf seiner Seite, wenn er die Schüsse abfeuerte. Er war der einzige, der besser schoß als ich.

In Nairobi war der Wahnsinn ausgebrochen. Selbst die ruhigen Inder schrieen aus ihren Läden nach Tod und Vernichtung. Die Stadt war von Farmern, Jägern und Abenteurern europäischer Herkunft überschwemmt, die alle ihren Blutdurst hinausbrüllten. Sie trugen Schrotgewehre, schwere Elefantenstutzen, Vorderlader, Spieße, Schilde, Federn, Leopardenmützen und schwangen in Heimarbeit gefertigte Fahnen. Dudelsäcke pfiffen, Trompeten schmetterten und Gitarren erklangen. Bärtige Männer mit Cowboyhüten schossen mit Pistolen in die Luft und erschreckten Schafe und Ziegen. Viele trugen hausgemachte Uniformen, beschwert von Orden und anderem, das an kriegerische Taten erinnerte. Sie schrieen ihren Haß auf die Deutschen hinaus und richteten sich in hastig zusammengestellten Patrouillen ein, die ohne Takt durch den Staub davonstampften. Die meisten waren betrunken, und ihr männlicher Mut kannte keine Grenzen. Eine Rotte drohte, uns sofort zu erschießen, weil wir »Halbdeutsche« waren.

Von Otter betrachtete den Auftritt mit ernstem, bekümmertem Blick und fragte, ob diese Veranstaltung das sei, was man Karneval nenne. Ich antwortete, das sei die Armee von Britisch-Ostafrika – da lächelte er das erste und einzige Mal an diesem Tag.

Als ich erfuhr, daß der gichtgeplagte Snob Berkely Cole eine Kompanie kampflustiger Somalier zusammengestellt hatte, die auf dem Weg nach Nairobi waren, kapitulierte ich gegenüber der Kriegshysterie. Wir hatten keine Wahl. Es war unmöglich, sich davonzustehlen. Wir suchten eine Menge Quasi-Regimenter auf, die so ehrenvolle Namen wie »Bowkers Reiter«, »King's African Rifles«, »Wessels Pfadfinder« trugen und fragten, ob sie unsere Hilfe brauchten. Innerhalb von dreißig Sekunden war ich Nachrichtenoffizier bei »Bowkers Reitern« und hatte die Aufgabe, die Verbindung zwischen Lord Delameres Patrouillen an der Grenze zu Deutsch-Ostafrika und dem höchsten Nachrichtenoffizier in Nairobi herzustellen. Ich quittierte für den Empfang eines Motorrades, eines Paars derber Marschstiefel (die schickte ich am folgenden Tag an Häuptling Kinanjui, der Stiefel liebte) sowie einer Schar Brieftauben.

Als ich die Käfige mit den Tauben hinten auf dem Motorrad festgebunden hatte und mit Vollgas zurück nach »Mbagathi« fuhr, war meine Haltung zum sogenannten afrikanischen Krieg eine andere geworden. Ich war ein flatterndes, lachendes Ungeheuer, wenn ich, mit Lederhaube und Schutzbrille ausgerüstet, zwischen Nairobi und Ngong Hills Schrecken verbreitete. Nie zuvor bin ich so schnell gefahren, und ich bin nur einmal gestürzt. Sowohl die Tauben als auch ich haben überlebt.

Als ich zwei Tage später auf knatterndem Motorrad die Farm verließ, um mich nach Kijabe zu begeben, stand Tanne vorm Wohnhaus und lachte. Ich drehte auf dem Hof ein paar Abschiedsrunden, machte für sie Kunststücke, stand mit einem Bein auf dem Sattel, das andere gerade nach hinten ausgestreckt. Ich schnitt kriegerische Grimassen, lief neben dem Motorrad her und sprang während der Fahrt auf. Ich legte mich schräg in die Kurven und machte Ehrenbezeigung, wenn ich an ihr vorbeifuhr. Während meiner letzten Runde rief sie etwas, das so klang wie: »Ich komme nach!«

Das schwierige war, Lord Delamere und seine streitlustigen Massai überhaupt zu finden. Ich lief, ging und fuhr Motorrad von Massai Mara im Norden bis hinunter zum Kilimandscharo im Süden, ohne auch nur seinen Schatten zu sehen. Als ich umherstreifende Massai fragte, zeigten sie in verschiedene Richtungen und erklärten, daß er überall sein könne. Auf dem Rückweg traf ich schließlich auf einige Massaimoranen, die reglos im Schatten unter einer Akazie standen. Als ich sie fragte, wiesen sie hinunter auf ihre Füße. Auf der Erde lag Delamere und hielt Siesta. Ich wollte ihn wecken, da richteten sich drohende Speerspitzen gegen meinen Hals.

Eine Stunde mußte ich warten, dann erwachte er und begrüßte mich mit einem: »Oh, there you are!«, einer Tasse Tee und einem großen Whisky. Er redete, als befände er sich im Oberhaus, aber er sah aus wie ein amerikanischer Pelzjäger aus einem Abenteuerbuch. Das Haar hing bis auf die Schultern, er wußte nicht, was Hunger und Durst waren, er war geistesabwesend und idealistisch und immer auf dem Weg zum Horizont. Er war der einzige weiße Mann, für den die Massai ihr Leben geopfert hätten.

Ich fragte, was er an Informationen über den Krieg an der Grenze habe, um diese dem Nachrichtenoffizier in Nairobi zu übermitteln.

»Keine«, antwortete er, »wir haben den Krieg noch nicht begonnen.«

Es gab ein Problem. Da man den Afrikanern nicht gestatten konnte, auf weiße Männer zu schießen – das hätte für die Zukunft in den Kolonien verheerende Folgen haben können –, war er der einzige, der den Kampf mit von Lettow aufnehmen konnte. Aber er hatte seit seiner Kindheit keinen Deutschen gesehen. Eigentlich sollten von Lettow und er das Ganze in Form eines Duells erledigen, meinte er.

Die Massai erzählten plötzlich mit einem Schwall von Worten, daß sich im Südwesten eine schwer bewaffnete deutsche Patrouille befinde, direkt auf der anderen Seite der Grenze.

Delamere schlug vor, ich solle dort hinunterfahren und sie erschießen.

»Allein?« fragte ich.

Er sah mich erstaunt an. »Das schaffst du leicht. Du bist doch schon bekannt als Ostafrikas bester Schütze – und das überall.« Er gluckste vor Lachen und schlug mir in den Schritt.

Dann umarmte er mich, küßte mich schmatzend auf beide Wangen und setzte seinen ziellosen Eilmarsch durch die Savanne fort, die stummen und ernsthaften Massai auf den Fersen. Gemeinsam mit meinen beiden afrikanischen Begleitern fand ich zu einem Ort, den die Massai mir beschrieben hatten. Wir schlichen uns an wie bei einer Großwildjagd und entdeckten ein paar Zelte und einige Afrikaner, die im Schatten an einem erloschenen Lagerfeuer saßen. Weiter draußen auf der Ebene, in brennender Sonne, schritten drei kräftige Deutsche die Wildmark ab. Nicht weit von ihnen entfernt spazierte ein Schlangenadler herum, und es war nicht leicht zu entscheiden, wer wen imitierte. Die Deutschen hatten riesige Meßinstrumente aufgestellt, in die sie hineinguckten.

»Kanonen«, flüsterten meine Begleiter und gingen in Dekkung.

Ich hängte das Gewehr über die Schulter und begab mich zu den Deutschen. Sie begrüßten mich mit fröhlichen Rufen und Knüffen in den Rücken und trieben ihre Bediensteten mit einigen kurzen Rufen an; und natürlich luden sie zu Konservenwurst und Schnaps ein. Als wir uns einander vorgestellt hatten, fragten sie, ob ich Großwild geschossen hätte. Ich sagte, daß ich nun Soldat sei und mich im Kriegsdienst befände.

»Haben die Schweden den Engländern den Krieg erklärt?« fragten sie mit großen Augen.

Ich mußte ihnen alles erläutern. Sie wußten nicht, daß zwischen England und Deutschland Krieg herrschte, sie wußten im großen und ganzen nur, daß sie die Serengeti für die zukünftigen deutschen Farmer in riesengroße Stücke aufteilen sollten.

Ich spekulierte darüber, ob ich sie aus Spaß gefangennehmen und als Kriegsbeute nach Kijabe treiben sollte. Aber ein Scherz, der sich über mehrere Tage hinziehen würde, wäre nicht zum Aushalten.

In Kijabe wartete ein Brief von Tanne auf mich: Bursell kümmere sich so gut er könne um die Farm, einige ernst wirkende Offiziere hätten unseren Salon ein paar Tage als Verbindungszentrale benutzt. Aber meistens hätten sie auf dem Rasen vorm Haus schweigend Krocket gespielt. Einige hysterische Engländerinnen seien bei ihr zu Besuch gewesen, und sie sei von ihnen der Spionage beschuldigt worden. Das habe sie ertragen können, aber nicht deren häßliches Make-up, die entsetzliche Kleidung, die pfeifenden Stimmen und das kichernde Gehabe.

»Ich muß weg von hier!« schrieb sie.

Nach einigen sinnlosen, aber recht angenehmen Touren über die Ebenen – es gab viele Gelegenheiten zum Jagen – kam ich eines Nachmittags in Narok an, um mich um den Proviant zu kümmern und die »Verpflegung der Truppen« zu organisieren.

Das Lager in Narok, das aus Zelten und kleinen Blechschuppen bestand, befand sich auf einem großen Platz. Es war staubig und heiß, Ochsen brüllten, einige Pferde dösten unter Mangobäumen, und überall saßen oder lagen weiße und schwarze Männer, apathisch vor Langeweile.

Ein englischer Farmer mit einem selbstgefertigten Rangabzeichen am Khakihemd rief, mir ohne zu grüßen, zu: »Deine Frau ist hier! Wir sind alle beeindruckt!«

Ich war müde nach dem Marsch und irritiert. Die Ironie, die ich in seiner Stimme zu hören glaubte, reichte aus, um in mir das Bedürfnis aufkommen zu lassen, ihm die Zähne auszuschlagen. Er erwachte schnell aus seiner Apathie und flüchtete.

»Es ist wahr!« rief er und verschwand im hohen Gras.

Gleich darauf erblickte ich eine dünne Gestalt mit Männerhut und in Reithose und Stiefeln. Sie stand auf einem Wagen und leitete das Abladen des Proviants. Ich ging dichter heran und sah Schmutz und Staub, aber auch einen Blick, erfüllt von wilder Freude. Es war Tanne. Sie reichte mir eine kleine rauhe Hand und fragte mich mit einem überlegenen Lächeln, ob ich helfen könne. Aber sie brach selbst die Arbeit ab. Sie war gerade angekommen und voll von Geschichten.

Vier Tage lang hatte sie einen Transport von Kijabe nach Narok geleitet, eine Strecke von einhundertfünfzig Kilometern. Sie war zusammen mit Farah, dem Koch Ismael und zwanzig Kikuyus neben den drei Ochsengespannen gegangen. Nicht einen Augenblick hatte sie auf einem der Wagen gesessen oder war getragen worden. Eines Nachts hatte sie einen Löwen gehört, war aus dem Zelt gestürzt und hatte gesehen, daß ein großes männliches Tier in die »Mboma« eingedrungen war und auf dem Rücken eines Ochsen hing. Da sie in der Eile nur die Peitsche mitgenommen hatte, vertrieb sie den Löwen mit harten Schlägen auf dessen Rücken.

Sechs Stunden erzählte sie pausenlos von ihren Abenteuern. Zuweilen wurde sie von einem Engländer unterbrochen, der schrie: »Gut gemacht, Baronesse!« Ansonsten unterhielt sie mich, während ich mein Zelt aufbaute, mich wusch und Abendbrot aß, wozu sie eine Flasche französischen Jahrgangswein spendierte, den sie für diese Gelegenheit aufgespart hatte. Ich hatte Tanne nie zuvor so glücklich und gesund gesehen. Sie war einer von den »Jungs«.

In der Nacht war sie spielerisch und weich, und als wir uns liebten, stieß sie einen erstaunten Ruf aus. Hinterher sagte sie: »Denk nur, daß ein viertägiges Vorspiel mit unmenschlicher Plackerei nötig ist, damit ich einen Orgasmus bekomme.«

Während ich langsam in den Schlaf sank, hörte ich, daß sie aus dem Zelt ging und sich auf einen Stuhl setzte. Sie ließ ein Streichholz aufflammen und zündete sich eine Zigarette an.

»Bror, ich bin glücklich. Der Sternenhimmel ist einzigartig!«

Eigentlich war ich mit meiner Aufgabe während des Krieges zufrieden. Sehr viel erinnerte mich an die Safarijagd: über die Ebenen zu wandern, an einem Wäldchen ein Lager aufzuschlagen, beim Sonnenuntergang im Freien Abenbrot zu essen und die Kühle an einem kleinen Flußlauf zu spüren. Der Unterschied lag darin, daß die Jagd ein Ziel und einen Sinn hatte, während die Kriegsaktivitäten zu keinem Resultat führten.

Ich übernachtete oft bei den Massai und schlief in ihrer »Massaimanyatta«. Einige Male aß ich auch mit ihnen zusammen. Unser Umgang war von gegenseitigem Respekt geprägt, aber wir sprachen nicht viel miteinander. Die Männer zeigten mir eine Art Freundschaft, indem sie stumm eine Weile in meiner Nähe blieben oder sich vor die Hütte stellten, in der ich schlief. Junge, schlanke Frauen mit weicher Haut und stählernen Muskeln kamen abends ohne Vorankündigung zu mir. Oft waren sie stumm, aber sie konnten in einer Kaskade von Worten explodieren. Sie waren ungeniert interessiert an meiner weißen Haut, meinem dünnen, glatten Haar und an der Tatsache, daß ich nicht beschnitten war.

Als ich eines Nachmittags halb liegend auf einem Stuhl ausruhte, der aus dem Leder eines Buschbocks gefertigt war, entdeckte ich, daß ungewöhnlich viele Massai in meiner Nähe standen. Einige waren junge Moranen mit Spießen und Kriegsbemalung, aber es waren auch ältere Männer unter ihnen. Man sah ihnen an, daß sie voller Worte und Gedanken waren, die in ihren Körpern geruht hatten und die nun heraus wollten. Nach einer Stunde fragte ich, ob sie etwas auf dem Herzen hätten. Ein Greis, der einem Geier ähnelte, räusperte sich, spuckte aus und fragte mit kräftiger, krächzender Stimme, warum die Massai nicht Luo, Kamba und Kikuyu töten dürften, etwas, das sie – neben Tierdiebstählen und Löwenjagden – mehr schätzen als alles andere. Ich antwortete, daß es böse sei, einen anderen Menschen zu töten. Der Mann sagte, daß er die Auffassung verstehen könne, obwohl er sie nicht teile, und fuhr fort: »Wie kann man wissen, daß das Leben besser ist als der Tod?«

Dann schwieg er, und alle standen wieder still, die Blicke auf einen ereignislosen Horizont gerichtet. Nach ein paar Minuten fragte ein anderer älterer Mann, warum die Weißen einander in diesem Krieg töteten, wenn es böse sei, einen Menschen umzubringen. Ich blieb zuerst die Antwort schuldig, faßte mich aber nach einer Weile und sagte, daß auch dieses verkehrt sei, aber daß es Konflikte gebe, die nur durch Kriege gelöst werden können. Dabei brummten sie zustimmend, und ich fühlte, daß es für mich immer schwieriger mit der Logik wurde. Sie fragten auch, ob sie die Deutschen wie weiße Männer behandeln und ihnen freiwillig Vieh geben sollten, wenn sie es verlangten, oder ob sie diese als Feinde betrachten und sie töten sollten. Ich antwortete, daß sie ihnen weder Vieh geben noch sie töten sollten – und da brachen sie in Lachen aus. Ich fühlte mich immer schlechter. Diese Situation hätte Tanne wesentlich besser gemeistert.

Ein junger Mann faßte die Situation zusammen: Die Weißen hätten den Schwarzen verboten, einander im Kampf zu töten, obwohl sich die schwarzen Männer in ihrem eigenen Land befänden. Aber im Land der weißen Männer töteten die Weißen einander, und im Land der schwarzen Männer töteten die Weißen nicht nur einander, sondern sie töteten auch die Schwarzen. Die Weißen dürften also einander und auch die Schwarzen töten, während die Schwarzen weder Schwarze noch Weiße töten dürften – nicht einmal in ihrem eigenen Land. Das war etwas, was sie nicht verstanden. Die Massai, die gern hinausgehen und töten wollten, um ehrenvolle Krieger und tapfere Männer zu werden, durften das nicht, während die Weißen, obwohl sie das Töten als etwas Böses betrachteten, es durften.

Ich bekam Kopfschmerzen. Ihre verdrehten Überlegungen waren nicht zu widerlegen, und ihre umgekehrte Logik war unantastbar. Sie hatten recht. Ich räumte das ihnen gegenüber ein, fügte aber hinzu, um die Autorität des weißen Mannes nicht in Frage zu stellen, daß dies eine Sache sei, die der weiße Mann nach und nach lösen werde. Der Krieg der Weißen sei etwas Falsches, das bald aufhören müsse. Die Massai starrten mich mißtrauisch an.

Dieser Vorfall war der einzige, bei dem die Massai über meine Worte oder Handlungen enttäuscht waren. Sonst verstanden wir einander sehr gut. Das schlimmste war, daß sie die Überlegungen nicht zu einem Abschluß bringen konnten.

Am folgenden Morgen erwachte ich früh und mußte um das Haus herumlaufen, um meinen Darm in einer Kaskade von Blut und Kot zu entleeren. Es war offensichtlich, daß ich die Ruhr hatte. Die Moranen standen immer noch vor meinem Zelt, und jedes Mal, wenn ich hinausstürzte, wurde ich mit Fragen überschüttet, die das Recht zu töten betrafen – das des weißen und das des schwarzen Mannes. Das Fieber stieg, Bauchschmerzen wie Messerstiche kehrten in Abständen wieder.

Ich vermißte Tanne mehr als je zuvor, der Proviant begann knapp zu werden, und ich hatte die Fragen der Massai und die Ruhr satt. Tannes Lager in Kijabe war 140 Kilometer entfernt, ein harter, etwa vier Tage dauernder Marsch, eine beschwerliche Strecke für mich, den die Krankheit von innen auffraß.

Früh am nächsten Morgen, vor Sonnenaufgang, brach ich dennoch auf. Der Spurenleser Simba und der Gewehrträger

Juma standen dem Vorhaben unwillig und mißvergnügt gegenüber. Die Entfernung war zu groß für einen Eilmarsch, vor allem in Hinblick auf meinen Zustand. Sie rechneten mit Schwierigkeiten.

Ich wanderte, trank und schiß. So gut es ging, versuchte ich Ruhepausen zu vermeiden, da es für mich schwierig war, danach wieder in Gang zu kommen. Wir sprachen nicht miteinander. Der Marsch wurde eher zu einem Kampf mit dem Bewußtsein als mit dem Körper. Zwei Tage lang bewegte ich mich mehr in einer inneren Landschaft als in einer äußeren.

Ich ging vorn, dicht gefolgt von meinen mürrischen Begleitern. Simba murmelte ab und zu etwas und zeigte mit der Hand, welche Richtung wir einschlagen sollten. Juma beklagte sich laut. Wir gingen mitten durch die eintönige Wildmark und nahmen weder Rücksicht auf Tiere noch auf die Beschaffenheit des Geländes. Ich wanderte auf eine Weise, die ich früher nie praktiziert hatte, brutal, unsensibel, blind und taub für die Umgebung. Fieberträume und Wirklichkeit verknüpften sich miteinander, ich war ein Fremdling im Terrain. Wir gingen dicht an vielen Tierarten vorbei, die kaum Notiz von uns nahmen. Selbst Elefanten und Löwen zogen sich rücksichtsvoll zurück, wenn wir kamen. Es war als verstünden die Tiere, daß wir für sie keine Bedrohung darstellten.

Am ersten Vormittag war ich schlapp und durstig und trank an jedem Fluß, ohne daran zu denken, daß das Wasser abgekocht werden mußte. Der Körper reagierte natürlich, und ich war mehrere Male kurz davor, im Gehen einzuschlafen. Als die Müdigkeit in reine Ermattung überging, entdeckte ich, daß es trotzdem möglich war, sich in aufrechter Stellung zu bewegen. Es galt, sich mental darauf einzustellen, daß man sich in einem natürlichen Zustand befand. Die Landschaft kam wie ein Fluß auf mich zu und wurde von meinen Körper verschlungen. Die Sonne brannte Risse in die Erde, die Zeit begann sich wie eine Spirale zu drehen, und ich war der einzige auf der ganzen Welt, der sich bewegte – oder der die Erde veranlaßte, sich zu mir zu bewegen. Mehrere Male sah ich aus dem Augenwinkel, wie durch eine konvexe Linse, Tanne im Schatten unter einem Baum sitzen und an einem Drink nippen. Mir kam der Gedanke, daß sie tot sei, und ich vermißte sie verzweifelt. Zwischendurch traf ich meinen Bruder Hans in eleganter Sportkleidung und mit einem Lächeln auf den Lippen, manchmal ging er um mich herum, und sein vertrauter Nacken weckte in mir eine unverhältnismäßig starke Liebe. Ich hörte meinen Vater mit metallischer, dumpfer Stimme über die elende Schwäche meiner Mutter sprechen und über die schönen Frauen, die er in Kopenhagen zu treffen pflegte. Ich hörte mich selbst etwas sagen. Hans antwortete: »Du kannst sie gern nehmen«, und da entdeckte ich, daß Tanne über ihrem Getränk weinte und nach ihrem Vater rief. Ein komischer Chor von gackernden Stimmen unterbrach sie – und mitten in dem Ganzen tauchten Simbas und Jumas Gesichter auf. Erst als die beiden mit mir rangen und mich schüttelten, kam ich wieder zu mir und sank auf eine Holzpritsche, die, wie sich herausstellte, in einer kleinen Hütte stand.

Ich verlor das Bewußtsein, vielleicht schlief ich, aber ich erwachte von dem Drang scheißen zu müssen. Ich kroch aus der Hütte, entleerte den Darm, kroch zurück, griff in die Unebenheiten der Wand und hangelte mich hoch. Juma erwachte und bat mich, weiterzuschlafen, aber ich zog die Schuhe an und ging los. Aus dem Hintergrund hörte ich, daß er Simba weckte und wie sie fluchten, während sie sich fertigmachten, um mir zu folgen.

Als die Sonne aufging, schritten wir direkt in sie hinein. Sie kam uns entgegen, immer größer, immer heißer. Wir begaben uns in eine grell beleuchtete Welt, in der alles schmerzend scharfe Konturen annahm. Die Laute wurden deutlich, die Erde war härter geworden, und die Bäume und Büsche waren größer. Wir trafen wandernde, graue Körper, groß wie Häuser, mit bedrohlich schlagenden Ohren. Es rumorte in ihren Bäuchen, und aus den Rüsseln kamen Laute, die zu stark für das menschliche Ohr waren. Vor meinen Füßen krochen Skorpione, Mistkäfer und Spinnen, so groß wie Kaninchen, um mich herum flatterten Schmetterlinge, so groß wie Geier. Zuweilen versuchte ich den Blick zu senken, um zu kontrollieren, ob sich meine Füße abwechselnd vor und zu-rück bewegten. Die Stimmen und Gesichter von meinen Familienangehörigen kehrten zurück, höhnisch und streitlustig.

Wie lange dieses anhielt, ahne ich nicht. Plötzlich spürte ich Arme, die mich hart hielten. Die Gesichtsfarbe meiner Begleiter hatte sich von Schwarz in Grau verwandelt. Sie baten mich unter lauten Rufen, die Wanderung abzubrechen – sie könnten nicht weiter gehen. Sie zeigten auf ein kleines Dorf, das direkt neben uns lag. Ich fragte Simba, in welcher Richtung Kijabe liege und wie weit es bis dahin sei. Er antwortete: »Vielleicht 20 Kilometer«, und zeigte über die Ebene.

»Bleibt hier, ich gehe die letzte Strecke allein.«

Sie verfluchten mich und riefen hinter mir her, aber ließen mich gehen. Die innere Wanderung lockte. Solange ich ging, hielt ich den Tod ab.

Hinterher haben sie erzählt, daß man mich bei meiner Ankunft in Kijabe wie ein Brett aufgehoben und zu Tanne gebracht habe.

Ich war ausgetrocknet und hatte nach zwei Tagen ununterbrochener Wanderung fast zehn Kilo abgenommen.

Tanne sagte, daß ich um vierzehn Jahre gealtert sei, ein Jahr für jeden zehnten Kilometer, den ich zurückgelegt hatte.

»Warum?« fragte sie.

»Ich habe mich nach dir gesehnt«, antwortete ich, und wie ein flüchtiger Schatten jagte ein Schmerz über ihr Gesicht.

Am Morgen darauf war ich wieder gesund und stark. Nur etwas steif in den Gelenken und immer noch durstig. Ich öffnete eine Flasche und trank. Die ganze Hölle strömte in meinen Mund. Ich lief brüllend zum Fluß hinunter und ertrank fast bei dem Versuch, das Feuer in meinem Mund und Hals zu löschen. Ich hatte konzentriertes Desinfektionsmittel getrunken, und als sie mich aus dem Fluß hinauftrugen, begriff ich, daß viele es als einfacher empfunden hätten, mich auf einem Platz da unten zu beerdigen.

Im Laufe des Nachmittags fühlte ich mich besser und begab mich mit Tanne auf die Jagd. Am Tag darauf verlegten wir das Lager fünfzehn Kilometer, und von dort ging ich dreißig Kilometer zu Delamere. Krankheiten sind dafür da, um überwunden zu werden.

Der Krieg in Ostafrika verebbte aus Mangel an Zielsetzung, Strategie und Resultaten. Die kriegerischen Kampfrufe der Farmer verstummten, sie verließen ihre Kompanien und kehrten zu den Farmen zurück, die die Wildmark wieder in Besitz genommen hatte. Von Lettow war der einzige, der erfolgreich Krieg führte, aber ihm fehlte ein kompetenter Feind, gegen den er hätte kämpfen können.

14.

Unsere neue Farm war eine Synthese von Tannes und meinen gesammelten Träumen. Åke Sjögren, der alte Betrüger, hatte das schönste Haus auf dem Hochland gebaut, und wie durch ein Wunder war es uns gelungen, es zu kaufen. Es lag im Wald, nicht so weit von unserem alten »Mbagathi« entfernt, und dazu gehörten eine Farm mit 4800 Acres und etwa einhundert Kikuyufamilien, den »Squattern«. Von der Rückseite des Hauses aus konnte man das Ngong Hills-Gebirge sehen. Der Salon war vollgestellt mit englischen und schwedischen Möbeln. Es gab auch eine große Bibliothek, deren Buchrücken Tanne mit den Fingerspitzen liebkoste, bevor sie feierlich ein Buch herauszog. Ich las nur Stevenson.

Der Weg zum Kauf der Farm war mit einer Reihe halber Lügen, Mißverständnissen und dreisten Beschlüssen gepflastert. »Mbagathi« verfiel aufgrund des Krieges, wenn auch der Kaffeepreis stieg; ich war – zu Tannes Entzücken – gezwungen, Rechnungen zu manipulieren, und ich erstellte lange Listen mit fiktiven Ausgaben und Einnahmen und verfaßte sorgfältige Berichte über die wirtschaftliche Situation. Meine und Tannes Freude wurden noch größer, als sich herausstellte, daß Onkel Aage die Lügen im großen und ganzen schluckte, obwohl er ein erfahrener Geschäftsmann war. Es war auch merkwürdig, wie leicht ich, sowohl in Ostafrika als auch in Europa, Geld leihen konnte. Kaum hatte ich begonnen, von der Farm zu reden, da öffneten die Kreditoren schon ihre Brieftaschen. Tante Bess und Tante Fritze waren die einzigen, die uns nicht glaubten. Der bissige Moralismus der ersteren und der verächtliche Zynismus der zweiten – Eigenschaften, die ich bewunderte – ließen die beiden klarer sehen, als die anderen. Aber der schlimmste Feind befand sich in Tannes unmittelbarer Nähe. Ihr jüngerer Bruder Thomas war ein Monument freudloser Redlichkeit. Jedes Lächeln auf meinen Lippen war eine Sünde gegen die Schöpfung. Es war nicht die Farm, gegen die er etwas hatte, er hatte etwas gegen mich. Dazu predigte er mit prätentiöser Stimme hohe Ideale, das Schlimmste, was es gibt. Mehr als nach allem anderen sehnte er sich nach der »Ehre«, die ihn vergolden sollte, war er doch als Freiwilliger in den Krieg gezogen und hatte so viele Menschen wie möglich getötet. Er machte sich mit falscher Tiefsinnigkeit wichtig, und mit leidender Miene trug er die Dummheiten seiner Mitmenschen. Ich hätte ihn nicht eines Händedrucks für würdig befunden, wenn nicht Tanne gewesen wäre, die auf ihn hörte und ihn liebte.

Zuerst reiste Tanne zurück nach Dänemark. Sie lag im Krankenhaus und ließ ihre geheime Krankheit behandeln, während sie gleichzeitig die Manege für meine Zauberkünste auf dem Gebiet der höheren Buchführung verschönte. Ich kam ein Jahr später in den Norden und würzte die Rechnungen mit Lächeln und amüsanten Geschichten. Die Leute wollten mir gern glauben, und sie taten alles, damit ich der bleiben konnte, der ich war. Sie liebten meine Ideen, vor allem diejenigen, die viel Geld erforderten: eine Eisenbahnlinie zwischen der Farm und Nairobi, eine Sammlung für Soldatenfarmen in Ostafrika, so daß die »Tapferen« ein neues Zuhause bekommen könnten, der Start einer Deckenfabrik in Südafrika. Hätte ich von einer Elefantenfarm gesprochen, wären sie glücklich gewesen. Ich konnte mir so viele verrückte Projekte ausdenken, wie ich wollte, sie waren offen für alles. Familienangehörige, Finanzleute, Minister und königliche Hoheiten betrachteten mich als einen Visionär, als einen, der weiter sah als andere und dessen Stärke in der Ganzheit lag, nicht in den Details. Ich war es nicht, von dem die Verrücktheit ausging, es waren andere, die sie in mich hineingepflanzt und dann hervorgelockt hatten.

Als ich Hans von den Plänen erzählte, lachte er wie über einen Witz – aber ermunterte mich.

Europa war weniger wirklich als Afrika. Mehr Erinnerung und Vergangenheit als Gegenwart und Zukunft. In Ostafrika gab es gewiß viele, die nur schmarotzten, aber ihre Passivität war lebensbejahender als die Betriebsamkeit der Aktivsten in Schweden. Dort gab es nur Hans, der sich auszuleben schien.

Die gesamte Rückreise nach Afrika war eine Flucht vor deutschen Kriegsschiffen. Wir verließen London und fuhren im Zickzack durch Schneestürme und hohe See. Die Leute erbrachen sich, weil sie seekrank waren, und aus Angst davor, daß unser Schiff von deutschen U-Booten versenkt werden könnte. Weiter südlich, an Afrikas Westküste, schlugen Angst und Unwohlsein von einem Tag zum anderen in Euphorie und orgiastische Ausschweifungen um. Wir feierten, sangen und tanzten. Eheleute wechselten die Partner wie normale Festteilnehmer den Gesprächspartner. Tanne beobachtete alles mit einem spöttischen Lächeln und servierte elegant jede Dame, die Interesse für mich zeigte, mit einer giftigen Bemerkung ab. Eine Schauspielertruppe, die überwiegend aus jungen Mädchen bestand, die es liebten, auf dünnen Strümpfen und in kurzen Kleidern zu tanzen, machte die Bälle und Kabaretts lebensgefährlich.

Bei der Rückkehr nach Ostafrika wurden wir ernst und melancholisch. Tanne und ich gingen auf den Ländereien der neuen Farm herum und empfanden sowohl Erleichterung als auch Unruhe. Europa war nicht länger unser »Zuhause«, und unser neues Heimatland erhielt nun eine Bedeutung, die uns erschreckte. Falls wir nun mit der Farm nicht zurechtkämen und gezwungen wären, alles aufzugeben? Wir waren weiterhin fest entschlossen, alles zu tun, um erfolgreich zu sein.

Wir nannten unser neues Heim »Mbogani« – »das Haus im Wald«, denn wir hatten erfahren, daß die Eingeborenen diesen Namen schon benutzten. Die hohen Kaffeepreise machten uns Mut und gaben uns Argumente, Onkel Aage und Tante Ingeborg zu veranlassen, Geld für die neue Farm vorzuschießen. Das war verblüffend leicht. Es bedeutete, daß ich, der ein ganzes Jahr frei als Junggeselle gelebt hatte, zurückkehren mußte zu einem Dasein voller Arbeit und zu einem regelmäßigen Alltagsleben.

Wir waren kaum angekommen, als Bursell kündigte. Er sagte trocken, daß er nicht mitansehen wolle, wie eine so schöne Farm verfalle. Einige Tage zuvor hatte er eine eigene Farm gekauft, wohin er mit seiner arbeitssamen Familie zog. Allein wenn man ihn in die Erde treten sah, um deren Beschaffenheit zu untersuchen, begriff man, daß er Erfolg haben würde. Tanne verfluchte ihn und nannte ihn einen Verräter, obwohl er sein Bestes getan hatte. Während er in meinem Arbeitszimmer stand und ihre harten Worte hörte, trommelte der Regen auf das Dach, und die Kaffeebüsche blühten wie nie zuvor. Trotzdem sagte Bursell, daß es nicht gehen werde. Die Farm liege zu hoch für den Kaffeeanbau. Er riet uns mit gedämpfter Stimme, auf gemischte Landwirtschaft umzusteigen, mit Viehzucht als wichtigster Komponente.

Danach kam die Trockenheit. Wir reisten weg, um nicht die Zerstörung mitansehen zu müssen, und ich machte weiterhin riskante Geschäfte, um Bargeld zu beschaffen. Wir kamen zurück und stellten fest, daß unser Elend größer geworden war. Tanne weinte, während sie mit ihrer Reitpeitsche nach den Kaffeebüschen schlug. Sie weinte, während sie in einem Brief las, daß sich ihre Freundin Daisy, unsere gemeinsame Kusine, in einem Hotelzimmer in London das Leben genommen hatte. Sie weinte, weil wir nicht beide zu den offiziellen Empfängen in Nairobi eingeladen wurden. Ich war willkommen, aber sie nicht. Hinter vorgehaltener Hand wurde erzählt, daß sie nicht nur eine deutsche Spionin sei, sondern auch ein arroganter Snob, der ausgefroren werden müsse. Hinter den Feindseligkeiten standen Frauen. Und ich wußte nicht, wie ich Tanne verteidigen sollte. Es war nicht möglich, den schnippischen Beamtenhausfrauen eine aufs Maul zu geben.

Was wir auch begannen, alles zerrann uns zwischen den Fingern. Geld, Besitz, Ernteerträge, Freunde und Verwandte stürzten unerwartet in einen Abgrund. Je mehr ich mich anstrengte – mit ehrlichen und unehrlichen Mitteln –, um für mich und Tanne ein Fundament zu schaffen, um so leerer wurden die Hände, mit denen ich dastand. Das einzig Beständige war der Morgen auf dem Rasen vorm Haus, die Hitze am Mittag und das Schattenspiel unter den Laubbäumen. Der Sonnenuntergang versagte nie, und das Wild streifte in den Bergen von

Ngong Hills umher, unabhängig davon, ob Trockenheit oder Regenzeit herrschte. Dieses war das einzige, das übriggeblieben war, und ohne das hätte es keinen Sinn gehabt, morgens aufzustehen.

Die Gewitterwolken in der Ferne hingen über viele Wochen wie ein Versprechen am Himmel. Aber sie entleerten sich immer an einem anderen Ort. Nach der regenreichen Einleitung des Jahres folgte eine Trockenheit, die den Kaffee an den Zweigen welken ließ. Bursell hatte selbstverständlich recht behalten.

Ich saß im Schatten auf der Veranda unseres neuen Heims. Auf dem Tisch vor mir, angestrahlt von der brandgelben Sonne des Nachmittags, lag ein Telegramm aus Schweden. Ich war kurz davor, es zu öffnen, aber im letzten Augenblick entschloß ich mich zu warten, bis Tanne zurückkäme. Sie war hinunter zu den »Shambas« – den kleinen Parzellen unserer Eingeborenen – geritten, um »Shauries« – Zwistigkeiten – zu schlichten. Telegramme waren bedrohlich und schicksalsschwanger. Sie konnten das Leben verändern.

Es war spät am Nachmittag, aber heißer als gewöhnlich. Im Südwesten stiegen Gewitterwolken wie schwarzer Rauch auf, und jenseits der Ngong Hills Bergkette leuchtete der Himmel gelb, rot und orange. Aber es fiel kein Regen. Die Trockenheit war ein Wahnsinn. Ich hatte mich ein paar Wochen lang kraftlos und mißmutig gefühlt. Eine eigentümliche Angst, die mich bei überraschenden Lauten und Bewegungen zusammenzukken ließ, hatte einen unmäßigen Zorn in mir geweckt. Ein paar Tage zuvor hatte ich einen vorlauten Kikuyojungen blutig geschlagen. Die Wunde im Hinterkopf verfolgte mich mehrere Tage. Es half nicht, daß ich es am Tag darauf wiedergutzumachen versuchte.

Ich hörte die Geräusche eines trabenden Pferdes, beugte mich vor und sah Tanne auf das Haus zureiten. Der Wind trieb den roten Staub weg von den Hufen und färbte Büsche und Bäume. Ihre »Totos« liefen neben ihr, zusammen mit dem

Hund Dusk, und begrüßten sie mit lauten Willkommensrufen. Sie brachte das Pferd zum Stehen und betrachtete mich.

»Ein Telegramm ist gekommen.«

Etwas in meiner Stimme veranlaßte die kleinen Jungs zu verschwinden und den Hund, sich in den Schatten zu legen. Tanne blieb lange auf »Rouge« sitzen. Das sonst so unruhige Pferd stand ganz still.

»Daisy ist doch schon tot«, sagte sie, sprang ab und ging wütend ins Haus.

Wir ließen das Telegramm ein paar Male zwischen unseren Händen wandern, ehe ich es nahm und öffnete.

Es ist wenigen Menschen vergönnt, in einem Telegramm von ihrem eigenen Tod zu lesen. Ich las und las, und Tanne knuffte mich und fragte, um wen es gehe. Ich antwortete, daß es etwas Merkwürdiges sei, ein Irrtum, daß ich nichts verstünde. Sie riß das Papier an sich und las, danach sandte sie mir einen düsteren Blick, gab mir eine Ohrfeige und verließ den Raum. Ich las erneut. Hans war tot. Er war bei einem Flugzeugunglück umgekommen. Was konnte das bedeuten?

Ich sah, wie der Eßzimmertisch neben mir zu etwas Bedeutungslosem verblaßte. Das Holz starb vor meinem Blick und verwandelte sich zu etwas Wertlosem. Es hatte keinen Kontakt mehr mit dem Leben, es war aufgegeben. Auf dem Rasen hinter dem Haus spielten Tannes »Totos«. Aber ihr Spiel war nur eine Imitation anderer Spiele, da der Augenblick ihre Sprünge und ihr Lachen beherrschte. Die Dinge und die Menschen hatten in meinen Augen nicht nur ihre Seele verloren, sondern auch ihren Willen auf Zukunft.

Tanne kam zurück und warf sich an meine Brust. Auch das empfand ich als eine Wiederholung. Sie weinte mit einer Verzweiflung, wie ich es nie zuvor erlebt hatte, aber das Weinen war der Nachklang von einem anderen Weinen. Ich drehte mich hastig, nur um einen Funken Wirklichkeit einzufangen, aber es war zu spät. Die Welt hatte sich zurückgezogen. Überall war es leer. Jeder Laut war ein Echo.

Alle meine Sinne waren intakt – aber darüber hinaus war ich tot.

Danach kam der Zorn. Das war ein Angriff auf mich! Aber wohin sollte ich mit meinem Zorn? Ich holte eins von meinen Gewehren, ging hinaus – Tanne hing schreiend an meinem Arm – und schoß, dumm genug, ein paar Mal direkt auf die schwarzen Gewitterwolken. Auf dem Weg zurück zum Haus erbrach ich mich in eine von Tannes Blumenrabatten.

Sie legte sich hin und entschied sich – wie üblich – dafür, krank zu werden. Aber ich kümmerte mich nicht um sie, ging hinaus in den Wald und setzte mich. Nicht ein Insekt, nicht ein Blatt hatten mit mir zu tun.

Nach einer Stunde kehrte ich zurück. Tanne saß gefaßt auf der Veranda und sah mich kommen.

»Du bist es, um den ich trauere. Das, was du verloren hast, vermisse ich.«

Ich setzte mich neben sie und nahm ihre Hand. Ein Blitz und ein gewaltiger Donnerschlag versuchten uns aufzuwecken. Ein kurzer Schauer legte eine feuchte Haut über die staubige Erde. Aber das bedeutete nichts.

Die Trockenheit hielt an. In der heißen, trockenen Luft lag ein Ton, der die ganze Zeit über hörbar war. Der Wind brachte keine Linderung. Er veranlaßte die Menschen, sich in Irritation und Müdigkeit voneinander abzuwenden. Die kleinen Kinder unserer »Squatter« starben aus unerklärlichen Gründen. Das Weinen der Trauernden war weithin hörbar. Das Vieh magerte ab und starb. Die Eingeborenen wurden schmutziger und schmutziger. In Nairobi nahmen sich ein paar Engländerinnen das Leben, und zwei Farmer erschossen einander bei einem Wirtshausstreit. Ich selbst saß den ganzen Tag über auf der Veranda und starrte vor mich hin; es gab ganz einfach nichts, was wert gewesen wäre, es zu betrachten. Eine plötzliche Unruhe ließ mich zuweilen hastig ins Haus stürzen und die Gewehre holen, aber allein ihr Anblick machte den Schmerz noch größer.

Ab und zu, wenn ich allein war, hatte ich das Gefühl, als wäre jemand im Haus. Ich ging umher und suchte, konnte aber niemanden finden. Einmal traf ich auf einen von Tannes »Totos«, der etwas Unerlaubtes in ihrem Zimmer tat. Er war außer sich vor Schreck und rannte hinaus. Aber er war es nicht, nach dem ich gesucht hatte.

Tanne bemühte sich, mich wie ein Kind zu füttern, aber sie hatte selbst fast mit dem Essen aufgehört.

»Die Trauer ist mager und hungrig«, sagte sie und schob den Teller von sich weg.

Als ich fragte, warum das nicht für mich gelte, antwortete sie, daß sie jemand sei, der darauf verzichte, das Lebensgefühl zu steigern. Ich sei der Gegensatz davon, einer, der niemals »nein« sage. Ich war nicht sicher, was sie meinte, hatte aber das bestimmte Gefühl, daß sie einer Wahrheit auf der Spur war.

Die Tragödien lösten einander ab. Emil und Olga Holmberg waren bei einer Abendgesellschaft wie gewöhnlich in Streit geraten. Beide waren für ihre Untreue, Willensstärke und ihr heftiges Temperament bekannt. Während des Hauptgangs holte Emil ein Gewehr und erschoß Olga. Danach drückte er einen Schuß an seiner eigenen Schläfe ab. Er starb, aber Olga überlebte.

Ich fühlte mich unberührt vom Tod meines alten Freundes. Wenn er auf diese Art sterben wollte, stand ihm das frei. Olgas und Emils tragische Schicksale erschienen mir unter den herrschenden Umständen natürlich. Alles war erlaubt.

Die einzige Gesellschaft, die ich ertragen konnte, war die Erik von Otters. Er konnte den Mund halten, und ihm fehlte Humor. Ernster als bei einer Hochmesse machte er Tanne den Hof. Es lief darauf hinaus, daß sie über den Propheten sprachen. Ich überließ sie sich selbst, aber verbot Tanne, mit mir über etwas zu reden, das mit dem Mohammedanismus zu tun hatte. Ich langweilte mich schon so genug. Ich ließ sie zusammen auf eine Safari gehen, und sie kehrten magerer als zuvor zurück, aber schwer beladen mit Fleisch und dunklen Gedanken über die Unerbittlichkeit des Lebens.

Es kam ein Brief von Hans' Witwe Brita. Die Worte stürzten in alle Richtungen, und es war schwer, ihr Anliegen herauszufinden. Aber am Schluß des Briefes wurde sie plötzlich deutlich. Sie wollte, daß ich nach Hause käme und sie heiratete. Ich sei verpflichtet, den leeren Raum in ihrem Leben auszufüllen. In einer Passage beschrieb sie liebevoll und korrekt meinen Körper – obwohl sie ihn nie gesehen hatte. Einen ganzen Tag lang trug ich an dem Angebot wie an einer unwiderstehlichen Versuchung. Dieses könnte wirklich eine Möglichkeit sein, den Leerraum auszufüllen. Er mußte ja ausgefüllt werden, damit auch ich weiterleben konnte.

Tanne war in dieser Zeit lieb und rücksichtsvoll zu mir. Ich schätzte ihren guten Willen – aber gegen die Leere konnte sie nichts tun. Die empfand auch sie, und wenn wir zusammen waren, wurde sie für uns beide noch tiefer.

Sie durchlebte eine Periode von feierlichem Ernst und sprach mit mir über das Gewicht der Wörter, über die Wirkung von Musik und die flammenden Linien der Malerei. Das, was für mich schöne Worte waren, das war für sie das tägliche Brot. Anstatt Abendbrot zu essen, hielt sie Monologe über die reinigende Kraft der Tragödie und die rätselhaften Übereinstimmungen des Lebens. Ich hatte keinen Sinn dafür, ging in mein Zimmer und reinigte meine Waffen.

Aber weder Tanne noch ich gaben die Farm auf. Natürlich war auch »Mbogani« ein unergiebiges Projekt, doch die Farm hielt mich beschäftigt und jagte trübe Gedanken in die Flucht. Tannes Kampf war anders, sie kämpfte mit dem Herzen. Es war ihr Leben, für das sie sich schlug, und in dem Kampf wurde mein Platz immer kleiner. Aus der Farm, der Kunst und den hohen Gedanken baute sie eine Welt, von der ich ausgeschlossen war. Sie forderte mich auf – mehr und mehr irritiert –, mich zu amüsieren oder auf die Jagd zu gehen.

Ich sprang in unser neues Auto und rumpelte nach Nairobi, wo ich trank, tanzte und mich im »Muthaiga Club« mit Frauen amüsierte. Sie saß zu Hause, machte Notizen, empfing Kikuyus, versuchte den Überblick über die Geschäftspapiere zu behalten und dafür zu sorgen, daß unser neuer Vorarbeiter seine Arbeit erledigte.

Weder im Alkohol noch im Frauenkörper war Freude zu finden. Die Mechanik der Wiederholung versetzte mich in Panik. Und Tannes Geduld war nicht unendlich. Meine Trauer gab mir »Größe«, einer von ihren Lieblingsausdrücken, aber ich sah ihr an, daß sie bald eine Veränderung meines Lebenswandels verlangen würde, damit ich ihren Erwartungen entspräche. Ohne Hunger war ich kein Mann. Ich nahm das Gewehr und verschwand auf der Athisebene, kehrte aber mit leeren Händen zurück.

15.

Der Krieg war vorüber, und Hans war bereits ein halbes Jahr tot. Die schlimmste Trockenperiode seit vielen Jahren näherte sich ihrem Ende. In den letzten Wochen hatte es mehrmals geregnet. Trotzdem gab es für uns in diesem Jahr keine Kaffeeernte. Auf Nairobis Straßen hungerten massenhaft Schwarze, während kleine Gruppen weißer Männer lächelnd von einer neuen Zeit sprachen. Ich spazierte ziellos auf der Farm herum, auf der Suche nach der Zeit, die ich verloren hatte.

»Mbogani« war verräterisch schön. Das Wohnhaus, das auf einer Lichtung im Wald lag, erschien mir mit jedem Mal, wenn ich es betrachtete, schöner. Wäre es doch nur häßlich gewesen!

Nie zuvor hatte ich so viel auf der Veranda gesessen oder im Schatten unter einem Baum und mich pflichtschuldig mit Gästen unterhalten, die pflichtschuldig kamen und gingen. Tanne hielt ihre Monologe, zuweilen waren die Zuhörer entzückt, zuweilen langweilten sie sich, während ich die Gewehre reinigte und versuchte, mit einer amüsanten Anekdote zum Gespräch beizutragen. Zum Schluß scherzte ich mit den Gästen, ohne selbst zu lachen. Zuweilen übte ich mich aus purer Zerstreutheit im Zielschießen nach etwas, was mir zufällig in den Blick kam: ein Vogel, ein Autoreifen oder ein verlorener Hut. Ich kümmerte mich nicht um die Verstimmtheit, die dem Echo nach dem Schuß folgte.

Eine Zeitlang hatte ich das Empfinden, als wäre ich mit Erik von Otter identisch geworden – eine steife, harte Schale um eine große Einsamkeit. Aber der Unterschied zwischen uns bestand darin, daß er seinen mohammedanischen Glauben wie einen Pfahl in der Seele trug, und daß der Höhepunkt der Sinnlichkeit für ihn darin bestand, auf den wüstenähnlichen Ödflächen Turkanas zu schlafen. Ich hätte gern alle Frauen Nairobis gegen Mohammed eingetauscht oder den Wirtshaustisch durch eine staubige Vertiefung an einem Lagerfeuer ersetzt – wenn es mir nur etwas gegeben hätte.

Tanne bestand darauf, daß wir Leute zu einer Safari einladen sollten. Die Jagd, die sie dummerweise mitten am Tag einplante, sollte zu Ehren von General E. H. Llewellyns stattfinden, eines Mannes, über den ich fast nichts gehört und den Tanne nur einige wenige Male getroffen hatte. Ihr Enthusiasmus erinnerte an die Begeisterung, die sie in unserem ersten Jahr in Ostafrika gezeigt hatte.

Sie putzte ihre Reitstiefel, nähte ihre Khakihosen enger und machte eine Extratour nach Nairobi, nur um eine neue Bluse zu kaufen. Sie probierte Hüte und Kleider vor dem Spiegel und versuchte sich in verschiedenen Posen, um die sportliche Eleganz hervorzuzaubern, die sie anstrebte.

Erik war zusammen mit einigen Nachbarn eingeladen, bescheidenen Farmern, die als füllendes Beiwerk fungieren sollten. Erst einige Tage später erzählte Tanne, daß sie auch den britischen Adligen, Denys Finch Hatton, eingeladen hatte. Ich hatte nur von ihm gehört als von einem Wichtigtuer und Snob, der sich zuweilen wie ein Künstler kleidete. Er hielt sich für gebildet und gab sich nicht mit Dummköpfen ab. Diesen Mann mußte ich also in meinem Zuhause empfangen und mich mit ihm eventuell unterhalten. Auf der anderen Seite – was spielte das für eine Rolle? Ich hatte ihrem Bruder Thomas die Hand gereicht – bei vielen Gelegenheiten! Tanne, die Finch Hatton einen Monat zuvor bei einem Lunch begegnet war, wollte sich natürlich im Glanz seiner Geburt und seiner Kontakte zum englischen Königshaus sonnen.

Ich beabsichtigte, mit Erik und den Nachbarn auf die Jagd zu gehen. Die hatten wenigstens keine Angst vor wilden Tieren. Tanne konnte mit dem General Konversation pflegen und zusammen mit ihm Finch Hatton lehren, wie man ein Gewehr hielt.

Aber es war eigentlich nicht die Begegnung mit den Gästen, vor der mir graute. Ich befürchtete, daß ich beim Anblick der Tiere sentimental werden oder zu einer der Huren der Jagd werden könnte, die ohne Lust und Freude jagen, ohne Spiel und Begierde.

Um zehn Uhr vormittags stand Erik schon startklar im Wohnzimmer neben dem riesigen kalten Büfett, das Tanne mehrere Tage lang vorbereitet hatte. Der General hielt lautstark eine Rede, die alle im Umkreis von zehn Kilometern mitanhören konnten, und die Nachbarn tummelten sich mit Hunden und Kindern hinter dem Haus. Finch Hatton war spät dran. Als er vor dem Haus vorfuhr, ließ Tanne alles fallen, was sie in den Händen hatte, und stürzte hinaus. In der Tür blieb sie jäh stehen, reckte den Hals, atmete ein paarmal tief durch und legte die eine Hand auf den Türpfosten, wie um sich zu stützen. Als ich sah, daß ihre Hand zitterte, wurde zum ersten Mal seit sechs Monaten mein Interesse geweckt. In dem Augenblick begriff ich, um was es ging, und ich beobachtete sie, als sie mit ruhigen und würdigen Schritten den Hofplatz überquerte. Ohne daß sie mich hätte rufen müssen, folgte ich ihr, um den Gast willkommen zu heißen.

Als ich rauskam, hockte Finch Hatton neben dem Auto und untersuchte einen Reifen. Dabei kehrte er Tanne den Rücken zu. Er saß unter der breiten Krempe seines Hutes ganz in sich versunken da, Knie und Ellenbogen wiesen in verschiedene Richtungen. Als er sich erhob, erwies er sich als ein großer, hagerer und muskulöser Mann.

Er trat gegen den Reifen: »Der muß gewechselt werden«, sagte er, drehte sich um und begrüßte Tanne, als wäre er erstaunt, sie an diesem Ort zu treffen. Mich streifte er mit einem gleichgültigen Blick, und ein kurzer, trockener Händedruck folgte. Darauf öffnete er die Kofferklappe, nahm eine 350er Rigbys heraus, eine 450er Holland& Holland und eine abgenutzte Jagdtasche. Nichts Bemerkenswertes, aber die richtige Ausrüstung. Jede Bewegung verriet Gewohnheit. Kurz bevor er die Klappe schließen wollte, hielt er inne und zog ein flaches Paket in zerknittertem, braunem Packpapier hervor. Er überreichte es im Vorübergehen Tanne, die es sofort öffnete. Eine Schallplatte. Tanne errötete und verharrte.

»Hast du die schon?« fragte Finch Hatton.

»Nein«, antwortete sie, »aber wir haben kein Grammophon.«

Er zuckte die Achseln, sagte, daß dieses ein anderes Mal erledigt werden müsse, wandte sich mir zu und fragte, warum wir mitten am Tag jagen wollten.

Der General kam gut mit den jovialen Nachbarn zurecht, und sie aßen und tranken, als handelte es sich um ein spätes Abendessen nach einem Tag ohne Nahrung. Finch Hatton aß nicht viel, probierte nur kleine Happen und schien darauf zu warten aufzubrechen. Tannes Gerede irritierte ihn zuerst, aber dann sagte sie etwas, das sein Interesse weckte, und für einen Augenblick vergaß er sogar das Weinglas in der Hand und die bevorstehende Jagd. Erik betrachtete beide streng, verschloß das Gesicht und gab sich Grübeleien hin. Als er schließlich den Mund öffnete, um zu fragen, wie die Jagd verlaufen solle, wandte sich Finch Hatton ihm zu und sagte: »Der Herr ›Ein Schuß‹ – so nannten die Schwarzen Erik, der mit einem Schuß zu treffen pflegte – kann wohl am Eßzimmertisch sitzen bleiben und durch das Fenster Antilopen in den Ngong Hills schießen.«

Eriks Lächeln ähnelte einer häßlichen Narbe.

Bevor wir in die Autos stiegen, um in Richtung Bergkette zu fahren, schlug Finch Hatton vor, daß wir uns in zwei Jagdgruppen teilen sollten – ich und die Nachbarn in einer Gruppe und er selbst, Tanne, der General und Erik in der anderen. Das Gesindel also für sich. Nicht einmal ich protestierte, obwohl ich gern gesehen hätte, wie Finch Hatton jagt.

Es nieselte ein wenig, und die Luft war schwül und feucht. Wir hatten kaum die Autos verlassen und uns von der anderen Gruppe getrennt, als wir, im Gegenwind, auf ein paar Buschbökke stießen. Wir taten, was wir tun mußten, verteilten uns vorsichtig, bestimmten mit Zeichensprache, wer welches Tier ins Visier nehmen solle und schossen. Undramatisch und effektiv. Fleisch für die ganze Farm. Ich stand da und betrachtete unsere Träger, die die Tiere zerteilten und dampfende Fleischstücke in Körbe legten, die zurücktransportiert werden sollten. Weit entfernt hörte ich die andere Gruppe schießen. Mit der Hand strich ich die Feuchtigkeit vom Gesicht – und fühlte, daß unter meinen Fingern ein neues Gesicht zum Vorschein kam. War es der Nieselregen, der mich und die Dinge rein wusch? Warum dachte ich plötzlich voller Freude an die Hirschjagden auf »Näsbyholm«? Es dauerte eine Weile, bevor ich begriff, was geschehen war. Meine Unlust war verschwunden. Ich war wieder am Platz.

Als ich mich umdrehte, traf mich Jumas Blick. Er lächelte geheimnisvoll, und ich wußte nicht, ob es der Freude, daß ich mich wiedergefunden hatte, geschuldet war oder ob er etwas zu erzählen hatte.

»Eine gute Jagd«, sagte er und sah weg.

»Raus damit!« erwiderte ich gedämpft.

»Frische Leopardenspuren«, flüsterte er und nickte in Richtung einer Schlucht.

Während meine Jagdkameraden eine Pause machten und ein Lagerfeuer vorbereiteten, erklärte ich, daß ich auf eine Anhöhe gehen wolle, um nach Büffeln zu sehen.

Der Regen erschwerte uns zu bestimmen, wie frisch die Spur war, dennoch war klar, daß dieses Tier dort nach Einsetzen des Regens am Morgen gegangen war. Die Spur führte zu einem Wäldchen, das eine kleine Schlucht umschloß. An einigen Stellen waren Abdrücke auf der Erde, die darauf hindeuteten, daß der Leopard eine kleinere Beute weggeschleppt hatte (vielleicht das Kalb eines Gnus oder ein Antilopenkitz). Wir mußten um die Bäume herumgehen, um den Wind von vorn zu haben. Dort entdeckten wir mehrere ältere Spuren, die hinein- und herausführten und darauf hindeuteten, daß der Leopard einige Male in das Gestrüpp zurückgekehrt war. Vielleicht war es überflüssig, sich gegen den Wind anzuschleichen, denn das wachsame Tier hatte uns bestimmt schon entdeckt. Aber es war kaum anzunehmen, daß es sein Versteck verlassen und sich in offenes Terrain begeben würde. Vor mir hatte ich einen langen, mühsamen Weg durch Gestrüpp, ehe ich dem Leoparden von Angesicht zu Angesicht gegenüberstehen würde. Schon atmete ich die Luft mit offenem Mund ein, und das Herz pochte dumpf gegen die Rippenbögen.

Juma ergriff meinen Arm und zeigte auf die andere Seite der Schlucht, wo wir selbst gerade der frischen Spur gefolgt waren. Ein paar Männer bewegten sich langsam, den Blick zur Erde gerichtet. Das waren Finch Hatton und sein somalischer Diener. Unmittelbar darauf entdeckten sie uns, blieben stehen und betrachteten uns eine Weile. Ich legte meine Hand vorsichtig auf Jumas Arm, um ihn an einem Gruß zu hindern. Danach flüsterte ich ihm zu, daß er warten solle, und arbeitete mich in das Gestrüpp. Ich schielte nach der anderen Seite und sah, daß Finch Hatton dasselbe tat. Aber bevor wir dort hineingingen, konnte ich bemerken, daß Tanne und Farah weiter oben am Bergabhang standen und uns über die Baumgruppe hinweg beobachteten.

Wir näherten uns jeder von seiner Seite. Zwischen uns lag ein wachsamer Leopard, bereit, sich zu verteidigen. Ein verfehlter Schuß – und einer von uns könnte getroffen sein. Alles war so verdreht, wie es nur sein konnte, das wußte auch Finch Hatton. Während sich der Jubel durch den Körper hinaufarbeitete, schlich ich mich lautlos, Schritt für Schritt, in die dichte Vegetation. Es herrschte absolute Stille bei der Schlucht, als das Gestrüpp mich und Finch Hatton schluckte.

Das Dickicht war viel dichter, als ich geglaubt hatte. Ich hatte Angst, nicht als Erster anzukommen, und geriet einige Male beinahe in Versuchung, zu schnell zu gehen. Zunächst hörte ich nichts anderes als meinen eigenen Atem. Dann wurde ich auf Vogelgezwitscher aufmerksam, es raschelte im Gebüsch von kleinen Tieren, und es tropfte von den feuchten Blättern. Ich wurde immer nasser, und einen kurzen Moment bekam ich im linken Arm, mit dem ich das Gewehr im Anschlag hielt, einen Krampf. Endlich konnte ich einen Schimmer vom Felsen erspähen, hörte das Rieseln eines Baches und beschloß, mich dorthin zu begeben. Aber bevor ich so weit gekommen war, hörte ich mehrmals ein kurzes Husten und begriff, daß ich in unmittelbarer Nähe des Leoparden war. Zwischen uns war dichtes Grün. Eine kleine Meise landete ganz vorn auf einem dünnen Ast, der Ast bog sich und enthüllte ein fleckiges Muster.

Es schien der Hals des Tieres zu sein. Ich hob das Gewehr, legte an – aber die Meise flog auf, und die Vegetation schloß sich wieder um den Leoparden.

Während ich mich vorsichtig außen herum bewegte, hörte ich, wie ein Zweig brach, der Leopard fuhr mit einem dumpfen Knurren hoch, ich machte ein paar schnelle Schritte durch das Gestrüpp auf ihn zu, sah eine Sekunde lang den Rücken des Tieres und ein paar Meter entfernt Finch Hatton. Der Leopard wandte sich mir mit gefletschten Zähnen zu, als er mich kommen hörte – wir schossen nahezu gleichzeitig.

Beide Schüsse waren tödlich.

»Denys«, sagte er und reichte mir die Hand.

»Blix«, antwortete ich.

Er verließ das Wäldchen, während ich stehenblieb und den Leoparden betrachtete. Es war das schönste Tier, das ich je gesehen hatte.

Erst als wir wieder auf der Farm waren und mit einem Drink in der Hand dastanden, fragte Tanne, wie es sich abgespielt hatte, als wir den Leoparden schossen. Alle schwiegen, selbst der General erzählte nicht wieder die Geschichte von dem Schakal, den er mit einem gezielten Schuß niedergestreckt hatte. Als Denys nicht antwortete, ergriff ich das Wort. Alles sei undramatisch zugegangen. Wir hätten uns jeder aus seiner Richtung herangepirscht, seien gleichzeitig am Ziel gewesen und hätten gleichzeitig geschossen. Punktum, Finale. Es wurde still. Denys nickte bekräftigend.

Schließlich fragte Erik: »Gleichzeitig? Man kann nicht gleichzeitig schießen. Einer ist immer der Erste, nicht wahr?«

Wir nickten beide zustimmend.

Denys sagte: »Einer ist immer der Erste. Wir beide kennen die Wahrheit, aber für euch gibt es hier keine Wahrheit.«

Es wurde still. Einige wirkten beklommen, andere feierlich. Tanne saß mit geradem Rücken da, die brennenden Augen auf Denys' braune und sehnige Hände gerichtet, die mit einem Amulett spielten.

Sie brach das Schweigen: »Eure Wahrheit werden wir nie ergründen, aber für uns, die wir euch ins Unterholz verschwinden sahen und die wir eure Schüsse gehört haben, gibt es auch eine Wahrheit. Und die Wahrheit kennt ihr nicht!«

Denys lächelte sie schief an.

Erik hätte besser geschwiegen, aber das konnte er nicht.

»Es gibt nur eine Wahrheit, und die ist für alle gleich.«

Erik sah für sich keinen Platz mehr in unserem Heim. Wir bedauerten das, aber wir konnten nichts dagegen tun. Gleich danach erhob er sich, dankte im Namen aller für Jagd und Bewirtung, küßte Tanne die Hand, mit der Hoffnung, daß sich ihre Wege irgendwann einmal wieder kreuzen würden. Gemeinsam mit seinen treuen Eingeborenen aus Turkana machte er sich auf den Weg. Sein Ernst und seine Schwermut waren so ausgeprägt, daß ich den Eindruck hatte, er trüge all meinen Überdruß und meine Müdigkeit mit sich fort. Trotzdem sah ich ihn voller Trauer gehen. Fast ein Jahr lang war er ein Teil meines Gemütszustandes gewesen.

Denys war der einzige, der nach dem Essen blieb. Er sagte, daß er einen Reifen reparieren müsse, der keine Luft halte. Ich setzte mich mit einem Whisky in der Hand in den Schatten neben das Auto und sah zu, wie er das Gefährt vorn hochkurbelte, die Decke und den Schlauch entfernte, die schadhafte Stelle suchte, sie flickte, das Ganze zusammenfügte und die Decke wieder aufzog. Sein Somali-Diener reichte ihm das Werkzeug so behutsam, als wäre es aus Kristall. Tanne ging unruhig im Haus herum, und ich nahm sie flüchtig wahr, als sie durch eins der Fenster hinaussah.

»Hat von Otter deiner Frau den Hof gemacht?« fragte er mitten in der Arbeit.

»Ja«, antwortete ich und sah zu, wie er den geflickten schlaffen Schlauch in die Decke schob.

»Und du hattest nichts dagegen?«

Ich antwortete erst, als das Rad aufgepumpt war.

»Das kommt darauf an, wer es tut. Im »Muthaiga Club« habe ich ein paar Männer deswegen verprügelt.«

Denys richtete sich auf und betrachtete seine schmutzigen Hände.

»Ich weiß«, antwortete er und ging hinein, um sich zu waschen. Im selben Augenblick strömte ein Duft aus der Küche, und ich fühlte, daß ich lange nicht so hungrig gewesen war.

Kristallgläser, Champagner, französische Weine, russischer Kaviar, Antilopenfilet und brennende Kerzen – Tanne hatte mit jedem Detail gearbeitet. Für mich verband sich dieser in sanftes Licht getauchte Abend mit einer Stimmung aus Wintertagen und Europa, eine Erinnerung an entschwundene Zeiten. Selbst Schweden sah ich von diesem Abend an in einem günstigeren Licht.

Zum ersten Mal sah ich Denys ohne Hut. Er hatte ihn sogar während des Lunchs aufbehalten. Es war überraschend, daß er beinahe kahl war. Seltsamerweise wirkte sein Gesicht dadurch jünger, weicher.

Das Essen war vorzüglich, es war als hätte Tanne die Geschmacksstoffe aus einer Art Gefangenschaft befreit. Denys kommentierte die Weine und die Gerichte und erzählte von neuen musikalischen Kompositionen, die er vor kurzem in Paris gehört hatte. Deren Schöpfer hatten, soweit ich verstand, mit der traditionellen Harmonik gebrochen. Er summte einen eigentümlichen Melodieabschnitt und zitierte jemanden, der die Eigenart dieser Musik beschrieben hatte. Es ging darum, daß sich neue , zunächst als disharmonisch empfundene Strukturen in Schönheit verwandelt hatten. Tanne fragte nach der Klangfarbe der Harmonien, und ich war überrascht, daß ihr Wissen ausreichte, um eine Frage zu formulieren. Ganz zwanglos kam sie auf die Dichtkunst zu sprechen und zitierte etwas. »Shakespeare«, warf sie mir an den Kopf, während Denys dort fortfuhr, wo sie aufgehört hatte. Sie entdeckten, daß sie beide Vergnügen daran fanden, abwechselnd Gedichte zu deklamieren – und Tanne vergaß zu essen.

Das merkwürdige an Denys war, daß er den Anschein erweckte, zerstreut und mit seinen Gedanken ganz woanders zu sein, und trotzdem bemerkte er jedes Detail. Er entdeckte sofort jede Veränderung, und obwohl er nicht ein Mann zu sein schien, der zuhören konnte, entging ihm keine einzige Replik von Tanne.

Ich genoß den Abend. Er erinnerte mich an ein Fest, an ein Sakrament am heimischen Herd. Mir fehlten jedoch die Worte, um daran teilnehmen zu können. Für mich waren Musik und Dichtung ansprechend oder abstoßend, schön oder häßlich, aber sie »sprachen« nicht zu mir. Für Denys und Tanne war das Dasein voll von rätselhaften Einsichten und Erfahrungen. In der Kunst und in der Wirklichkeit war nichts gegeben, und alles lief auf Interpretation hinaus. An diesem Abend entdeckte ich, daß sie in einer Weise mit den Gefühlen »dachten«, wie es mir nie möglich sein würde. Ich handelte nach meinem besten Verständnis – in der Arbeit, bei der Jagd und in der Liebe –, und das rief in mir Gefühle hervor: ich wurde froh, zufrieden, unglücklich. Meine Gemütszustände waren kurze Augenblicke, die ständig Stimulanzien benötigten. Denys und Tanne lebten mit Gedanken und Gefühlen, die miteinander in einem ununterbrochenen Prozeß verwoben waren, der wiederum neue Gedanken und Gefühle hervorbrachte. Ich befand mich in einer Welt von Dingen und Bewegungen, die in einer unendlichen Anzahl von Welten angesiedelt waren, wo weder die Dinge noch die Bewegungen ihre definierten Plätze hatten. Wenn Unglück und Glück eine verschlossene, respektive offene Tür für mich war, stellte es in beiden Fällen für Tanne eine anstrengende Reise dar, die nie ein Ende nahm. Niemand konnte mit einer so selbstverständlichen Konsequenz und Autorität leiden und genießen wie sie.

Nach dem Essen heizte ich den Kamin an und setzte mich in einer Ecke der Stube mit einem Kognak in den Lehnstuhl. Ich wollte ihnen nicht allzu nahe sein.

Denys war der erste, der die Bühne einnahm. Er faltete seine langen Gliedmaßen zusammen – er war überraschend gelenkig – und legte sich bequem auf ein paar Kissen vor dem Kamin. Wenn Erik dasselbe getan hätte, wäre ich vor Lachen gestorben.

»Ihr wohnt gut«, konstatierte er, indem er sich mir zuwandte. Tanne sank neben ihm auf einen kleinen Schemel und begann von einem ihrer »Totos« zu erzählen, den sie zum Koch ausgebildet hatte. Kaum war sie in Gang gekommen, als sie auch schon schamlos zu lügen begann. Ich hatte den Jungen ebenso begleitet wie sie und wußte, daß sie nicht die Wahrheit sagte. Mir gegenüber hatte sie nie etwas Ähnliches getan. Warum riskierte sie, in Gegenwart eines Mannes, dem sie offensichtlich imponieren wollte, entlarvt zu werden?

In ihrer Version hatte der Junge, der natürlich Analphabet war, nur eine elementare Einführung in die Kochkunst erhalten und wie durch ein Wunder die Feinheiten der französischen Küche gelernt – und das, ohne jemals das Essen probiert zu haben! Folglich hatte der Junge keine Ahnung, welch einzigartige Kunst er ausübte! Ich wußte, daß sie wochenlang über den Taugenichts geklagt und geflucht hatte und daß er schließlich einigermaßen Kartoffeln kochen und eine Suppe zubereiten konnte. Das gerade verspeiste Essen war zum Beispiel unter großen Schwierigkeiten und mit Hilfe eines dänischen Kochbuchs »für den verwöhnten Gaumen« zustandegekommen! Aber Tanne erzählte mit solchem Einfühlungsvermögen, daß ich einen Augenblick an meiner Sicht der Geschehnisse zu zweifeln begann.

Ich schielte zu Denys. Merkwürdig war, daß sich sein skeptischer Blick aufklärte, je unwahrscheinlicher die Geschichte wurde, und seine angespannten Gesichtszüge strahlten schließlich jungenhafte Begeisterung aus. Er lachte über Tannes Freude, daß die wunderbare Lüge auf fruchtbaren Boden gefallen war. Sie erhob sich und verließ eilig den Raum. Als wir allein waren, wandte er sich mir zu und sagte: »Blix, es muß wunderbar sein, jeden Tag diese Kochkunst genießen zu können.«

»Ja«, antwortete ich, »das muß wunderbar sein.«

Wir brachen beide in Lachen aus.

Einen Augenblick später war Tanne zurück und präsentierte den kleinen häßlichen Koch, der nicht nur von geringem Wuchs, sondern auch lahm war.

»So sieht der Künstler aus! sagte sie und zeigte auf den kleinen, erschrockenen jungen Mann, der erstaunt umherstarrte und sich wunderte, was da vorging.

Denys wurde nachdenklich, murmelte: »Ja, so sieht der Künstler aus«, ehe er mit einem Lachen eine Münze davonschweben ließ. Die Münze sprang von der einen Hand des Jungen auf die andere, bis sie davonrollte und sich unter einem Schrank versteckte. Der Junge warf sich auf den Fußboden, angelte die Münze hervor, erhob sich mit einem verlegenen Lächeln und sagte: »Danke, Herr Bédar!«

Denys' Gesicht verfinsterte sich, und der Junge hinkte eilig davon.

»Wie hat er dich genannt? fragte ich. Denys antwortete nicht. Ich erzählte, daß ich für die Eingeborenen »Wahoga« und Tanne »Jerie« sei. Er antwortete schließlich, daß man ihm viele Namen gegeben habe, aber daß die ihn nicht interessierten.

Ich hatte eine Spur aufgenommen, und meine Neugierde forderte augenblickliche Befriedigung. Mit einer Entschuldigung verließ ich Denys und Tanne und ging hinaus in die Küche. Der »französische« Koch saß auf einem Hocker und schlabberte Essenreste in sich hinein. Schuldbewußt schluckte er den ganzen Mundvoll hinunter und sah mich erschrocken an.

»Wie hast du Herrn Finch Hatton genannt?«

Nun wurde er starr vor Schreck, und ich brauchte mehrere Minuten, um ihn zu beruhigen. Schließlich bekam ich aus ihm heraus, was ich hören wollte.

»Bedar bedeutet, ›er, der sein Haar verliert‹.«

Gab es mehrere Namen?

Denys war weiter mit einem »Makanyaga« beehrt worden – »derjenige, der mit Worten einen kleineren Mann tritt«.

Ich steckte den Leuten nie Trinkgeld zu. Das empfand ich als erniedrigend für beide Partner. Jetzt machte ich eine Ausnahme, und der Junge starrte auf die Belohnung, die ihm nur bekräftigte, daß der weiße Mann unberechenbar und rätselhaft ist. Er hatte keine Ahnung, daß er eine Brücke zwischen zwei Seelen gewesen war, daß er die Kunst symbolisiert hatte und daß er mir soeben zwei Schlüssel zu The Honorable Denys Finch Hatton gegeben hatte. Plötzlich warf er die beiden Münzen weg, als hätten sie sich in seiner Hand eingebrannt.

»Ich will die nicht haben! Die bringen Unglück!«

Ich zuckte die Achseln, sagte, daß er sich an den Resten sattessen könne und dann nach Hause gehen solle.

Etwas brachte mich dazu, um das Haus herumzugehen und die beiden durch das Fenster zu beobachten. Tanne saß allein vor dem Kamin. Von der Vorderseite des Hauses hörte ich, daß sich jemand an Denys' Auto zu schaffen machte. Als ich um die Ecke schaute, sah ich ihn im Dunkeln ein großes Futteral aus dem Kofferraum ziehen. Wollte er seine Gewehre zeigen? Ich zog mich zum Fenster zurück und sah, wie Denys in die Stube trat, das Futteral öffnete und eine Gitarre herauszog. Ich hörte ihre Stimmen, konnte aber nicht verstehen, was sie sagten. Denys begegnete Tannes Enthusiasmus mit einer Grimasse. Während sie redete, stimmte er das Instrument. Dann begann er zu singen, und es klang wie ein altes englisches Volkslied. Er hatte eine gute Stimme, und seine Art, das Lied vorzutragen, war einfach und natürlich. Trotzdem hatte die Szene etwas Unbehagliches. Sie strahlte eine Intimität und Nacktheit aus, die schockierender war, als hätte ich sie beim Beischlaf beobachtet. Sie hätten einander nicht so offen und unbeschützt darbieten müssen.

Als er sein Lied beendet hatte, ging ich wieder in die Stube und sagte, daß ich müde sei und ins Bett gehen wolle. Beide starrten mich benommen an – »bist du noch hier?« – und wünschten mir eine gute Nacht. Ich ging in mein Zimmer, öffnete das Fenster, sprang hinaus und ging um das Haus zurück zu dem Fenster, an dem ich vorher gestanden hatte. Tanne erzählte etwas – ich konnte nach wie vor nicht verstehen, was sie sagte –, und ich sah, wie ihr schmaler Rücken von der Intensität ihrer Worte straff und stark wurde. Denys lag auf der Seite, den Kopf auf eine Hand gestützt. Sein eines Bein lag ausgestreckt auf dem Fußboden, das andere hatte er angewinkelt aufgestellt. Seine braunen Augen wanderten in ihrem Gesicht herum, glitten zuweilen hinunter auf ihre Knie und Waden. Ihre Stimme plapperte verzückt, und auf Denys' Gesicht wechselten Lächeln und Ernst einander ab. Ich glaubte zu spüren, wie die Luft um sie herum dichter wurde, wie die Zeit stehenblieb und ihre kleine geschlossene Welt sich in einem unendlichen Raum bewegte. Tannes Stimme klang, als käme sie aus dem tiefen Meer, Denys' Bewegungen hörten auf, und er leckt sich die Lippen mit einer unerträglichen Langsamkeit, wobei er sich eine Zigarette aus Tabak und Marihuana rollte. Während sich ihre Erzählung weiterrankte, rauchten sie gemeinsam, und ihre Hände berührten einander, wenn die Zigarette zwischen ihnen wanderte.

Es wurde dunkel in der Stube, nur eine Lampe brannte, und das Feuer sank zur Glut zusammen. Mir war klar: je dunkler es im Zimmer wurde, desto leichter würde es sein, meine Silhouette am Fenster zu entdecken. Trotzdem blieb ich stehen.

Als sie aufgehört hatte zu reden, zog er sie an sich, sagte etwas sehr sachlich und entschieden zu ihr, und sie nickte. Sie empfing eine konkrete Information, keine Liebesworte oder schmeichlerischen Komplimente, und sie akzeptierte alles. Genau in dem Augenblick, als er sie küssen wollte, erblickte er mich. Für einen Moment hielt er inne, dann küßte er sie lange, aber auf eine sanfte und keusche Weise – und die ganze Zeit über ruhte sein Blick auf mir. Es lag weder Hohn noch Triumph darin, aber eine Warnung: »Komm uns nicht zu nahe!«

Ich ging zurück, kroch durch das Fenster und legte mich hin. Ich war hellwach, schmerzhafte Stiche durchbohrten Brust und Unterleib. Das Herz klopfte mir bis zum Hals wie bei der Jagd, und mein Bewußtsein war wie ein kalter, gelüfteter Raum. Ich konnte weder einen Gedanken noch ein Gefühl einfangen. Mein Zustand erinnerte an steigendes Fieber.

Schließlich rollte ein Schluchzen durch meinen Körper, ich brach in Tränen aus, fand aber Halt in etwas, das ich wiedererkannte: in der reinen und unverdorbenen Lebensfreude und dem natürlichen Kummer darüber, Tanne an einen Bruder zu verlieren. Es war eine glückliche, aber schmerzvolle Heimkehr.

Früh am nächsten Morgen begab ich mich hinaus auf das Land, das für neue Kaffeebüsche vorgesehen war. Ich inspizierte die Arbeit, gab Anweisungen, wie die Bäume gefällt werden sollten und nahm selbst Axt und Säge und arbeitete mehrere Stunden hintereinander. Als ich zum Lunch nach Hause ritt, war ich zwar müde, aber trotzdem nicht zufrieden.

Auf meinem Schreibtisch lag eine Mitteilung:

»Nehme den Lunch mit Denys in Nairobi. Komme am Nachmittag zurück. Deine Tanne.«

Die sachlichen Worte berührten etwas in mir, das am Abend zuvor nicht angetastet worden war. Ich stürzte in ihr Zimmer und betrachtete ihr gemachtes Bett, riß das Bettzeug heraus und suchte nach Spuren. Angewidert fand ich ihre Unterwäsche, die sie auf einen Stuhl geworfen hatte – sie, die sonst mit ihrer Kleidung so pedantisch ordentlich war. Ich verließ das Zimmer und setzte mich an den Schreibtisch, aber etwas zwang mich zurückzugehen. Ich betrachtete das Bett aus verschiedenen Winkeln, sah detailliert, wie sich ihre nackten Körper vereinten – auf dieselbe Weise, in der ich mich mit Tanne vereint hatte –, aber jetzt soviel heißer, soviel hungriger, soviel inniger. Ich stellte mir vor, daß sie sich einander ganz hingegeben hatten.

Mitten im Herzen unseres Hauses! Und sie, die von der Unantastbarkeit der Ehe gesprochen hatte, als ich in Nairobi auf Zechtour gewesen war. Niemals hatte ich eine Frau mit in unser Heim genommen, niemals hatte ich eine Frau in unserem Heim geküßt, nicht einmal in dem Jahr, als Tanne in Dänemark war. Zugegeben, ich war mehrmals verliebt gewesen, untreu noch öfter, aber auf eine nähere Beziehung hatte ich verzichtet. Entsprechend unserer Übereinkunft hatte ich unsere Ehe stets geschützt und Untreue und zufällige Liebschaften außerhalb des Hauses gelassen. Tanne hatte von der Ehe gesprochen als von Loyalität gegenüber dem anderen, gegenüber der Tradition, der Familie, dem Heim, dem Besitz – und eventuellen Kindern. Die Leidenschaft sollte ihre Freiheit an einem anderen Ort haben. Sie hatte mir von Anfang an absolute Freiheit gegeben, vorausgesetzt, daß ich sie und unsere Ehe nie aufgeben würde. Nun hatte sie die verschiedenen Welten vermischt. Als sie sich jetzt zum ersten Mal in einen anderen Mann verliebt hatte, war es unser Heim, das sie sofort zum Schauplatz ihrer Liebe machte. Das war Verrat.

Ich konnte nicht essen, sondern ging von Zimmer zu Zimmer, um zu konstatieren, daß jedes Ding geschändet war: das Sofa, der Kamin, die Kissen auf dem Fußboden – die vor allem –, das Porzellan, die Gläser.

Farah kam herein und teilte kurz mit, daß Mr. Bédar am nächsten Tag nach Kairo reisen wolle, um fliegen zu lernen, das habe sein somalischer Diener erzählt.

»Das Leben, das sind die langen Jahre, nicht die kurzen Stunden«, sagte Farah und ging davon.

Ich sah ein Flugzeug auf die Erde stürzen, mit gewaltiger Kraft aufschlagen und brennen. Da wechselte mein Gemütszustand erneut. Die Eifersucht war sinnlos, kleinlich und selbstquälerisch. Wenn sie es durfte, dann durfte ich es auch. Ich rasierte mich, zog mich gut an und steckte ein Bündel geliehener Geldscheine ein. Aber ich kam nirgendwohin. Tanne hatte das Auto genommen.

Gegen vier Uhr am Nachmittag kam sie zurück. Sie fuhr schnell und salopp zum Haus hoch und stoppte jäh. Mit tränennassen Wangen wankte sie aus dem Auto.

»Ich bin krank«, sagte sie, ging ins Haus und kroch zwischen die herausgerissenen Laken. Ich stand in der Tür und sah, wie sie verzweifelt die Bettücher an sich zog, sich in ihnen versteckte, die nächtlichen Düfte einatmete – um sich schließlich zusammenzukrümmen und mit leerem Blick zur Decke zu starren.

»Denys ist nach Kairo gefahren. Er bleibt ein paar Monate dort.«

Plötzlich interessierte mich das alles nicht mehr.

»Ich fahre nach ›Muthaiga‹ und will mich amüsieren. Wenn ich zurückkomme, mache ich mich sofort auf den Weg nach Naivasha, um auf die Jagd zu gehen und für einen Farmer zu pflügen. Du sollst in Ruhe und Frieden über ihn trauern dürfen, so lange du willst.«

Sie hob den Kopf und betrachtete mich.

»Aber du kommst doch zurück?«

Ich schnaubte verächtlich.

Im »Muthaiga Club«, wo ich spät am Abend ankam, herrschte trübe Stimmung. Der Alkohol wirkte nicht, und die Frauen waren häßlich und langweilig. Ich machte einen Abstecher hinunter zu einer Kneipe, die einem Inder gehörte; hier war die Mischung der Rassen bemerkenswert. Die Stimmung war ekstatisch, Palmwein und Drogen gaben dem Ort etwas Unvorhersehbares. Eine Schwarze setzte sich auf meinem Schoß, und dann ließ ich mich fallen. Es war wie ein langer Schwindelanfall. Meine Zunge schmeckte Salz und Meer, ich aß, trank und rauchte Sachen, die ich nicht identifizieren konnte.

Als ich spät in der Nacht aufwachte, pochte mein Kopf, und der Körper war zerbrechlich wie Kristall. Neben mir auf einem Bastteppich auf dem Fußboden nahm ich zwei farbige Frauen wahr. Wir waren alle drei in lange Stoffbahnen eingewickelt, und als ich mich erhob, um zu gehen, erwachte die eine von ihnen und streckte die Hände vor. Aber ich war bereits ausgeplündert, die Taschen waren leer, und ich konnte ihr nichts geben. Sie hatte Verständnis für meine Situation, denn sie hatte gewiß an der Ausplünderung teilgenommen. Statt dessen begann sie über ihre Situation zu klagen. Ihr Mann sei tot, und sowohl ihre eigene als auch die Familie ihres Mannes habe sie verstoßen. Zwei ihrer Kinder seien noch im Heimatdorf und zwei weitere in Nairobi. Sie ergriff meine Hand und sagte, daß sie leide, daß ihr Herz tot sei von all dem Kummer und daß sie keine Zukunft habe. Die Tränen liefen ihre Wangen herunter, und sie klaubte eine Handvoll zerknitterter Geldscheine hervor, die sie mir überreichte. Das sei mein Geld, sagte sie, und weil ich so ein guter weißer Mann sei, der ihr zugehört habe, wolle sie mich nicht bestehlen. Ich sagte, daß sie das Geld behalten könne und verließ sie. Erstaunt stellte ich fest, daß das Auto noch dastand und daß nichts gestohlen oder zerstört worden war. Bei Sonnenaufgang kam ich nach Hause. Tanne wurde wach und fragte, ob ich von einem Elefanten überfallen worden sei. Ich erklärte, daß »Muthaiga« eine Grabkammer sei, und wenn man sich amüsieren wolle, müsse man mehr lebenszugewandte Orte aufsuchen. Als sie sagte, daß sie in der Nacht beinahe gestorben wäre, antwortete ich, daß sie in Frieden sterben dürfe, denn ich würde jetzt meine Sachen packen, um nach Naivasha zu fahren.

Schnell machte ich mich fertig. Ohne ein Wort zu sagen, blieb sie in ihrem Zimmer liegen. In dem Augenblick, als ich aufbrechen wollte, bekam ich Gewissensbisse. War ich zu weit gegangen? Ich sollte ihr zuhören, sie trösten.

Ich ging ins Schlafzimmer zurück, und sie lag wie tot im Bett. Plötzlich setzte sie sich auf und zerkratzte meine Wange.

»Du bist ein Schwein!« schrie sie.

»Das weiß ich«, antwortete ich, »ich tauge nicht für dich. Geh nach Kairo, tu was du willst mit Denys, du und ich, wir passen nicht zusammen! Ich will dich nicht mehr sehen!«

Sie spuckte mir ins Gesicht, und ich ohrfeigte sie.

Ich zerschlug den Spiegel im Badezimmer. Nachdem ich mein Gesicht gewaschen und den Mund ausgespült hatte, ging ich hinaus zum beladenen Auto. Neben dem Wagen stand Tanne und betrachtete mich wütend. Ihre Unterlippe zitterte, obwohl sie alles tat, um sich zu beherrschen.

»Du bist mein Mann, und du darfst mich nicht verlassen!«

Einen Augenblick hatte ich den Impuls, sie zum zweiten Mal in meinem Leben zu schlagen, aber der verschwand schnell. Ihr Blick war nicht nur wütend, sondern auch appellierend. Und es war etwas an dem dünnen Körper, der da zitternd in der Morgenkälte stand, das liebenswert war, so daß ich für einen Augenblick weich wurde.

»Wenn du in einer Stunde packen kannst, dann darfst du mitkommen.«

Sie warf sich an meinen Hals.

»Oh, liebster Bror«, flüsterte sie, stürzte darauf mit den Worten ins Haus: »Ich fahre, dann kannst du schlafen!«

16.

Der Regen fiel auf die Ngong Hills-Berge, ich stand ohne Hut und Jacke auf dem Rasen und ließ das Wasser über mein Gesicht strömen. In langen Zügen atmete ich die feuchte, frische Luft ein. Es war, als würden mich himmlische Glückstränen überspülen.

Die beiden Windhunde von Tanne jagten einander über das offene Gelände, ab und zu glitten sie auf der nassen Erde aus, waren aber sofort wieder auf den Beinen. Ich wußte, daß die Büffel still auf der Athisebene standen und den Regen über ihre blanken, schwarzen Körper strömen ließen, wußte, daß die Elefanten zu ihrem alten Fluß zurückzukehren begannen und daß die Löwen die Feuchtigkeit aus dem Pelz schüttelten und sich im schützenden Dickicht zurechtlegten.

Der Kampf ums Überleben war vorbei. Nun galt es zu leben.

Tanne kam heraus und stellte sich neben mich. Sie war glücklich wie ein verliebter Teenager.

»Bror, der Regen fällt, und der Gouverneur Northey kann dich nicht genug loben. Es sind Leute wie du, die Kenias Zukunft bauen. Ich bin stolz auf dich. Wir haben zusammen eine phantastische Zukunft.«

Sie drückte meine Hand und ging zurück ins Haus. Ich wußte, daß sie direkt ins Gästezimmer gehen würde, wo Denys seit mehreren Wochen krank lag.

Er war aus Kairo zurückgekommen und in unser Haus getreten, ohne seine Ankunft angekündigt zu haben. Tannes Verliebtheit traf ihn wie ein Blitz, und er sank mit hohem Fieber im Bett zusammen. Tag für Tag lag er wie ein Kind da und ließ es geschehen, daß ihre Fürsorge und Liebestaten ihm langsam, sehr langsam, Gesundheit und Kraft zurückgaben.

Seine Ankunft hatte Aufsehen erregt.

Tanne war unten bei den Eingeborenen, und ich hatte die Reparaturarbeiten an einem Lagerraum inspiziert. Als ich mitten am Nachmittag zum Haus zurückkam, hörte ich eine eigentümliche Musik. Es klang, als spielte ein kleines Orchester in unserem Salon. Dann entdeckte ich Denys', versteckt hinter dem Haus, Denys' Auto. Ich schlich mich in den Wald und kam ungesehen zur Küchenwand, wo ich mich hinter einem Baum verbarg. Dort mußte ich eine halbe Stunde warten.

Ich lauschte dem Gespräch der Diener – die machten sich über unser »Dreiecksverhältnis« lustig und diskutierten, wer gewinnen würde. Es erstaunte mich, daß alle auf mich tippten. Denys mußte den Plattenspieler immer wieder neu starten, so daß Tanne die Musik hören würde, wenn sie sich dem Hause näherte. Es freute mich, daß er warten mußte.

Als sie endlich angeritten kam, sah ich schon von weitem, wie müde sie war. Fünfzig Meter vom Haus entfernt, straffte sie den Rücken, brachte das Pferd zum Stehen und lauschte. Dann geschah etwas Merkwürdiges. Tanne, die keine gute Reiterin war, gab ihrem Pferd »Rouge« die Schenkel, so daß es einige Galoppsprünge nach vorn machte. Dann zügelte sie die Stute plötzlich vorm Haus wie eine Zirkusreiterin, glitt wie aus einer Bewegung von ihr herunter und lief durch die Tür. Das Tempo veranlaßte »Rouge« zu einem Sprung, so daß sie mit frei schwingenden Steigbügeln davongaloppierte. Die Platte war abgespielt, und es wurde still. Nach einem langen Umweg kehrte ich zum Haus zurück. Da lag Denys schon im Bett, seine Stirn war mit Schweißtropfen bedeckt.

Wieder fühlte ich in mir den Schwindel des Verliebtseins, das Begehren, das Fixiertsein auf den geliebten Menschen, die verwirrte Aufmerksamkeit, die seinen Worten, Bewegungen, Händen, Lippen, Füßen gilt – ich erkannte obendrein ein Interesse für die abstoßenden Züge, die nur bekräftigen, wie vollendet alles übrige ist.

Ich hatte das wieder und wieder erlebt. Was ich an Tanne nicht wiedererkannte, war der Glücksrausch aus dem Unbefriedigtsein heraus. Sie wurde nie satt, weil sie nie von der Liebe aß. Sie pflegte sie bis zur Vollkommenheit, aber lebte sie nie. Ich pflegte sie nie, aber lebte sie sofort – und ging satt und zufrieden von dannen.

Tannes Beschäftigtsein mit Denys ekelte mich, weil es Ziel und Sinn vermissen ließ. Es war eine Krankheit, ein äußerliches Übel, das sich ihrer bemächtigt hatte und das sie nicht einmal in den berauschendsten Augenblicken der Befriedigung verließ. Ich verstand nicht, wie Denys das aushalten konnte.

Das konnte er auch nicht. Oft bat er sie, ihn in Ruhe zu lassen. Wenn das Fieber hoch war, kümmerte sie sich nicht um seine Bitten und saß wie festgeklebt auf der Bettkante. Wenn sein Befinden gut war, konnte sie nicht anders, als sich ihm zu fügen. Niemals war ihre Liebe stärker und verzweifelter, als wenn er sich ihr entzog.

Als er gesund geworden war, saßen sie wieder auf dem Fußboden vor dem Kamin und führten füreinander Szenen auf. Sie kleidete sich zunächst in eine kostbare Abendrobe, wechselte dann aber und hüllte sich in Stoffbahnen, um eine Somalifrau darzustellen. Er war wie Robin Hood gekleidet.

Eines Abends entschloß ich mich, hineinzugehen und meinen Spaß mit ihnen zu treiben. Ich verkleidete mich als Massai; wir hatten im Laufe der Jahre ausreichend Requisiten zusammengetragen. Ich beabsichtigte, als tanzender Moran aufzutreten. Gerade als ich hineinspringen wollte, sah ich die beiden durch die offene Tür. Er war im Smoking und trug einen breitkrempigen Hut, während sie die Göttin Diana darstellte. Ich zeigte mich nicht. Sie sprachen über etwas, das ich nicht begriff. Es ging darum, wie es möglich sei, nach alten Idealen zu leben, mit Ruhm und Ehre als Lebensfundament, und gleichzeitig die Zersplitterung der modernen Zeit und die Auflösung der Normen zu bejahen. Ich verstand also, worüber sie sprachen, konnte aber ihre Gedanken nicht nachvollziehen. Ihre Begegnungen waren eine Mischung aus Maskerade und wissenschaftlichem Streitgespräch. Mein Auftritt wäre nur peinlich gewesen.

Ihr Zusammensein zu beobachten, machte mich traurig. Ich fühlte mich wie ein Kind, das außerhalb der Welt der Erwachsenen steht und das nie darauf hoffen kann, in diese einzutreten.

Mehrere Wochen lang war mein Zuhause ein Theater. Alles wurde in Kulissen und Requisiten verwandelt. Nach Hans' Tod hatten die Dinge ihren Glanz verloren. Als Denys auftauchte, bekamen sie ihre Materialität zurück. Nun geschah etwas anderes, das ganze Haus wurde entweiht, die Möbel wurden zu Kunstgegenständen oder Tingeltangel, alles verlor seinen Gebrauchswert und verwandelte sich in Zierat und Festzubehör. Ich spazierte in meinem Haus wie ein Gast und Zuschauer herum, obwohl auch das eine unzulässige Rolle war. Sie wollten allein sein, und es war kein Platz für mich oder irgend jemand anderen.

Eines Vormittags ging ich hinein zu Denys. Er lag im Gästezimmer mit einem Bowler auf dem Kopf.

Als ich hereinkam, blickte er auf und nickte. Ich sagte ihm, daß es nun an der Zeit sei zu gehen. Sie müßten ihr Verhältnis an einem anderen Ort ausleben, nicht auf »Mbogani«. Er nickte wieder, und ich empfand eine primitive Freude, die Oberhand zu haben. Im Falle einer Schlägerei würde ich gewinnen. Er räumte ein, daß er meine Gastfreundschaft ausgenutzt habe und sagte, daß er am nächsten Tag das Haus verlassen werde.

»Tania und ich gehen für ein paar Wochen auf Safari.«

»Tania?«

Er fragte, ob ich Einwände hätte.

Der Wechsel des Namens verwirrte mich. Es war, als spräche er über eine andere als Tanne.

Ich zuckte die Achseln und entfernte mich mit den Worten: »Seht nur zu, daß ihr so schnell wie möglich von hier wegkommt.«

Als ich die Tür erreicht hatte, rief er: »Blix! Es wäre schön, einmal mit dir auf Jagd zu gehen.«

Irgendwie nahm er mir immer die Initiative aus der Hand.

In einem Versuch, diese zurückzugewinnen, antwortete ich: »Aber einer von uns könnte einen Wadenschuß riskieren.«

Da lachte er herzlich.

»Das Risiko gehe ich ein.«

Ein paar Tage später saß ich allein mit vier Bögen Papier in der Hand auf der Veranda. Der erste war ein Telegramm, der zweite ein langer Brief von Onkel Aage, der dritte eine Abrechnung über die Kaffeeernte und der vierte ein Brief von der Polizei in Nairobi.

Vater war tot. Nach Hans' Flugzeugabsturz hatte er seine Lebensfreude verloren. Onkel Aage ließ mich in seinem Brief auf umständliche Weise wissen, daß meine Tage als Verantwortlicher auf »Mbogani« gezählt seien. Die diesjährige Kaffeeernte belief sich auf imponierende sechzig Tonnen – trotzdem war offenkundig, daß die Farm damit keinen Überschuß erwirtschaftet hatte. Die Polizei schrieb, daß sie sich bald gezwungen sähe, mich zu inhaftieren, wenn ich nicht meine Schulden bezahlte. Der Anzeigen stapelten sich auf ihrem Schreibtisch.

Tanne war in ihrem Paradies, auf Safari mit dem Mann, den sie liebte. Sie verbarg sich irgendwo da draußen in der Savanne, in deren berauschender Stille, wo all das, was sie so schätzte – Stolz, Ehre, Mut –, verwirklicht werden konnte, Angesicht zu Angesicht mit dem einzigen, der ihr im Augenblick wichtig war. Die offenen Ebenen, die Flüsse, die Schluchten und die kleinen dichten Wälder verbargen ihr Glück. Ihre Gedanken schwebten zwischen den Fischadlern in den Wolken.

Für mich waren alle Türen verschlossen. Versuchte ich, mich zurückzuwenden, stieß ich auch dort auf Ablehnung. Die Vergangenheit hatte mir nichts zu geben, und die Zukunft war ungewiß.

Ich ging hinaus in den Wald. Stumm, ohne Gewehr, schlich ich mich vorwärts. Düfte von Bäumen, Gerüche vom Wachsen und Vermodern strömten wie Wasser über mein Gesicht. Es war, als ginge man auf dem Grund eines Sees. Hoch über mir flimmerte das Licht zwischen den Baumwipfeln. Dem Wald war es vollkommen egal, daß alles, was ich mir vorgenommen hatte, mißlungen war. Nur hier war ich ein ganzer Mensch.

Als ich zurückkam und das geliebte Haus auf »Mbogani« betrachtete, hatte ich es bereits verlassen. Ich befand mich an einem anderen Ort. Das gab mir ein grenzenloses Gefühl von Freiheit.

Am Tag darauf ging ich allein zu den Ngong Hills, um zu jagen. Während ich längs des Bergrückens umherstreifte, fielen mir die Worte ein: »Nur wer alles verloren hat, kann etwas gewinnen.«

Ich weiß nicht, woher sie kamen. Tanne und Denys hätten sie gewiß zuordnen können und ihre Meinung dazu gehabt. Ich wußte, daß die Worte der Wahrheit entsprachen.

17.

Als wir 1919 nach Europa zurückkehrten, war ich glücklich wie schon lange nicht mehr. Ich stand außerhalb von Gesetz und Ordnung, abgewiesen von allem, außer von der afrikanischen Landschaft. Tanne und ich reisten zusammen, wir schliefen im selben Zimmer und traten als das verheiratete Paar auf, das wir ja immer noch waren. Aber unser Leben verlief in parallelen Linien. Tanne war immer noch belastet – durch die Farm, die Ökonomie, ihre Familie, ihre soziale Rolle, die Liebe zu Denys, ihre Ehre und ihr Schicksal. In den europäischen Salons trug sie diese Bürde mit Leichtigkeit auf ihren zarten Schultern, auf »Rungstedlund« fiel ihr das allzu schwer. Für mich hatte all dies seine Bedeutung verloren. Unser gemeinsames Lebensprojekt war nun nur noch das ihre, ich wollte die Freunde behalten, die Jagd und Ostafrika.

Das Merkwürdige war, daß wir auf der Reise wieder zueinander fanden. Wir amüsierten uns in Paris und London und wälzten uns im Luxus. Sie liebte es, die exzentrische und steinreiche Baronesse zu spielen, ich amüsierte mich in der Rolle des abenteuerhungrigen Barons, die Taschen vollgestopft mit geliehenen Geldscheinen. Was hatte ich zu verlieren? Ich wünschte, meine Gläubiger in Nairobi hätten uns gesehen, wie wir, ausstaffiert wie Snobs, zwischen exklusiven Geschäften und Luxusrestaurants mit der Droschke fuhren, Tannes beiden kleinen Somalijungen im Schlepptau. Statt mir ein Märchen zu erzählen, öffnete sie die Tür zu einem, und wir traten lachend ein.

Das einzige Störende auf unserer Reise war, daß mehr Leute mich kannten als Tanne. Zu meinem Erstaunen hatte sich mein Ruf als Großwildjäger herumgesprochen, und man fragte mich, wie viele Elefanten und Löwen ich zur Strecke gebracht hätte.

»Baron Blixen, erzählen Sie uns davon ...«

Tanne war ganz gewiß stolz auf meinen Ruf, aber sie hätte es gern gesehen, wenn sich die Aufmerksamkeit stärker auf sie gerichtet hätte.

Ich kam auf »Näsbyholm« an, mit einem der Somalijungen als Begleiter. Wir standen beide im schneidenden Wind und waren erstaunt darüber, daß hier Menschen wohnen konnten. Der Hof wirkte verlassen, und die einst so vertrauten Felder waren nur noch eine blasse Erinnerung.

Ich schaffte kaum die Schritte hinauf zum Wohnhaus. Es fiel mir schwer zu atmen. Am liebsten wäre ich sofort zurückgefahren. Mutter Clara lag halb verwelkt in einem Lehnstuhl und versuchte eine Freudenträne hervorzupressen, als ich in die Stube trat. In der Küche saßen zwei untätige Stubenmädchen und starrten mich an, als ich sie begrüßte. Sobald sie den schwarzen Jungen erblickten, schrien sie vor Entsetzen auf.

Aus jedem Raum kam ein kalter Atemzug: Hans war fort, Vater war fort, das ganze »Näsbyholm« war fort. Zurückgeblieben war eine leere Schale.

Mutter stimmte sofort einen Klagegesang an: Der große Bruder Carl zettelte Intrigen an, um in den Besitz des Hof zu kommen. Alle beklagten sich, trauerten oder pflegten ihre Enttäuschungen. Carls Ehefrau Olga versuchte sowohl meine Mutter als auch meine Schwestern aus der Gegend zu verjagen. Alle gruben alten Haß hervor, und das einzige, was die Familie zusammenhielt, war die Hoffnung auf Rache.

Am Heiligabend war ich Weihnachtsmann für die Kinder meiner Schwestern, und genau an diesem Abend ließ der Druck in der Brust nach. Aber am ersten Feiertag saß ich wieder allein mit Mutter im Salon, einer Grabkammer, die muffig roch und kalt war und wo jedes Wort hallte. An den Tagen zwischen Weihnachten und Neujahr hörte ich lange Monologe darüber, daß derjenige, der sein Bestes tue, bestraft werde, daß man Gutes mit Bösem vergelte, daß keiner von uns mit Geld umgehen könne und daß ich keine Zukunft hätte. Ich sei ein allzu freundlicher Liederjan.

»Du kannst nicht einmal ein Kind zum Narren halten, aber wirst selbst immer zum Narren gehalten werden«, sagte sie.

Ich sei so wie sie, behauptete sie, alles, was wir uns vornähmen, mißlinge.

Ich kümmerte mich um sie, trug sie ins Bett und hörte mir die Demütigungen und Niederlagen an, die sie erfahren hatte.

Am dritten Weihnachtstag, als ich ausfliegen und frische Luft schöpfen wollte, tauchte überraschend Tannes Bruder Thomas auf. Als ich ihn sah, bekam ich Migräne. Groß und plump, sowohl in körperlicher als auch in geistiger Hinsicht, trat er in die Diele wie ein Prophet am Jüngsten Tag. Kaum hatte er sich niedergelassen, begann er auch schon über seine zukünftige Rolle auf »Mbogani« zu tönen. Er sei mit Onkel Aage einig geworden, daß er dorthin reisen und sich um die Farm kümmern wolle, damit sie Ertrag bringe und Schlamperei und Betrug ein Ende hätten. In Zukunft trügen er und Tanne die Verantwortung für die Farm. Ich erhielt seine gnädige Erlaubnis, dort zu wohnen – bis auf weiteres.

Daß ich ihn nicht sofort hinausgeworfen habe, ist etwas, das ich wirklich bereue. Mutter rettete die Situation mit einem listigen Klagegesang, der ihn nach einer Stunde in die Flucht jagte. Sie sagte, es sei mutig von ihm, daß er sich trotz begrenzter praktischer Fähigkeiten und geringer Begabung einer so verantwortungsvollen Aufgabe stelle. Es sei aufopferungsvoll von ihm, sich dem Hohnlachen der anderen Farmer auszusetzen, und sie wünsche ihm Glück und Erfolg in der Zusammenarbeit mit Brors gutem Freund, Gouverneur Northey, der dafür bekannt sei, daß er den Feinden seiner Freunde das Leben schwer mache. Sie legte den Kopf schräg und fragte, welche Ausbildung er auf dem Gebiet der afrikanischen Landwirtschaft habe.

»Vergiß nicht, deine Mutter zu grüßen!« rief sie ihm hinterher, als er mit grauem Gesicht und zusammengebissenen Zähnen »Näsbyholm« verließ.

Als Thomas gegangen war, wollte Mutter mit hinaus an die frische Luft. Ich fuhr sie in einem kleinen Gig auf den Feldern umher und sang Weihnachtslieder für sie.

Den Neujahrsabend verbrachte ich auf »Rungstedlund«, diesem Gerichtshof in einem Kloster, wo die Wände seufzten und die Uhren mit Mühe den Gang der Zeit anzeigten. Tanne war auf eine besorgniserregende Weise krank und unglücklich. In Afrika waren ihre Krankheiten Reinigungsprozesse gewesen, die sie inszenierte, um bis zur nächsten Euphorie zu überleben. Auf »Rungstedlund«, umgeben von ihrer Mutter Ingeborg, Tante Bess und ihrem Bruder Thomas, war Tannes Befindlichkeit auf dem Tiefstand. Es gab nichts Ehrenvolles oder Großartiges in ihrem Leiden. Sie sah aus wie ein kleines schwaches Mädchen, das ermattet auf den Tod wartet.

Sobald ich in die Tür trat, las ich auf ihren Gesichtern, daß sie über die Krankheit berichtet hatte, die Syphilis, mit der ich sie, ohne selbst darunter zu leiden, angesteckt hatte. Ich verstand auch, daß Thomas über meine ökonomischen Transaktionen gesprochen und mich als Betrüger charakterisiert hatte. Tanne sah nicht nur krank aus, sondern auch schuldbewußt. Die anklagenden Blicke der anderen wollten mich in die Unterwelt schicken.

Alle Verstellung und alle Heuchelei waren bei mir verschwunden. Das weckte eine Freude und Munterkeit in mir, die befreiend waren – sowie eine Zärtlichkeit für Tanne, die immer noch für ihr Lebensprojekt kämpfte.

Als ich sie alle herzlich begrüßt hatte, sagte ich: »Laßt uns das kommende Jahr mit einer erfreulichen Nachricht feiern: Ihr seid mich künftig los, aber ihr habt immer einen Freund in Bror Blixen, Afrikas bestem Jäger und größtem Liederjan!«

Tanne und ihre Mutter lächelten einander bleich an, während Tante Bess ein lautes »Ha!« ausstieß.

Die Luft war gereinigt, und die Glocken begannen munter für die Zukunft zu läuten.

Tante Bess bot Bier an und fragte ohne Umschweife nach meinen Darlehen. Als ich die verschlungenen Wege der Einnahmen und Ausgaben beschrieben hatte, die Berg- und Talbahn des Kaffeepreises, kleine Anleihen und Wechsel, die in Nairobi herumgaloppierten, um endlich, im allerletzten Augenblick, von mir bezahlt zu werden, brachen sie alle – außer Thomas – in Gelächter aus. Ich erwähnte nicht die unbezahlten

Darlehen – das hätte die Geschichte doch nur verdorben. Gegen Mitternacht erzählte ich den Damen Jagdabenteuer, während Thomas einen Abendspaziergang machte.

»Er hört gewiß lieber davon, wie man auf Menschen schießt, als auf Tiere«, sagte ich, wohl wissend, wie stolz die Familie darauf war, daß er das »Viktoriakreuz« für Tapferkeit im Feld erhalten hatte.

Da niemand durch meine Worte verletzt zu sein schien, fügte ich hinzu: »Ein so düsteres Gesicht kann jeden Feind abschrecken.«

Tante Bess lachte, hob aber warnend einen Finger.

Schlag zwölf war ich davon überzeugt, daß ich eine größere Geldsumme hätte leihen können, wenn ich gefragt hätte – jedenfalls von Tante Ingeborg.

Als ich Tanne gute Nacht wünschte, nahm sie meine Hand und sagte mit großem Ernst: »Bror, ich bin dankbar, daß du dich nicht gerächt und ihnen von Denys erzählt hast.«

Sie hatte über meine Untreue gesprochen, ich hatte die ihre mit keinem Wort erwähnt. Das einzige, was sie über Denys berichtet hatte, war, daß er einer von unseren gemeinsamen Freunden sei.

Wir lagen stumm nebeneinander.

»Verlaß mich nicht«, flüsterte sie, »versprich mir, daß du unsere Ehe schützen wirst!«

Zuerst wußte ich nicht, was ich antworten sollte, dann kamen die Worte wie von selbst: »Ich werde immer dein Bror sein, aber unsere Ehe liegt schon in Trümmern.«

Sie fing an zu weinen, und ich konnte sie nicht trösten.

Am ersten Tag des neuen Jahres besuchte ich Onkel Aage. Er versicherte mir, daß ich immer noch eine Rolle auf der Farm spielen würde, Thomas solle nur eine Hilfe sein, bis sie rentabel wäre. Er wolle gern, daß wir uns während meines Besuches in Europa häufiger träfen. Dann lud er mich zum Essen ein und ermunterte mich, von der Farm und meinen Jagdabenteuern zu erzählen. Er wünschte sich nichts sehnlicher, als nach Afrika zu reisen und mit mir durch die Wildmark zu streifen. Beim Kognak erklärte ich, daß ich die Farm für immer aufgegeben hätte.

Ich sagte, wie es war: daß meine Ehe mit Tanne sich in Auflösung befinde und »Mbogani« aus wirtschaftlicher Sicht ein mißglücktes Projekt sei. Åke Bursell habe das schon vor langer Zeit eingesehen. Die Farm liege für den Kaffeeanbau zu hoch, und die Niederschlagsmenge reiche nicht aus. Onkel Aage sah ehrlich betrübt drein und erklärte, daß meine Verdienste ohnehin schwerer wögen als meine Schwächen. Darüber lachten wir beide herzlich.

Nach »Näsbyholm« zurückgekehrt, wurde ich durch die Mädchen sofort zu meiner Mutter gerufen. Sie lag und ruhte sich aus und wollte mit mir reden. Hans' Witwe Brita war gekommen und wollte mich treffen. Mutter packte mich mit beiden Händen und ermahnte mich streng, nichts Dummes zu tun. Ihr Ernst weckte meine Neugierde.

Mutter richtete es so ein, daß sie anwesend war, als Brita in den Salon kommen durfte, um mich zu begrüßen. Verlegen, nervös, aber munter trat sie in den Raum, ging, ohne nach meiner Seite zu sehen, zu Mutter und küßte sie auf die Wangen. Sie war klein, dunkel und hübsch. Ihr lächelnder Gesichtsausdruck wandelte sich in Entsetzen, als sie mich erblickte. Nachdem ich ein paar Worte zur Begrüßung gesagt hatte, sank sie auf einen Stuhl und begann zu weinen. Ich hockte mich instinktiv zu ihren Füßen, nahm ihre Hand, die klein und wohlgeformt war, und erklärte, daß sie sich allmählich daran gewöhnen werde.

Mutter lachte von ihrem Stuhl aus: »Sie sind sich nur äußerlich gleich. Bror ist freundlicher, aber eher falsch.«

Brita und ich brachen über ihre Worte in Gelächter aus, ich trocknete Britas Tränen mit meinem Taschentuch und nahm ihr gegenüber Platz.

Sie beruhigte sich schnell und warf unruhige, aber neugierige Blicke auf mich. Für mich veränderte sich alles auf einen

Schlag. Der wohlbekannte Schwindel erfaßte mich, und ganz »Näsbyholm« war plötzlich von Leben erfüllt. Die Dinge erwachten aus dem Schlaf und weckten Erinnerungen: Hans und ich liefen an einem sonnigen Sommertag auf dem Weg zum Stall die Treppe hinunter, und Hans drehte sich zu mir um und brüllte: »Ich habe deinen Blick gesehen, natürlich ist sie toll!«

Beim Essen erzählte Brita, während ihr Blick mein Gesicht abtastete, wie sie und Hans sich kennengelernt hatten und über ihre erste Zeit zusammen. Als sie sich erhob, um beim Servieren zu helfen, sammelte sie ein paar Haare von meiner Jacke und richtete den Kragen.

Mutter fauchte sie an: »Laß ihn in Ruhe!«

Und zu mir: »Hör auf zu grinsen!«

Aber Brita forderte mich auf, mehr zu essen und fragte, ob ich Hilfe brauchte bei meiner Wäsche.

Mutter legte das Besteck zur Seite und sah mehr und mehr gereizt aus. Aber in demselben Augenblick, als sie reden wollte, begann Brita über Hans zu sprechen. Es gab keine Trauer in ihrer Stimme, nur Glück und Zuversicht, als wäre er noch immer am Leben.

Meine Liebe war reiner und klarer als seit langem. Sie hatte etwas Nettes und Sanftes an sich, etwas Empfindsames und Empfängliches, trotzdem waren ihre Bewegungen lebhaft, und ihr schlanker Hals hatte eine stolze Linie. Ihr dunkles Haar gab dem ganzen Körper einen Hauch von Mystik, und ich ahnte ihre Düfte nach Tang und Erde.

Aber die Verliebtheit war auch etwas mehr. Der Trieb zu besitzen und zu ergründen, wurde in meinem Bewußtsein mit Hans' Stimme formuliert. Ich hörte ihn und sah, was er sah. Mein Begehren war eine Notwendigkeit, ein Ritual, eine Tradition.

Nach dem Essen machten wir beide in Dunkelheit und Wind einen Spaziergang. In der Luft wirbelte ab und zu eine Schneeflocke, und auf der Landstraße waren die gefrorenen Wasserpfützen schwarz. Sie schmiegte sich in meinen Arm, und mit ihrer ganzen Seite – der Brust und der Hüfte – preßte sie sich an mich. Wir küßten einander, sobald wir außer Sichtweite waren, und ihre vollen Lippen waren kalt und weich. Die braunen Augen blitzten im Dunkel.

Der Weg zu unserer Vereinigung war verblüffend kurz. Alles war vorbereitet, wir brauchten unsere Instrumente nicht zu stimmen, brauchten nicht aus Gründen des Anstands die notwendigen Rituale durchzugehen. Wir flirteten miteinander wie ein altes Ehepaar, das, zu seinem Entzücken, wieder vom Verlangen der Jugend ergriffen ist.

Kichernd planten wir unser nächtliches Treffen. Zunächst würden wir uns unter den Augen von Mutter Clara als respektable Verwandte trennen, dann sollte jeder in sein Zimmer gehen – die an den entgegengesetzten Enden des Hauses lagen. Danach war es an mir, mich ungesehen zu ihrem dunklen Zimmer zu schleichen, wo das Bett schon von ihrem nackten Körper angewärmt wäre.

Aber als ich mich gegen Mitternacht durch die dunklen und kühlen Räume stahl, stieß ich, wohin ich auch ging, auf verschlossene Türen. Mutter hatte den Stubenmädchen aufgetragen, eine Anzahl von Türen zu verschließen und hatte dann die Schlüssel versteckt. Es war unmöglich, von der einen Seite des Hauses zur anderen zu gelangen. Doch das steigerte nur noch meine Entschlossenheit. Mit Hilfe einer Taschenlampe fand ich unten in einem Geräteschuppen eine Leiter, trug sie zum Haus und stellte sie an das Fenster zu Britas Zimmer. Wie Casanova kletterte ich hinauf und klopfte vorsichtig an die Scheibe. Der Schreck in ihrem Gesicht, der sich schnell in Entzücken wandelte, machte sie unwiderstehlich. Im Flüsterton sang ich eine Serenade, während ich über die Fensterbank stieg.

Hinter ihr lagen mehrere Jahre ungestillter Hunger. Für mich war alles neu – gleichzeitig erkannte ich jede Kontur ihres Körpers. Mit einem Lächeln des Wiedererkennens reagierte ich auf ein Muttermahl auf dem einen Schenkel; ich berührte sie nicht, um Haut und Gliedmaßen zu untersuchen, sondern um etwas bestätigt zu bekommen, was ich schon sehr lange gewußt hatte. Als sie ein paar Augenblicke mit den Gedanken abwesend war, flüsterte sie: »Hans!«, aber als es wirklich galt, rief sie: »Bror!«

Danach begann sie die Rolle der Ehefrau vorzubereiten. Sie wolle sich um mich kümmern, und sie sei davon fest überzeugt, daß mich ihre Fürsorge und einfühlsame Liebe gelassener machen und stabilisieren würden. Sie malte sich für uns eine Zukunft aus, in der wir ein strebsames Paar waren, das tagsüber arbeitete, am Abend Kinder zeugte und nachts einander schlafend in den Armen hielt. Falls ich immer noch meinte, daß Afrika meine Heimat sei, wäre sie bereit, mir auch dorthin zu folgen.

Ich brachte sie mit noch mehr Liebe zum Schweigen, aber danach präsentierte sie wiederum die kommenden Jahre wie ein fertiges Kartenspiel. Sie wisse, wer ich sei, sagte sie, und sie wisse sogar, was nötig sei, damit ich treu bliebe. Als ich kommentierte, all das klinge so, als spräche sie von einem aufsässigen Rüden, antwortete sie, daß ich genau das sei.

Zum dritten Mal wurde ich ihr ungezähmter Rüde, dann verließ ich sie und ihre Zukunftspläne wieder durch dasselbe Fenster, durch das ich gekommen war.

Schon beim Frühstück am folgenden Tag verfluchte ich meine Triebe. Allein wenn ich ihre sich dem Speisezimmer nähernden Schritte hörte, war mein Verlangen geweckt. Sie hatte mich kaum entdeckt, als sie auch schon ihr Netz über mich warf und mich bis in mein hohes Alter hinein fesselte.

Die restliche Zeit in Schweden und Dänemark wurde ein Versteckspiel mit Brita. Ich traf Verwandte und Freunde, besuchte Onkel Aage, der mich überreden wollte, um Tannes willen wieder auf die Farm zu setzen, und lebte ein paar Tage mit Tanne ein keusches Eheleben auf »Rungstedlund«. Brita fand mich bei Verwandten und Freunden und lachte triumphierend, wenn ich sie zu Küssen und Liebkosungen in einen Winkel zog. Ich konnte ihr nicht widerstehen, und meine Kraft reichte nicht aus, um das Verhältnis zu beenden. Sie berührte in mir etwas Ursprüngliches, wogegen ich wehrlos war. Flucht war der einzige Ausweg.

Nach einer Weile vertraten immer mehr die Meinung, daß ich ihr gegenüber rücksichtslos wäre und ihre Schwäche nach Hans' Tod ausnützen würde.

Mutter wollte nicht mit mir reden, und ich war auf »Näsbyholm« nicht mehr gern gesehen. Sie war der Ansicht, daß ich alle Grenzen des Anstands überschritten hätte und soviel Verstand haben müßte, mich von Britas pervertierter Trauer fernzuhalten. Trotzdem hatte ich mich noch nie derartig von jemandem ausgenutzt gefühlt wie von Brita.

Wenn ich Geld gehabt hätte, wäre ich sofort nach Kenia zurückgekehrt. Ich wurde von Brita gejagt, die Familie wollte nichts von mir wissen, und meine engsten Freunde hatten mir bereits Geld geborgt. Ich saß fest.

Es war Winter und kalt in Europa. Trotzdem zog ich ernsthaft in Erwägung, ans Mittelmeer zu reisen, auf einem Schiff anzuheuern, das den afrikanischen Kontinent ansteuerte, entlang der Karawanenwege durch die Wüste zu reisen, um dann auf eigene Faust weiter nach Nairobi zu gelangen. Wenn ich Glück hätte, würde die Reise ein halbes Jahr dauern.

Schließlich entschied ich mich für einen anderen Weg. Ich ging zu einer der größeren Reedereien, beschrieb in kurzen Worten meine Situation und bat um Arbeit auf einem Schiff nach Afrika. Der Personalchef fand soviel Interesse an meiner Erzählung, daß er mir sofort Arbeit als Kellner auf einem ihrer besser ausgestatteten Schiffe versprach.

Tanne war die einzige, der ich von meinen Plänen erzählte. Sie war begeistert und ganz aufrichtig, als sie sagte, daß sie gern mit mir gekommen wäre, wenn sie auch als Kellnerin hätte arbeiten können. Schnell gestaltete sie meine Reise zu einer romantischen Erzählung um: Ein vorübergehend ruinierter Baron, mit großem Landbesitz in Afrika und einer der besten Großwildjäger, wird Steward für einige Steuerleute und emigrierende Bauern. Diese mystische Gestalt schart sowohl Personal als auch Passagiere um sich, als das Fahrzeug in einen schrecklichen Sturm gerät ...

Eine Woche, bevor ich anheuerte, bekam ich eine Mitteilung von Clarence von Rosen, einem alten Freund, daß Gillis Lindström, verheiratet mit Ingrid de Maré, meiner Freundin aus Kindertagen, sein Gut verkauft habe und nach Ostafrika wolle, um zu jagen. Sie fragten nach, ob ich ihnen dabei helfen könne, einen Elefanten und einen Löwen zu schießen, wenn sie mir die Passage bezahlten.

Im Frühjahr 1920 reiste ich nach »Mbogani«, und nichts war so wie zuvor.

18.

Auf der Reise nach Afrika fragte mich Gillis mehrere Male, warum ich so sauer sei. Ich antwortete, daß ich nicht sauer sei, sondern nur ungeduldig und erwartungsvoll. Hinter mir hätte ich eine gescheiterte Ehe, erklärte ich, komplizierte Beziehungen, eine Farm, die nichts eingebracht habe, sowie eine Familie, die mich als Taugenichts betrachte. Vor mir liege nur die Freiheit.

»Aber du bist nicht froh, du bist sauer!« sagte er.

In Newcastle lagen wir zwei Wochen auf Reede und luden mit britischer Umständlichkeit Stückgut. Wäre Gillis nicht dabeigewesen, wäre ich über Bord gesprungen. Er schlug vor, daß wir boxen sollten, um uns zu beschäftigen und nicht träge zu werden. Wir liehen von einem Matrosen Boxhandschuhe, und kaum hatten wir begonnen, rief Gillis: »Boxen, nicht schlagen!«

Ich verpaßte ihm eine geschwollene Lippe und einen schmerzenden Kiefer, trotzdem schlugen wir Tag für Tag weiter aufeinander ein. Er tat es für mich. Dann wollte auch der Besitzer der Handschuhe mitmachen, ein ehemaliger Preisboxer, der über 90 Kilo wog. Erst als ich mit Nasenbluten und schmerzenden Rippen in der Kabine lag, hatte ich eine Weile Ruhe.

Als wir schließlich das offene Meer erreicht hatten, stand ich auf Deck und betrachtete die eintönigen Bewegungen der Wellen. Ich hatte Lust zu weinen, aber mir fiel nichts ein, worüber ich hätte weinen können. Ich sehnte mich nach einer Frau, die meinen Kopf hielte, einer, die nicht an Sex interessiert wäre.

Ein paar Tage später erblickte ich zwei Wale, die Seite an Seite neben dem Schiff schwammen. Da stieg mir das Weinen in die Kehle, aber es konnte nicht heraus. Die Wale waren in dem grenzenlosen Meer so groß und trotzdem schutzlos, und ihr Instinkt führte sie über gewaltige Strecken. Es rührte mich, daß sie in ihrem ozeanischen Bewußtsein keine Ahnung davon hatten, daß der Himmel über der Wasseroberfläche unendlich hoch war und daß die enormen Wassermassen der Meerestiefe, mit kosmischen Maßen gemessen, nur einen kleinen Tümpel darstellten. Das, was schmerzte – ein heftiges Stechen in der Magenregion –, war die Tatsache, daß sie so selbstverständlich einem Element zugehörten. Sie waren am rechten Platz. Trotz ihrer Größe bewegten sie sich im Wasser sanft und geschmeidig – und nach einer halben Stunde verschwanden sie. Ich fragte mich, wohin? Erlebt ein Wal jemals eine Heimkehr, oder ist er in allen Meeren zuhause?

Das Meer war grau, der Salon, in dem ich saß und Briefe schrieb, war ausgekühlt und roch nach kaltem Zigarrenrauch. Einige Leichtmatrosen schlitterten auf dem feuchten Deck herum und bemühten sich, beschäftigt auszusehen. Ich schrieb tröstende Worte an meine Jugendliebe Lotty, vor allem, um mich selbst zu trösten. Ihr Mann Nils war genau wie ich ein Schürzenjäger, und ich schrieb, daß es für jeden schwer sei, nach seinen Prämissen zu leben. Was man auch tat, man trat die eigenen Ideale oder die anderer mit Füßen. Wie groß war eigentlich der Spielraum für freie Entscheidungen im Leben? Hatte ich jemals eine reelle Chance gehabt, ein erfolgreicher Farmer an den Ngong Hills zu werden? Hatte Lotty jemals eine Möglichkeit gehabt, einen treuen Mann zu bekommen, wenn alle kraftvollen und interessanten Männer in unseren Kreisen notorisch untreu waren? Eine Art Stolz auf das erbärmliche Leben zu bewahren, das man aus Dummheit gewählt hatte oder das einem zugeteilt worden war, das stellte sich doch als das Wesentliche dar. Jemand lenkte mit bösen Absichten unser Leben, und wenn man ab und zu auf einen Mitmenschen stieß, ohne ihm zu schaden, dann mußte man zufrieden sein.

Gillis kam herein und warf mir die Boxhandschuhe auf den Schoß.

»Es ist soweit!«

Ich schaffte es fast nicht, sie anzuziehen, und als er mich, so gut er es vermochte, durchprügelte, konnte ich mich nicht verteidigen. Der Zorn kam wie ein Schluchzen, dann schlug ich ihn nieder, und er sagte, daß es für dieses Mal genug sei.

Danach führte er mich zum Bug des Schiffes, wo wir in Regen und Sturm unsere verschwitzten Körper abkühlten. Wasserkaskaden trieben uns entgegen, so daß wir kaum etwas sehen konnten – trotzdem standen wir beide da und weinten.

»Teufel nochmal, wie dumm«, sagte Gillis und führte mich von dort weg.

Ich fragte, warum er traurig sei.

»Das liegt an Ingrid«, antwortete er verlegen, »ich vermisse sie.«

Gillis war, vielleicht mehr als alle anderen, die ich getroffen habe, ein Freund. Als ich einmal verlegen murmelte, wie dankbar ich ihm sei, antwortete er, daß meine Stimmung besser würde, wenn ich erst mit seiner Frau Ingrid zu tun hätte. Über ihre Güte und Kraft könnten weder Götter noch Teufel Macht gewinnen.

Bevor wir in den Suezkanal einfuhren, kam eine zwanzigjährige Frau an Bord, die auf dem Schiff noch für Unruhe sorgen sollte. Sie war auf dem Weg nach Nairobi, wo sie ihren Verwandten, Gouverneur Northey, besuchen wollte. Das Mädchen war auf eine herausfordernde Weise attraktiv, und mit einer Mischung aus Humor und Herablassung ließ sie sich von einigen gleichaltrigen Kavalieren den Hof machen. Sie strahlten wie Sonnen, wenn sie ihre Hand küssen durften. Gillis bat mich, sie in Ruhe zu lassen und hielt mir die Boxhandschuhe als Alternative hin. Ich versprach, meiner Schwermut und meinen geschwollenen Lippen treu zu bleiben, und es war schön, einmal den Trieb zu bezwingen und nicht erobern zu müssen. Aber als irgend jemand sie auf mich aufmerksam gemacht und sie ein paar Tage lang nach mir geschielt hatte, konnte ich der Versuchung nicht länger widerstehen. Sie duftete wunderbar und war interessiert daran, daß ich von Kenia erzählte. Am liebsten hätte ich sie als Freundin und Trösterin gehabt, aber mein Trieb in mir erwachte wieder und ergriff von mir Besitz. Es war nutzlos zu versuchen, ihn erneut einzuschläfern. Ich deutete nur ein paar Abenteuer an, aber fragte sie, wer sie sei. Zunächst hielt sie sich für zu fein, um sich einem ruinierten

Baron anzuvertrauen, aber zu ihrer eigenen Freude entlockte ich ihr ein paar Heimlichkeiten. Mal bestürmte ich sie, mal zog ich mich mit einer anderen Frau zurück, und das gerade zu dem Zeitpunkt, als sie begonnen hatte, Feuer zu fangen. Sie begriff, daß ich sie vergötterte – obwohl ich ausgezeichnet ohne sie zurechtkommen würde. In einem Augenblick, als sie keuchend über einen Spaß lachte, überschritt sie die Grenze, die sie selbst abgesteckt hatte, und wir landeten in ihrer luxuriösen, aber unordentlichen Kabine. Nackt auf dem Rücken liegend, in Wolken von rosenduftender Seidenwäsche, verliebte sie sich.

»Ich bin es, die du haben willst!« rief sie, überrascht von ihren Worten. Eine halbe Stunde später saß sie mit blanken Augen da und sah zu, wie ich sie verließ, um den Rest der Nacht in meiner eigenen engen und billigen Kabine zu verbringen.

Das Mädchen war eine provisorische Brücke zurück ins Leben, zurück zu mir selbst. Ich wurde ihre Brücke zu erwachsenen Männern und zu Afrika. Wir überleben, indem wir einander helfen. Anstatt mit Gillis zu boxen, zog ich es vor, sie zu liebkosen. Ich kam in Mombasa an, ohne schmerzende Schwellungen und mit einem Körper, schwer und weich vom Genuß.

Erst als ich vor »Mbogani« hielt, verstand ich Gillis' Worte, daß ich sauer sei. Ich knallte die Autotür zu und trat nach einem Blecheimer, der auf der Treppe stand. Das Haus, umgeben von Wiesen und einem schützenden Wald, die Aussicht auf die Ngong Hills, die herzlichen Diener, die, mit Farah an der Spitze, nach einer halben Stunde auftauchten, alles irritierte mich. »Mbogani« war nicht nur ein schönes Denkmal für meine Niederlage, es stand da und leuchtete wie eine arrogante Anklage: Sieh nur, wie dein Leben hätte sein können!

Ich wußte nicht, wo ich die ersten Tage hätte wohnen können und schlief deshalb im Haus. Es war trist, die Koffer auszupakken, und ich vermißte Gillis. Bereits am nächsten Tag fuhr ein Auto mit Polizeischild vor. Innerhalb von zehn Sekunden hatte ich Hose, Hemd und Jagdmokassins an, und als sie an die Tür klopften, war ich schon zwischen den Bäumen des Waldes verschwunden. Von dort sah ich, wie zwei englische Polizisten ihre Gewehre entsicherten, bevor sie das Haus betraten, um es zu durchsuchen. Man spürte, daß sie Angst hatten und auf alles gefaßt waren. Im Auto waren zwei zitternde Gläubiger zurückgeblieben. Farah tauchte auf, und sie waren unverschämt zu ihm, als er auf ihre Fragen die Achseln zuckte.

Nach einer Weile fuhren sie weg, aber als erfahrener Jäger ließ ich mich nicht zum Narren halten. Und richtig – zehn Minuten später kamen sie mit großer Geschwindigkeit zurück und wurden wieder mit Farahs Unwissenheit konfrontiert. Diesmal bekam er eine Ohrfeige, die er mit einem so unberührten Stolz entgegennahm, daß mir die Tränen in die Augen traten.

»Mbogani«, das ich mehr als jedes andere Zuhause geliebt hatte, war nun feindliches Gebiet. Mein Haß auf das Haus war eigentümlich. Mir ist es immer leicht gefallen, aufzubrechen und weiterzuziehen, etwas zu verlassen und das Vergangene abzuhaken. Jetzt wollte ich mich rächen.

Ich radelte nach Nairobi, und wie durch einen Zufall landete ich im »Norfolk Hotel« unter den wildesten Abenteurern und Trunkenbolden. Sie riefen »Hurra!«, als sie mich erblickten und amüsierten sich darüber, daß sich vorm Hotel Polizisten versammelt hatten, die mich beim Verlassen der Bar inhaftieren wollten. Hereinzukommen und die Angelegenheit hier zwischen diesen »Freunden« zu erledigen, wagten sie nicht. Als Gouverneur Northey mit seinem Gefolge auftauchte, um einen späten Drink zu nehmen, und sich an meinen Tisch setzte, beendete die Ordnungsmacht ihre Belagerung und fuhr nach Hause.

Mitten in der Nacht liehen wir vier Autos, die wir mit Farmern, Wilddieben, arbeitslosen Soldaten, leichtlebigen, eleganten Damen und Massen von Schnaps und Bier beluden. Dann fuhren wir nach »Mbogani«. Unmittelbar nachdem wir Nairobi verlassen hatten, wurden unsere überfüllten Autos von einem Polizeifahrzeug gesichtet, das die Verfolgung aufnahm. Einige Wilddiebe fühlten sich von der Jagd so inspiriert, daß sie die Polizei mit Revolvern und Flinten beschossen. Vielleicht waren es die Kugeln, welche die Polizisten veranlaßten, die Jagd abzubrechen, vielleicht fuhren wir einfach zu schnell für sie.

Zwei Autos hatten unterwegs Reifenpannen, was die Fahrer nicht hinderte, mit schlaffen Reifen und brüllenden Motoren das Tempo auf der letzten Strecke nach »Mbogani« noch zu erhöhen. Als wir angekommen waren, bemerkte ich, daß die Laute der Nacht um uns verstummt waren. Der Wald hielt den Atem an.

Zu dem Zeitpunkt war ich gewillt, das Fest abzublasen, tat aber statt dessen das Gegenteil: Ich ermunterte meine Gäste, sich ohne Hemmungen zu amüsieren. Wir machten Zielschießen nach den Kristallgläsern im Wohnzimmer, Tannes Raum wurde für intime Treffen mit den Damen genutzt, und in meinem Arbeitszimmer fanden Wetten statt. Wir wetteten um alles, Armdrücken, Boxen – das Ganze spitzte sich zu, als ich eine Apfelsine auf den Kopf eines großmäuligen Jägers und eine auf meinen eigenen legte und wir dann mit Pistolen die Früchte zerschossen. Bei vielen überschritt die Erregung die Grenze jeder Vernunft. Als ich zwei sturzbetrunkene Soldaten, die für ihre Brutalität gegenüber Frauen und Afrikanern bekannt waren, »Russisches Roulette« spielen sah, kam ich wieder zu Verstand und brach das verrückte Treiben ab. Ich dankte allen für ihren Besuch und warf sie hinaus. Die Autos verschwanden mit donnernden Motoren, unter Schreien und Schüssen, in Richtung Nairobi.

»Mbogani« war, abgesehen von Einschußstellen in den Wänden, unbeschädigt, aber das Zuhause war geschändet. Sowohl in meinem als auch in Tannes Zimmer lagen, wie vergessene Wäschestücke, einige berauschte Damen und schliefen. Überall Glassplitter, die Möbel umgekippt und einige zerschlagen. Der Fußboden war von verschüttetem Bier naß und klebrig. Es roch nach Pulver, Urin und Schnaps. Während ich mitten in der Nacht die Verwüstung betrachtete, kam Farah herein. Er sah mich an, ohne meinem Blick auszuweichen.

»Sag, was du denkst«, sagte ich.

Er antwortete: »Derjenige, der sich gegen sein Schicksal auflehnt, begeht eine Dummheit.«

Tag und Nacht war ich von Unruhe getrieben. Ich ging mit Gillis auf Jagd, brach aber das Jagen ab. Rastlosigkeit trieb mich zurück nach Nairobi. Zwischen all den vagabundierenden Abenteurern in der Stadt traf ich einen schwedischen Fotografen, Oscar Olson, der von der schwedischen Filmindustrie hierhergeschickt worden war, um das Tierleben zu filmen. Wir aßen zusammen Lunch; Olson war krank und blaß und hatte Schwierigkeiten beim Schlucken. Mit heiserer Stimme klagte er über seine Situation. Länger als einen Monat hatte er in Nairobi festgesessen, war täglich betrogen worden, beraubt und erniedrigt von Behörden, Safarigesellschaften und Jägern. Er behauptete, daß alle Menschen in Nairobi – weiße, braune und schwarze – Betrüger seien. Alle wollten sein Geld, aber nichts passiere. Die Kasse werde allmählich leer, und es sei schwierig, mehr Geld von der »Schwedischen Filmindustrie« zu bekommen, so lange er nicht belegen könne, daß er mit der Arbeit in Gang gekommen sei. Das einzige wilde Tier, das er gesehen habe, sei ein Prachtstar.

Ich bat ihn, sofort alle Kontakte abzubrechen und nichts zu unternehmen, ohne mich vorher konsultiert zu haben. Innerhalb eines Monats werde er bessere Bilder bekommen, als er es sich jemals erträumt hätte, versprach ich ihm. Ich selbst würde ihn in die Wildmark begleiten.

Wir einigten uns über die Bezahlung, ich inspizierte seine Ausrüstung, die Kameras, Zelte und Küchengeräte. Er zeigte mir ein schönes Pferd, das er bei Ali Khan eingestallt hatte und das seiner Meinung nach vor Dieben nicht sicher war.

Oscar Olson benötigte alle Hilfe, die er bekommen konnte. Er war ein Ehrenmann, aber hatte Angst vor jeder Straßenecke in Nairobi, und er traute nicht einmal mehr seinen eigenen Worten.

Mein Plan war, daß Olson sich um die Kameras kümmern sollte. Ich würde die Regie übernehmen. Die Einleitung des

Films sollte beeindruckend werden: eine Jagd mit dem Gouverneur und seiner schönen Verwandten im Wald um »Mbogani« und an den Hängen von Ngong Hills. Danach würden wir uns zum Fluß Tana begeben, um dem Großwild auf den Pelz zu rücken.

»Wenn du innerhalb einer Woche den Gouverneur dazu bringst, vor wilden Tieren in der Savanne oder im Wald zu posieren, dann liegt die ganze Safari in deiner Hand«, sagte Olson mit zitternder Stimme. »Aber wenn du mich betrügst ...« Er suchte nach Worten, fand aber keine, die stark genug gewesen wären.

Gouverneur Northey nahm die Einladung dankend an und sagte, daß seine junge Verwandte sich vor allem darauf freue, mich zu treffen. Er bat um Hilfe, für sie ein Pferd zu besorgen. Ich ging zu Ali Khan und quittierte für den Empfang von Olsons Vollblut mit seinem Namen. Es galt, schnell zu handeln.

Als sie das Pferd sah, mißverstand sie die Situation. Sie fiel mir um den Hals und rief: »Das beste Geschenk meines Lebens!«

Einen Tag nach meinem Gespräch mit Olson hatte ich unfreiwillig seinen kostbarsten Besitz verschenkt.

Olson raufte sich seine dünnen, nordischen Locken. Jemand hatte sein Vollblut gestohlen, und die Frechheit des Diebes kannte keine Grenzen: er hatte für das Pferd mit Olsons eigenem Namen quittiert. Voller Lachen bedauerte ich das Geschehene, ohne meine Mitwirkung anzudeuten.

Ein paar Tage später ritt ich in Gesellschaft des Gouverneurs und seiner Verwandten nach »Mbogani«. Unsere Pferde waren die schönsten in ganz Ostafrika. Olson wartete auf dem Hofplatz, zusammen mit den schwedischen Freunden Gillis Lindström und Eric von Heland. Sobald wir am Waldrand auftauchten, begann er zu filmen. Durch die Kamera entdeckte er sein gestohlenes Pferd und brach auf schwedisch in Flüche und Anklagen aus. Ich kümmerte mich nicht um ihn, sondern nahm mich mit Würde und Stil des Gouverneurs und seiner Gesellschaft an. Aus dem Augenwinkel beobachtete ich Olsons

Kampf zwischen dem puritanischen Willen, sein gestohlenes Eigentum zurückzufordern, und dem Verlangen, diese pompöse Einleitung zu seinem Film in den Kasten zu bekommen. Sein Unwille trug den Sieg davon. Er filmte nicht einen Zentimeter von der Jagd und dem anschließenden Festmahl. »Ist sie nicht schön auf dem Vollblutpferd?« fragte ich ihn auf schwedisch und brachte Gillis und Eric zum Lachen.

Wir schossen ein paar Buschböcke und ein Warzenschwein und machten ein Picknick auf den Ngong Hills. Das Mädchen wich nicht von meiner Seite, und Olson maulte.

Als der Gouverneur uns verlassen hatte – das Mädchen hatte gebeten, auf »Mbogani« übernachten zu dürfen und zu meiner Überraschung die Einwilligung bekommen –, erklärte Olson, daß ich als Leiter der Filmsafari abgesetzt sei. Ich bedauerte seinen Entschluß, erklärte, daß er in ein paar Tagen sein Pferd zurückbekommen werde und wünschte ihm Glück und Erfolg mit seinen Kontakten in Nairobi. Ich führte ihn sofort zur Tür, reichte ihm die Hand, sagte, daß ich ihm nichts nachtrüge, ging zurück zu den anderen und ließ ihn draußen vor dem Haus stehen.

Er wußte nicht einmal, wie er zurück nach Nairobi kommen sollte. Gillis und Eric, die immer noch mit dem Lachen kämpften, gingen hinaus auf den Hof und unterhielten sich mit ihm. Olson sah ein, daß er keine Wahl hatte.

Gillis tröstete ihn: »Einen Besseren als Blix kannst du nicht kriegen. Das Pferd bekommst du ja bald zurück.«

Nachdem ich das Mädchen zu Bett gebracht hatte, begab ich mich spät in der Nacht wieder zu meinen Landsleuten. Sie saßen mit ihren Drinks vor dem offenen Kamin, und Olson konnte endlich entspannen. Ich führte im Detail aus, wo wir filmen und welche Tiere wir aufnehmen sollten und wie das Ganze funktionieren würde. Wenn ich ein Tier aufgespürt hätte, wollte ich Olson und die Kamera hinter einem Baum oder einigen Büschen verstecken. Günstig wäre offenes Gelände, auf das er von seiner Position aus freie Sicht hätte. Dorthin könnte ich das Tier locken, indem ich mich selbst als Beute darböte. Sowie ich aus dem Dickicht stürzte, müßte er mit dem Filmen beginnen, denn unmittelbar danach würde das wütende wilde Tier auftauchen.

Nicht einmal Gillis glaubte mir. Und aus Fürsorglichkeit mir gegenüber wollte niemand wetten. Selbst Olson bekam gute Laune.

Als ich gegen drei Uhr nachts wieder zu dem Mädchen kroch, wurde sie wach, und ich erzählte von unserem Projekt. Sie glaubte mir. Sie war auch bereit, mir während der Fotosafari ihr Pferd zu leihen. Es sollte mich ständig an sie erinnern. Ich schlief ein, als Gast in meinem eigenen Heim. Aber zum ersten Mal verspürte ich nicht das Bedürfnis, es am folgenden Morgen niederzubrennen.

19.

Es hatte stark geregnet, und aus dem träge fließenden Fluß Tana war ein wilder, reißender Strom geworden. Olson, Gillis, ein neu angereister Schwede mit Namen Hjalmar Frisell, ich selbst und etwa ein Dutzend Träger und Helfer wurden schon gestoppt, noch ehe unsere Filmexpedition richtig in Gang gekommen war. Auf der anderen Seite lag die Wildmark. Die Brücke, die wir benutzen wollten, war weggespült, und das Wasser war zu tief und reißend, um hindurchzuwaten.

Olson brach verzweifelt zusammen, fühlte sich wieder einmal betrogen und glaubte natürlich, daß wir gezwungen wären, die Expedition abzubrechen. Je verzweifelter er wurde, desto munterer wurde ich. Nichts war unmöglich, und je schwieriger die Hindernisse, um so amüsanter. Das Leben war ein Spektakel, und es kam darauf an, niemals gegenüber dem stärksten Impuls zu zögern.

Unter meiner Leitung zimmerten wir aus den mitgenommenen Proviantkisten und Lianen ein Floß. Aber Juma und Simba rieten davon ab. Sie hatten, wie alle Menschen, die im Inland und nicht am Meer wohnen, große Angst vor dem Wasser. Gillis, Hjalmar und ich balancierten unter Rufen und Lachen an Bord, während Olson am Ufer stehenblieb und das Dasein verfluchte.

»Es wird kentern«, prophezeite er und nahm die Filmkamera, um die Katastrophe zu verewigen.

Wir paddelten mit Hilfe von Brettern und kamen naß, aber heil an das andere Ufer. Am Floß hatten wir eine Liane befestigt, so daß die Träger es zurückziehen konnten, sobald wir den Fluß überquert hatten. Das leere Floß war auf der Rücktour zu leicht, um der Strömung zu widerstehen, es kippte um, die Liane löste sich, und es verschwand in den Fluten.

»Was habe ich gesagt!« rief Olson von der anderen Seite und hob die geballten Fäuste drohend zum Himmel.

Wir lachten, wurden aber gleich wieder ernst.

Gillis und Hjalmar waren barfuß, wir trugen alle drei Shorts und dünne Hemden. Wir waren unbewaffnet und hatten ein einziges trockenes Streichholz, das Hjalmar rein zufällig bei sich hatte. Olsons Pessimismus hatte mich zu Leichtsinn und mangelhafter Urteilskraft provoziert. Trotzdem empfand ich Triumph über unsere hoffnunglose Situation. Endlich eine richtige Gefahr!

Wir gingen den ganzen Tag, ohne eine Furt zu finden. Olson und die Träger folgten uns auf der anderen Seite, und wir hörten seine düsteren Prophezeiungen über das tosende Wasser hallen, während die Nacht hereinbrach. Es gelang mir, eine trokkene Akazie anzuzünden, und im Laufe der Nacht legten wir immer wieder dürre Zweige auf. Die Kälte kam, und wir krochen immer dichter ans Feuer. Ich teilte kräftige Knüppel aus, die ich im Laufe des Tages gefunden hatte: »Falls es nötig werden sollte.«

Schließlich war das Brennholz aufgebraucht, und es war zu dunkel, um neues zu suchen. Auf der anderen Seite des Flusses sahen wir die Feuer und die Zelte von Olson und den Trägern. Als der Wind drehte, konnten wir den Duft von gegrilltem Fleisch wahrnehmen, wir hörten Reden und hin und wieder gedämpftes Lachen. Als es dunkler und kälter wurde, nahm Hjalmars Unruhe zu.

»Ich wußte nicht, daß man am Äquator frieren kann«, sagte er erstaunt.

Um die Wärme zu halten, legten wir uns dicht aneinander, wie Löffel in einer Schublade, und nahmen Hjalmar in die Mitte. Ich schlang meine Arme um ihn, und er hielt Gillis umfaßt. Hjalmar bat uns, seine Freunde und Verwandten in Schweden zu grüßen, und Gillis sprach über seine Liebe zu Ingrid und den Kindern. Da sie dennoch mutige Männer waren, gelang es ihnen trotz der Angst, sich zu beruhigen. Gillis fragte nach Löwen, Hyänen und Leoparden, und ich antwortete, es sei unwahrscheinlich, daß sie sich in dem überschwemmten Gebiet aufhielten. Was ich nicht erwähnte, war die Gefahr, die von Krokodilen ausging, die nachts jagten und nach ertrunkenen, ans Ufer gespülten Tieren Ausschau hielten. Weidende Flußpferde, die auf dem Weg zurück zum Wasser waren, konnten blind und aggressiv wie Nashörner reagieren.

Gegen Mitternacht erzählte ich Geschichten von früheren Jagden, und sie lauschten mir, als wäre die Rettung in meinen Worten zu finden. Solange es Worte gab, bewahrten wir unsere Menschlichkeit und hielten die Wildmark auf Abstand. Ich hörte meine Stimme wie die eines Fremden unablässig von immer lustigeren Abenteuern tönen. Nach einer Weile atmeten wir alle im gleichen Takt. Hjalmars Herz pochte unter meinen Händen, und wenn durch einen von uns ein Kälteschauer fuhr, übertrug er sich auf die anderen.

Während ich erzählte, hörte ich einige Geräusche unten am Fluß, die nichts mit der Strömung zu tun hatten, gleich danach schleppende Schritte, und aus dem Dunkel am Uferhang tauchte ein großer Krokodilkopf auf. Ich redete weiter, behielt aber das Ungeheuer im Auge. Es spürte unsere Anwesenheit, zögerte jedoch, zum Angriff überzugehen. Vielleicht war es meine Stimme, die es stoppte. Mit langsamen Bewegungen machte es einen Bogen um uns. Der Sternenhimmel glitzerte in seiner grauen Panzerhaut. Abgesehen davon, daß ich die Erzählung in Gang halten mußte, dachte ich nur daran, dem Krokodil die Finger in die Augen zu stechen, wenn der blitzartige Angriff käme.

Nie zuvor war ich so schutzlos gewesen. Halbnackt auf der Erde liegend, während sich die unendliche Tropennacht über uns wölbte, waren wir ein Festessen für alle Raubtiere der Wildmark. Wir waren eine ergiebige Beute in einem Gebiet, wo jeder Knochen genutzt wurde.

Meine Gedanken gingen zu angeschossenen Tieren, die voller Angst und Aggressivität dagelegen und und sich ins Dikkicht gepreßt hatten, während der Jäger auf seiner Suche langsam und unerbittlich näher gekommen war. Ich bemerkte, daß es genau so eine Erzählung war, die aus meinem Mund strömte, aber ich hatte die Perspektive des Tieres gewählt.

Das Krokodil verschwand, ein Schakal tauchte auf, wurde aber erschreckt. Dann war es beunruhigend still um uns. Auch ich schwieg. Ich versuchte vernünftig zu denken. Warum war es so still? Hjalmars und Gillis' leichter Schockzustand hatte ihr Bewußtsein ausgelöscht. Sie schliefen schwer atmend, was auch in mir den Wunsch aufkommen ließ, mich dem Schlaf und der Wildmark zu übergeben. Es existierte keine einzelne Bedrohung. Es war die ganze Umgebung – angefangen bei den Bakterien und Ameisen bis zu den Krokodilen und Löwen –, die uns ans Leben wollte. Wir waren in einem naturähnlichen Zustand, wo das Leben jede Sekunde verteidigt werden muß.

Ich lag stundenlang mit offenem Mund da, lauschte und versuchte mich umzusehen, ohne den Kopf zu bewegen. Die Strömung verschluckte viele Laute, dennoch war es möglich, Geräusche von kleinen Nagern, die sich in unserer Nähe bewegten, trotz des rauschenden Wassers zu unterscheiden.

Plötzlich bemerkte ich, daß sich die Atemzüge meiner Kameraden mit einem anderen Atem mischten – zuerst glaubte ich, er käme aus meinem Mund. Aber als ich den Atem anhielt, hörte ich ihn immer noch. Ganz langsam drehte ich den Kopf, um nach hinten zu sehen. Einen Meter hinter mir stand ein junger männlicher Löwe, vollkommen still, und nahm unsere Witterung auf. Der Schweif peischte den Sand. Der Löwe zögerte vor der absonderlichen Beute. Ich wartete einen Augenblick, um zu sehen, ob er uns verlassen oder sich auf uns stürzen würde. Aber er war ebenso unentschlossen wie ich und wartete genauso auf ein Zeichen.

Meine Hände umklammerten den Knüppel an meiner Seite, ich konzentrierte mich auf den Sprung, und mit einem Schrei war ich bei dem Tier und schlug ihm den Stock über den Kopf. Der Löwe war so überrascht, daß er brüllte und sich zurückwarf, jäh stehenblieb, wie zu einem Gegenangriff, und wieder hob ich den Knüppel gegen ihn, und mit einem noch furchtbareren Schrei ging ich zum Angriff über. Der Löwe flüchtete.

Gillis und Hjalmar hockten verwirrt da und klapperten mit den Zähnen. Als ich erzählte, was geschehen war, wollte Gillis mir zunächst nicht glauben. Hjalmar begann hysterisch zu kichern, er wandt sich vor Lachen, schwieg dann aber plötzlich und rieb mit den Händen sein Gesicht. Trotz der Dunkelheit konnten wir die Fußspuren entdecken, als wir ein Stück des Bodens absuchten.

Ich wußte nicht, was ich tun sollte. In mir war ein Glücksschrei, der hinauswollte, und die Poren der Haut zogen sich zusammen und öffneten sich, als wären sie abwechselnd Kälte und Wärme ausgesetzt gewesen. Mitten in der Nacht hatte ich Lust, über den Fluß zu schwimmen, um Juma und Simba zu wecken, von dem Löwen zu erzählen und die morgige Jagd zu planen. Wäre ich allein gewesen, hätte ich es getan.

Während wir auf den Morgen warteten, saßen wir, nach drei Richtungen gewandt, mit den Rücken aneinander, die Arme als wärmenden Schutz vor der Brust und die Knüppel in Bereitschaft. Ich fuhr mit dem Erzählen fort – nicht nur von dem Krokodil und dem Löwen dieser Nacht, sondern auch von »Näsbyholm«, von Tanne und Denys und von dem Fest auf »Mbogani«, das unser Haus hätte vernichten können.

Während ich redete, begann ich in meinem Leben einen Zusammenhang zu sehen. Ich hatte gelebt wie einer, der etwas aufbaut, wie ein Sammler, einer, der nach Macht und Besitz strebt. Je mehr ich mich angestrengt hatte, um so mehr hatte ich verloren. Je mehr Ordnung ich in mein Leben hatte bringen wollen, um so chaotischer war es geworden. Je mehr ich versucht hatte, dauerhafte Kontakte zu Menschen aufzubauen, um so weniger Freunde hatte ich gewonnen. Vor ein paar Stunden war ich nahe daran gewesen, mein Leben zu verlieren – und doch war ich glücklicher als seit langem.

Ich war ein Vagabund, ein Verführer und ein Schwindler. Und alle liebten mich so wie ich war – abgesehen von Tannes Bruder, Thomas. Sie ließen sich belügen, um mich als den zu behalten, der ich war.

Kinanjuis Worte, daß ich meine Seele an einem Platz haben müsse, hatten endlich eine Bedeutung bekommen. Ich war Jäger, kein Landwirt.

Als die Sonne aufging und die Morgenröte die ersten warmen Sonnenstrahlen ankündigte, erhoben wir uns und streckten die Beine. Die Landschaft, die noch vor kurzem eine einzige große Bedrohung gewesen war, lag nun vor unseren Augen in milden Farben und zeigte eine sanfte Schönheit, die bezaubernd war. Hier wurde der Mensch geboren, und hier war ich. Müde, rotäugig und neu geboren standen wir da und betrachteten das Wunder.

Hjalmar hatte Tränen in den Augen, als er mich umarmte.

Von der anderen Seite des Flusses rief der Spaßvogel Juma: »Kaffee oder Tee, Sir?«

Wir zogen weiter, und es dauerte einen ganzen Tag, bis wir zu einem kleinen Laden gelangten, der einem Inder gehörte. Dort tranken wir alles, was flüssig war, stopften uns mit Konservennahrung voll, warfen uns auf den Fußboden und schliefen ein. Erst drei Tage später tauchte Olson mit einer stark dezimierten Expedition auf. Die Hälfte der Träger war auf dem Umweg zu den Quellen der Tana geflüchtet. Als Olson Gillis' und Hjalmars blutige Füße sah, fragte er, ob wir die Nase voll hätten. Ich antwortete, daß wunde Füße noch niemals so harte Männer wie Gillis und Hjalmar außer Gefecht gesetzt hätten. Jetzt beginne der amüsante Teil. Gillis lachte, und Hjalmar seufzte.

Es wurde amüsant. Ich habe nie auf einer Safari soviel Gelächter erlebt. Wir benahmen uns wie Schuljungen bei einem ungefährlichen Abenteuer in der Wildmark. Selbst Olson und die mürrischen Träger wurden von der Heiterkeit angesteckt, was dazu führte, daß Weiße und Schwarze ungezwungener als sonst miteinander umgingen. Wir lachten über dieselben Dinge.

Der Auftrag war, »die fünf Großen« zu filmen: Löwe, Leopard, Büffel, Elefant und Nashorn. Olson verwarf zunächst meinen Plan, daß ich als Köder das Tier veranlassen wollte, mich zu jagen, während er filmte.

»Komm mit einem besseren Vorschlag!« sagte ich, und er verstummte.

Zunächst wollten wir mit dem am wenigsten gefährlichen Tier beginnen. Zu Olsons Bestürzung wählte ich das Nashorn. Denn der Leopard war blitzschnell und schwer auszumachen, und er würde kaum außerhalb von dichtem Gestrüpp angreifen. Büffel und Elefant waren unberechenbar und hinterlistig, der Löwe schnell und geschmeidig, das Nashorn dagegen war ganz bestimmt das aggressivste und streitlustigste Tier, aber es sah schlecht und war ungelenk.

Simba und ich spürten ein altes männliches Tier auf, das im Schatten eines Feigenbaumes stand und döste. Ein massiver Klotz aus Fleisch, Blut und Panzer. Man ist immer wieder erstaunt, wie groß sie sind. Olson machte ein paar schöne Bilder von dem still stehenden Riesen. Danach kam es darauf an, ihn in Bewegung zu bringen. In Windrichtung des Nashorns plazierte ich Olson hinter der Kamera und die Jäger mit ihren Gewehren an Stellen, wo sie einen freien Blick hatten, aber gleichzeitig gut getarnt waren. Ich bat alle, nicht ängstlich zu sein, sondern ihren Job ordentlich zu erledigen. Olson sollte filmen, egal was geschehen würde, Hjalmar und Gillis sollten nur im äußersten Notfall schießen!

Ich schlich mich von der Seite an das Nashorn heran. Als zwischen uns noch etwa fünfundzwanzig Meter Abstand waren, hob es den Kopf, witterte und blinzelte. In seinem Körper erwachte ein Instinkt. Jahrtausendalte Erfahrungen weckten ein Gefühl. Aber es wußte weder wodurch es bedroht wurde noch woher die Gefahr kam. Ich schlich mich näher heran. In einem Abstand von etwa fünf Metern blieb ich stehen, um mir den Augenblick einzuprägen: der bullige, runde Körper, die tiefen Falten, der unförmige, riesige Kopf und die dicken, kurzen Beine. Es schnaubte und stampfte herum. Ein leichteres Erdbeben. Wie konnte sich dieses gepanzerte Urzeitmonster so schnell bewegen? Ich war gezwungen zu handeln, sonst könnte es in eine andere Richtung flüchten. Mit ein paar schnellen Schritten war ich bei ihm, schlug mit der Faust gegen die Kopfplatte und rannte so schnell ich konnte ins Blickfeld des Tieres und in Richtung von Olsons Kamera. Ich hörte, wie das ganze

Gebiet hinter mir zu beben begann und daß sich der Abstand schnell verkleinerte. Eilig drehte ich mich um neunzig Grad und stürzte zwischen die Baumstämme, die ich mir vorher ausgesucht hatte. Das Nashorn konnte meine Richtungsänderung nicht wahrnehmen und rannte mit ungeheurem Tempo und gewaltiger Kraft weiter, vorbei an dem schreckensstarren Olson, der nicht mit dem Filmen aufzuhören wagte, ins weite Gelände hinaus, wo es ungestört die Wut verebben lassen konnte.

Als alle lachend aus ihren Verstecken hervorkamen, hörte man immer noch das allmählich schwächer werdende Rumoren des Nashorns. Olson schrie hysterisch voller Triumph und Schrecken, aber schwor, daß wir nie mehr diese lebensgefährliche Methode anwenden würden. Ich lobte Gillis und Hjalmar, weil sie nicht unnötig geschossen hatten, und erklärte Olson, daß wir beim Elefanten gezwungen seien, anders vorzugehen. Aufgrund des Temperaments und der Größe des Tieres sei es am klügsten, wenn ich die Kamera bediente und er den Köder darstellte. Er verstand zunächst nicht, ob ich scherzte oder es ernst meinte.

Am späten Abend versammelten wir uns um das Lagerfeuer. Wir redeten, lachten und sangen. Die Eingeborenen holten Eimer und Schüsseln hervor, auf denen sie trommelten. Die Flasche machte die Runde. Olson freute sich wie ein Kind, daß das Filmprojekt in Gang gekommen war. Gillis und Hjalmar waren gewiß stolz und froh darüber, daß sie sich in der Wildmark befanden, aber nach der ersten Nacht am Tanafluß waren sie gegenüber unerwarteten Lauten und Bewegungen empfindlich wie englische Oberklassedamen. Sie zogen sich am liebsten in die Mitte des Lagers zurück, und wenn sie sich im Gelände bewegten, waren sie darauf bedacht, in der Nähe Schutz finden zu können.

An diesem Abend saßen die Eingeborenen mit uns zusammen. Keiner von uns Weißen hatte etwas gegen diese Rassenvermischung. Ich regte sie an, von spannenden Jagden zu erzählen, und das Gespräch wurde den ganzen Abend über in holprigem Englisch geführt. Ihre Geschichten waren voll von unerklärlichen Verwechslungen, Menschen traten als Tiere verkleidet auf und umgekehrt, jede Jagd hatte ihr Ritual und ihre Verbote. Wenn ein Jäger von Furcht ergriffen wurde, war das kein Zufall, sondern ein Zeichen. Ein Unglücksfall war eine Strafe, und hinter jeder Tragödie steckte ein schuldiger Manipulator. Nichts war Zufällen geschuldet, alles hatte einen Sinn, und alles mußte beschworen werden. Es war, als brauchte das Schicksal Regie und Hilfe. Für die Schwarzen gab es grundsätzlich immer zwei Wirklichkeiten. Eine, die offenbar war, die man mit seinen Sinnen erlebte, und eine, die im Verborgenen existierte und die alle Antworten enthielt.

Im Laufe des Abends hatte ich mehrmals das Gefühl, als fehlte jemand. Ich zählte nach und kontrollierte, ob keiner verschwunden wäre. Weshalb diese Angst? Zwischendurch war der eine oder andere hinausgegangen, um Holz, Essen oder etwas zu trinken zu holen, oder nur, um zu pinkeln. Aber obwohl die Männer immer zurückgekommen waren, war ich trotzdem unruhig.

Ich verließ die Runde und wanderte ein kleines Stück außerhalb des Lagers herum. Dann blieb ich stehen und starrte ins Dunkel. Heuschrecken, Frösche und Nachtvögel sangen beharrlich ihr Lied, und aus weiter Ferne hörte ich das Heulen der Hyänen. Hinter mir knisterte das Feuer, ich vernahm Reden und ein tiefes, ruhiges Lachen. Ich war davon überzeugt, daß jemand da draußen war, jemand, der uns folgte und der eigentlich zu uns gehörte. Ich schlich mich weiter und weiter hinaus in die Savanne, und die Nacht verschlang mich. Eine starke Kraft zog mich tiefer ins Dunkel. Nach einer Weile wurde mir bewußt, daß ich wie ein Hühnerhund im Zickzack lief, um so intensiv wie möglich zu suchen.

Ich rief: »Wer ist da?«, sah einen Schatten und stolperte ihm hinterher. Natürlich fiel ich hin und schlug mir mein Knie auf. Ich erhob mich und hörte ein helles Lachen, das mir verblüffend bekannt war. Dieses Lachen – es war ungewiß, ob es aus mir selbst oder von einem anderen kam – machte mich so traurig, daß ich einen Magenkrampf bekam. Ich hockte mich hin und ließ den Schmerz sich durch Därme, Knochen und Muskeln arbeiten, bis er sich allmählich auflöste und eine trockene Leere in mir hinterließ.

Auf dem Rückweg mußte ich plötzlich an Denys denken. Ich hoffte, daß er und Tanne sich wieder in Europa treffen und wir drei noch einmal auf »Mbogani« zusammenkommen würden. Der Gedanke an ihn ließ mein Herz schneller schlagen. Wieder freute ich mich, draußen in der Wildmark zu sein. Als ich mich den anderen angeschlossen hatte, teilte ich ihnen meinen Entschluß mit, am nächsten Tag einen Elefanten oder Löwen vor der Kamera zu jagen.

Das einzige, was ich in der Nacht sehr vermißte, war eine Frau.

Die Löwenjagd begann ebenso wie die Nashornjagd in einer munteren Stimmung. Simba hatte eine Löwin mit Jungen aufgespürt, die in einem dichten Gestrüpp Zuflucht gesucht hatten. In unserer Situation konnte man nicht das tun, was vielleicht für einen Jäger das schwierigste war: sich an die Beute heranschleichen und sie aus kurzer Distanz erlegen. Hier mußte einer in das Dickicht hineingehen und die Beute in offenes Gelände hinauslocken, ohne daß man vorher von ihr getötet wurde. Oder man mußte die Löwin und die Jungen erschrecken, so daß sie ihr Versteck verließen, und dann ihre Flucht filmen. Zuerst versuchten wir sie zu erschrecken. Die Löwin griff mich an, und ich mußte auf einen Baum klettern. Ich näherte mich aus der anderen Richtung, um sie vor die Kamera zu bekommen. Das gelang, und Olson machte ein paar Bilder von der Löwin, als die, sich an einem Zweig festklammernd, im Baum saß und mich anknurrte. Aber an die Jungen kamen wir nicht heran. Sowohl Olson als auch die Eingeborenen begannen auf mich einzureden, daß wir die Löwin erschießen sollten, um dann die Bilder von den Jungen zu machen.

Der Vorschlag erregte meinen Unwillen – den Jungen war ohne ihre Mutter der Tod sicher. Aber niemand verstand meinen Standpunkt – außer vielleicht Gillis. Löwen gab es genug, und warum sollte man die Jungen schützen, wenn man voller Stolz einen ausgewachsenen Löwen erlegen konnte?

Hjalmar durfte die Löwin schießen, dann gingen wir ins Dickicht und filmten die fauchenden Jungen. Wir packten sie am Nackenfell und trugen sie aus dem Gestrüpp. Sie waren ohne ihre Mutter verschreckt und hilflos und versuchten verzweifelt, in das Dickicht zu entkommen, wohin wir den Kadaver geworfen hatten. Wenn man die kleinen Löwen sah, ohne ihre Situation zu kennen, konnte man sie für lebhafte Junge halten, die sich in sicherer Harmonie zurück in ihr Versteck trollten. Olson war in strahlender Laune und begann mich mit meiner »Weichherzigkeit« aufzuziehen. Das ließ mein Unbehagen explodieren. Ich packte ihn an der Gurgel und drückte ihn gegen einen Baum, während ich erklärte, daß es für einen Jäger ungeschriebene Gesetze geben würde.

Danach sorgte ich dafür, daß wir eilig den Ort verließen. Während sich die anderen zum Abmarsch bereitmachten, ging ich ins Dickicht, wo die Löwenjungen auf dem toten Körper ihrer Mutter herumkrabbelten und gab jedem einen Schuß. Das größte und aktivste – ich unterschied sie schon als Individuen – kletterte an meinem Bein hoch, und ich ließ es am Leben. Die Safariteilnehmer standen stumm und ernst da, als ich aus dem Gestrüpp herauskam, das Junge, das spielerisch nach meinem Ohr schnappte, auf dem Arm.

Während der gesamten Filmsafari folgte es mir mit kleinen unbeholfenen Sprüngen, bis es müde wurde. Dann legte es sich platt auf die Erde und winselte, bis ich es auf den Arm nahm und so lange trug, bis es wieder hinunterwollte. Es fraß Konservenfleisch und schlabberte mit Wasser vermischte Trockenmilch, und es kam, wenn ich es rief. Ließ ich es während der Filmaufnahmen im Zelt zurück, heulte es vor Enttäuschung. Nachts sprang es auf mein Bett und schlief mit dem Kopf auf meiner Brust. An einem der letzten Morgen war es verschwunden. Ich suchte überall nach ihm und rief es – aber es war verschwunden.

Olson bekam die Bilder, die er hatte haben wollen, ich überlebte und hatte zum ersten Mal seit sehr langer Zeit Bares in meiner Tasche. Einige Gläubiger erhielten ihr Geld, den Rest verjubelte ich.

Am letzten Tag bekam ich Malaria. Das Fieber traf mich wie ein Schlag auf den Kopf, und ich brach auf dem Pfad am Tanafluß zusammen. Für eine halbe Stunde verlor ich das Bewußtsein, lag da und phantasierte. Danach stand ich auf und setzte meinen Weg fort. Das Fieber kam und ging, und als ich »Mbogani« erreicht hatte, mußte Farah mich zum Bett führen.

Als ich mich eine Woche später erholt hatte, erzählte Farah mir, daß mich einer der Adjutanten des Gouverneurs besucht hatte, um mir einen Job als Safarileiter bei einem reichen Amerikaner anzubieten. Ich erinnerte mich nicht daran, aber Farah behauptete, daß ich im Fieberwahn ja gesagt und erklärt hätte, daß ich am nächsten Tag zur Verfügung stehen würde.

Ich lachte und sagte, daß ich eine gute Einahme verloren hätte. Aber es war Farah gelungen, die Safari zu verschieben, und ich mußte mein Bett verlassen, die Gewehre reinigen, die Jagdmokassins reparieren und eine Einkaufsliste vorbereiten. Nun war ich professioneller Jäger.

20.

Tanne kehrte einige Monate später, im Dezember 1920, nach Kenia zurück. Ich war entschlossen, mein Leben mit ihr und mein Leben als Farmer auf eine würdige Weise zu beenden, nicht davor zu flüchten oder es im Sande verlaufen zu lassen. Obwohl ich wußte, daß sie in Begleitung ihres Bruders Thomas kommen würde, der auf »Mbogani« wohnen und mich als Verantwortlichen für die Bewirtschaftung der Farm ablösen sollte, reiste ich nach Mombasa, um mich dort mit ihnen zu treffen.

Sieben Jahre zuvor hatten wir zusammen das Land für uns entdeckt, so wie man ein Märchenbuch öffnet, alles war möglich gewesen, die Freiheit grenzenlos. Nun waren alle Wege versperrt, und ich war fest entschlossen, mich nicht von meinen eigenen oder von Tannes Träumen verführen zu lassen. Meine Freiheit lag nicht mehr im Traum, sondern in den kargen Bedingungen der Wirklichkeit. Es war möglich, als Jäger und Vagabund in Afrika zu leben. In einem Brief an Tanne hatte ich sie so klar und deutlich wie ich konnte auf unsere Trennung vorbereitet.

Als die Geschwister an Land kamen und ich sie zur Zollkontrolle gehen sah, glichen sie einem Paar, das direkt aus dem Mittelalter zu kommen schien. Sie – eine zarte, aber dominierende Fürstin, eine elegante Dame von Welt. Er – ein finsterer, hochgewachsener Kardinal, der über Moral und Verantwortung sprach, aber Macht meinte. Sie glichen Opernfiguren auf einer erleuchteten Bühne, sie war der Sopran, er der Baß. Sie sagte ja zum Leben durch ihre Fähigkeit, Türen zu öffnen und darauf zu verzichten, Urteile abzugeben, er verleugnete das Leben, indem er Türen verschloß und sich trotzdem das Recht zum Urteilen herausnahm.

Um meinen Ernst unter Beweis zu stellen, hatte ich für uns drei Einzelzimmer in einem billigen Hotel bestellt. Tanne war verletzt. Sie verlangte, mit »ihrem Mann« in demselben Zimmer zu schlafen, und sie lehnte es ab, in einem »Schuppen« zu übernachten. Sie erklärte, daß sie nicht beabsichtige, über unsere Zukunft zu diskutieren, bevor nicht diese elementaren Fragen beantwortet wären. Ich fand, sie war großartig und unterstützte ihre Forderungen. Thomas starrte uns mißtrauisch an, aber er protestierte nicht.

Später, beim Essen, begann sie eine wunderbare Traumwelt aufzubauen, mit uns beiden als Prinz und Prinzessin, die das ganze Königreich bekommen hatten und dazu einen guten Bruder als Berater.

Sie sprach darüber, daß die schwierigen Jahre der Dürre vorüber seien und daß die Kaffeepreise steigen würden. Unseren Squattern werde es in einem neuen, gerechteren Kenia noch besser gehen, und wir würden von einer großen und warmen Gemeinschaft umgeben sein. Wir könnten von vorn anfangen, »Mbogani« solle wieder das Heim werden, von dem wir geträumt hatten, und die Arbeit auf der Farm werde von Freunden und Safaris vergoldet werden.

Nach Thomas' Atemzügen zu urteilen, könnten ihre Worte ebensogut den Schrecken der Hölle gegolten haben. Aber er sagte nichts. Tanne wandte sich mir zu: Ob ich von vorn beginnen wolle? Die Frage war so gestellt worden, daß es auf sie nur eine Antwort gab.

Trotzdem anwortete ich mit einem deutlichen: »Nein!«

Ich erklärte, daß unsere Ehe auf einem allzu brüchigen Fundament basiere – hauptsächlich wegen meiner Untreue und ihres Verhältnisses zu Denys, aber vielleicht noch mehr, weil ihre Familie alles unternähme, um mich loszuwerden und mich verleumde. Ich fuhr fort – Tanne wurde immer bleicher, und ihre Augen zuckten nervös –, daß die Farm ein ökonomisches und agronomisches Fiasko sei. Sie werde nie ertragreich sein. Wie schön auch die Kaffeebüsche blühen mochten, die Trokkenheit und Kälte würden doch immer wieder alles zunichte machen. Die Farm liege zu hoch und in einem extrem regenarmen Gebiet. Åke Bursell habe das schon vor vielen Jahren erkannt.

Tanne fragte, ob ich krank sei und bestand darauf, dieses Thema aufzugeben. Ich hatte erwartet, daß Thomas mich unterstützen würde, aber sein Haß auf mich war größer als seine Skepsis gegenüber unserer Ehe und gegenüber der Farm.

»Du lügst, um etwas zu verbergen«, sagte er, erhob sich und ging auf sein Zimmer.

»Gut, den Betbruder loszuwerden«, sagte Tanne. »Komm, wir gehen aus und amüsieren uns!«

Und das taten wir. Wir suchten den einzigen Nachtklub der Stadt auf, tanzten, tranken Champagner und aßen Austern und russischen Kaviar bis gegen Morgen. Wir erzählten einander, was in der letzten Zeit geschehen war, sie lachte über unsere Filmsafari und meinte, ich sei »wunderbar« gewesen, als ich Olsons Pferd »geliehen« hatte. Sie erzählte von ihrem elenden, kranken Leben in Dänemark und von den glücklichen Stunden mit Denys in England. Ich sagte, daß ich nichts dagegen hätte, ihn wiederzusehen.

Tanne sah mich lange und intensiv an und strich mir sogar über die Wange. Diese Zärtlichkeit an einem öffentlichen Ort war ungewöhnlich.

Wir setzten unser Gespräch im Bett fort, während wir dalagen und einander bei der Hand hielten. Hatte sie eingesehen, daß wir vor der Trennung standen, oder glaubte sie wirklich an einen Neubeginn? Ich fragte nicht, aber hatte nichts dagegen, ein letztes Mal den Ehemann zu spielen.

Thomas machte es mir unmöglich, die Farm zu besuchen, während er dort war. Kaum waren wir angekommen, als er schon die Ländereien inspizierte und vor den blühenden Kaffeebüschen den Text über die lichte Zukunft der Farm verkündete – vorausgesetzt, es gäbe eine kompetente Leitung. Ich schlug ihm vor, daß er, wenn er wirklich so sehr an die Farm glaube, sein Geld auf »Mbogani« setzen solle, statt sich eine eigene Farm zu kaufen. Er tappte in die Falle. Nur ein paar Tage später wurde der Idiot zusammen mit Tanne und ihren anderen Verwandten Teilhaber. Ich war nun ganz aus dem Spiel – glücklicherweise.

Tanne weigerte sich, in die Scheidung einzuwilligen.

»Du hast versprochen, mich nie zu verlassen!« sagte sie.

»Ich weiß«, antwortete ich, »das heißt, daß alle, die heiraten und sich scheiden lassen, ihr Versprechen brechen.«

Ich blieb noch ein paar Tage, allein der Freude wegen, den Kriegshelden abends zu beobachten, wenn er sich in der Dunkelheit ängstlich auf den Weg machte, um in einem kleinen Außenhaus zu schlafen. Als ich durch Farah erfuhr, daß Thomas gegenüber Gläubigern und Polizisten über meine Reisen und andere Pläne geplaudert hatte, beschloß ich, mich zu rächen. Als er uns eines Abends verlassen hatte, schlich ich mich durch die Hintertür hinaus und heftete mich an seine Fersen. Von Dunkelheit und Dickicht geschützt, imitierte ich das Husten eines Leoparden und bewegte mich so, daß es nach einem großen Tier klang. Starr vor Schreck blieb er stehen, stellte seine Stallaterne ab, zerrte das Gewehr von der Schulter und feuerte mehrere Male ins Dunkel, in meine Richtung. Ich hatte das vorausgesehen, und als er das Gewehr gegen die Achsel drückte, sprang ich hinter einen Baum. Danach setzte er seinen Weg mit eiligen Schritten fort, ich folgte ihm und knurrte wie ein Löwe. Neue Schüsse wurden von der Dunkelheit verschluckt, bevor er mit großen Sprüngen in sein kleines Haus flüchtete.

Die ganze Farm war von den Schüssen geweckt worden. Ich schlich mich zurück zu unserem Haus, während Tanne, die Diener und die nächsten Anwohner herbeigeeilt kamen. Als Tanne und Farah eine halbe Stunde später zurückkehrten, betrachteten sie mich skeptisch, während ich vorm Kaminfeuer saß und las. Dann begannen sie zu lachen. Niemals hatte ich Farah so lachen gesehen.

Lange bevor die Sonne am nächsten Tag aufging, begab ich mich in Tannes Zimmer, weckte sie und erklärte, daß ich loswolle. Sie fragte nicht, wohin, bat mich aber, einen Augenblick bei ihr zu sitzen.

»Alles hat sich gelohnt«, sagte sie und bat mich zurückzukommen.

Ich versprach es.

»Komm, wenn Denys hier ist«, sagte sie, und ich nickte. Dann holte ich das Fahrrad und fuhr zwei Stunden lang ohne Licht in die Dunkelheit.

Gerade als die Sonne aufging, war ich an Ingrids und Gillis' Farm angelangt. Die frische Morgenluft, brandgelb von der aufgehenden Sonne, schien aus Wasserdämpfen zu bestehen. Meine Wangen waren feucht vom Tau, der sich auf meine warme Haut gelegt hatte. Verglichen mit ihrem baufälligen Kasten, war »Mbogani« ein Palast. Ich hielt ein kleines Stück vom Haus entfernt, gebremst von einer plötzlichen Schüchternheit. Hühner scharrten unten vor der Außentreppe im Staub, Hähne krähten, zwei Hunde reckten sich auf der Veranda, und ein zehnjähriges Mädchen schlich sich auf nackten Füßen in den Hühnerhof. Als sie zurückkam, hatte sie Eier in den Händen. Gillis trat heraus, schirmte mit der Hand die Augen vor der Sonne ab und sah sich um. Zwei halbnackte braungebrannte kleine Jungs mit weißblondem Haar kamen heraus und begleiteten ihren Vater um die Hausecke, wo sie sich in einer Reihe aufstellten und ihre Morgenpinkelei erledigten.

Ingrid trat in einem dünnen Morgenrock aus der Tür und leerte eine Waschschüssel. Einige Kücken flüchteten gackernd. Zwischen den Kindern tauchte ein kleiner Schwarzer auf, der auf irgendeine Weise zum Haus zu gehören schien. Alle gingen hinein, Gillis' Baß brummte, und die hellen Stimmen der Kinder überschlugen sich. Aus dem Schornstein stieg Rauch auf, es zischte aus einer Bratpfanne, und eine Wolke von Kaffeeduft fand den Weg zu mir hinaus.

Ich war kurz davor weiterzufahren. Da war so ein Gefühl, daß ich etwas kaputtmachen könnte, sowohl für sie als auch für mich. Wie war es möglich, daß ihre Armut so beneidenswert wirken konnte? Es war am besten für mich, das nicht weiter zu ergründen.

Einer der Hunde entdeckte mich und begann zu bellen und zu knurren.

Gillis rief auf englisch: »Komm rein!«

Als ich eintrat, erhoben sich Ingrid und Gillis und umarmten mich. Ich bekam Frühstück, und die Kinder standen in einem Kreis um mich herum und sahen mir zu, während ich aß. Ich war ein Held aus der großen Wildmark. Sie zeigten mir ihre Spielzeuggewehre und Autos, die sie aus Holz geschnitzt hatten, und sie baten mich, ihnen etwas zu erzählen. Aber Gillis sagte, daß das bis zum Abend warten müsse, und führte die beiden ältesten Kinder in ein anderes Zimmer, wo sie Schulaufgaben erledigten. Der Jüngste verschwand mit seinem kleinen schwarzen Kameraden.

In der Zeit, als Gillis und Ingrid die Farm gekauft und begonnen hatten, Flachs anzubauen, waren die Preise in Europa rapide gefallen. Sie hatten kein einziges Kilo verkaufen können. Deshalb hatten sie auf Schweinezucht gesetzt. Das war gut gelaufen, bis der ganze Besatz an Schweinepest gestorben war. Nun bauten sie Gemüse an, das Ingrid in Nairobi verkaufte. Gillis schoß ab und zu eine Antilope, um Fleisch zu bekommen, und er plante, eine Mischlandwirtschaft zu betreiben, sowohl mit Rindern als auch Maisanbau. Mißerfolg gehörte zu ihrem Alltag wie Sonnenauf- und Sonnenuntergang und schien sie nicht nennenswert zu beeinflussen.

Sie richteten ein kleines Zimmer für mich her und sagten, daß ich dort wohnen könne, wenn ich nicht auf Safari sei. Ich legte all mein Bargeld in Ingrids Hände, gewissermaßen als Vorschuß. Sie protestierte und sagte, daß sie mir vertraue, was Geld und Geschäfte betreffe.

Eine Weile saßen wir alle drei stumm da und dachten über ihre Worte nach. Dann brachen wir in Lachen aus, und ich erklärte, daß sie beide in mehr als einer Hinsicht einzigartig seien.

Nach dem Abendessen mußte ich, mit zwei Kindern auf den Knien, von der Nacht erzählen, in der ihr Vater und ich auf der Erde gelegen hatten, während ein Löwe hinter uns herumschnüffelte, und von dem Nashorn, dem ich auf die Stirn geschlagen und das mich gejagt hatte.

Dieser Abend wurde eine größere Versuchung für mich als alle Träume von Tanne. Als ich mich zur Nacht hinlegte, war es, als schliefe man in einem lebendigen Organismus ein. Es knarrte und knirschte in dem baufälligen Haus, der Wind pfiff, und die Betten ächzten. Draußen gackerte ein Huhn eine Warnung an alle Laute der tropischen Nacht. Jemand hustete, überall atmeten kleine und große Körper, Ingrid und Gillis schliefen Haut an Haut, eins der Kinder murmelte im Schlaf, eine Katze lag und schnurrte neben dem kleinen Jungen, einer der Hunde bellte in seinem Traum, der andere trappelte auf seinen Pfoten über den Holzfußboden in eine ruhigere Ecke. Gerüche von Essen, Menschen und Tieren hingen zwischen den Wänden – und das ganze Haus hob und senkte sich in schweren, tiefen Atemzügen. Wie ein Schiff schaukelte es uns in die nächtliche Ruhe.

Ein Jahr später schrieb Tanne an mich, daß sie alles weggeben würde für die Erlaubnis, in Ingrids alten, zerschlissenen Kleidern zu gehen.

21.

Die Wildmark wurde mein Heim und mein Arbeitsplatz. Ausruhen konnte ich mich bei den Lindströms.

Ein englisches Paar, Ben und Cockie Birkbeck, mieteten mich für eine zweimonatige Safari im Massaireservat an. Wir jagten am Tag und tranken am Abend, bis Ben ins Bett wankte. Dann knurrte ich leise Cockie an und ging zu meinem Zelt, während ich einen brünstigen Löwen imitierte. Dort wartete ich, manchmal eine Minute, manchmal eine Stunde. Wie wachsam ich auch war, ich wurde doch jedes Mal überrascht, wenn sie sich auf mich warf, splitternackt. Einmal wollte sie, daß wir uns in dem Bett neben dem schnarchenden Ben liebten – »nur der Spannung wegen«.

Das, was mich während der zwei Monate so anzog, war ihre liebevolle Art gegenüber Ben und daß sie anfangs nicht in mich verliebt war. Ihre Ehe war besser als die der meisten. Cockie hatte soviel Liebe in sich, daß sie für viele reichte. Zuerst spielte sie mit mir, beschnupperte mich und bewertete den Duft – danach ging sie ihres Weges, froh und zufrieden, um sich an Ben zu schaffen zu machen. Cockie war wie dafür geschaffen, auf dieser Erde zu leben. Sie grübelte nie, lebte, als müßte sie niemals sterben. Sie war mollig und stark, ohne fett zu sein, liebte es, sich mit ihrem Körper zu beschäftigen und trieb ihren Spaß mit ihren runden Formen. Wenige Frauen, denen ich begegnet bin, konnten es so hemmungslos genießen, liebkost zu werden. Ich stellte mir vor, daß sie sehr alt werden und das Leben mit derselben ironischen Nonchalance verlassen würde, die sie ausstrahlte, wenn sie den eleganten Safarihut aufsetzte, sich eine Zigarette anzündete und mir schnell die Zunge ausstreckte.

Aber sie schoß wie eine Blinde. Wenn sie auf eine Antilope zielte, waren die Geier am Himmel in Gefahr. Sie schnitt Grimassen, wenn der Schuß fiel und deutete mit einem Zeichen an, daß sie taub geworden sei. Es war nicht wichtig für sie, die

Beute zu erlegen. Sie lachte über ihre Fehlschüsse, und meine Fähigkeiten als Jäger imponierten ihr nicht. Es war das Leben ringsum, das sie lockte.

»Ich liebe die Art, wie du dich bewegst«, sagte sie.

Wenn ich ein Tier zerlegte, nutzte sie die Gelegenheit, um mich zu betrachten.

»Du hast starke Hände«, sagte sie, und ihr Blick wurde tief und heiß.

Nach der Safari feierten wir unsere Heimkehr mit einem Essen im »Muthaiga Club«. Außer Cockie, Ben und mir waren noch einige andere Freunde anwesend. Wir waren beim Hauptgericht angelangt, und Ben hatte wie üblich ein paar Drinks vor dem Essen genommen und eine Menge Wein getrunken. Hochrot im Gesicht, erzählte er allen polternd und stolz von seinen Taten während der Jagd. Da erblickte ich Tanne, die vor dem Haus vorfuhr und nachlässig das Auto parkte.

Als erstes dachte ich an das, was mir Farah am ersten Tag der Safari zugeflüstert hatte: »Mr. Thomas hat unter den Küchenboys einen bezahlten Spion.«

Als Tanne eintrat, hielten alle im Speisesaal den Atem an. Ihr Ausdruck und ihre Art, sich zu bewegen, deuteten auf einen großen dramatischen Auftritt hin.

»Meine Frau will einen Skandal machen«, sagte ich, um die Anwesenden vorzubereiten.

Sie kreuzte zwischen den Tischen herum, während ihr alle mit den Blicken folgten, ging auf uns zu und blieb, zu Ben gewandt, stehen.

Mit lauter Stimme erzählte sie, daß Cockie und ich während der zweimonatigen Safari ein Verhältnis gehabt hätten, daß er, Ben, soviel Verstand hätte haben müssen, die Schlampe von einer Ehefrau zu zügeln, und daß sie erwarte, er werde sich als ein Mann zeigen und die notwendigen Maßnahmen ergreifen.

Danach fegte sie hinaus, setzte sich in ihr Auto und verschwand.

Es blieb still, niemand rührte sich, selbst die Kellner, mit Flaschen oder Servierschalen in den Händen, gefroren zu Statuen. Alles Rot war aus Bens Gesicht gewichen.

»Ist das wahr?« fauchte er.

»Liebster Ben, leider ist es wahr«, antwortete Cockie.

Das Merkwürdige war, daß all dieses vor sich ging, als wäre ich nicht anwesend. Niemand wandte sich an mich, niemand sagte etwas zu mir, niemand klagte mich an!

Der Zorn stieg in Ben hoch, und als er sich erhob, verließen die Gäste an den Nebentischen ihre Plätze und suchten Schutz. Er verlangte, daß Cockie vor allen Anwesenden auf die Knie fallen, seine Hände küssen und um Entschuldigung bitten solle. Sie erhob sich, bat um Entschuldigung, aber lehnte es ab, sich zu erniedrigen. Damit war ihre Ehe gescheitert.

Auf dem Weg aus dem Restaurant hinterließ Ben eine Spur zerbrochener Flaschen und Gläser. Er benahm sich wie ein altes Nashorn, das in seinem Mittagsschlaf gestört worden ist. Cokkie brach in Tränen aus, suchte Trost bei mir, erkannte aber das Unpassende darin. Stolpernd entschwand sie in die andere Richtung, nahm noch am selben Tag den Zug nach Mombasa, um mit dem Schiff weiter nach England zu fahren.

Man brachte mir das Dessert, und ich aß es, während Männer und Frauen, auch einige, die ich nicht kannte, zu mir kamen, ihre Hände auf meine Schultern legten und mir versicherten, daß sie auf meiner Seite stünden. Ein Mann, den ich nur flüchtig anläßlich eines Essens beim Gouverneur getroffen hatte, umarmte mich und erklärte, daß ich immer einen aufrichtigen Freund in ihm haben würde – das heißt, solange ich nicht seine Ehefrau anrührte, fügte er mit einem Lachen hinzu. Der Geschäftsführer kam und sagte lächelnd, daß ich mich nicht um die Rechnung kümmern solle, die müsse Mr. Birkbeck, zusammen mit der Erstattung des angerichteten Schadens, bezahlen. Den Kognak zum Kaffee würde er selbst spendieren.

Ich verließ »Muthaiga« mit ungewöhnlich gemischten Gefühlen. Es hagelte Katastrophen, wohin ich auch meine Füße setzte, aber um mich herum wuchs eine wärmende und schützende Hülle von Freundschaften. Dies war etwas anderes als die zerstörerischen, kalten Winde, die mich früher umtost hatten, als ich arbeitsam auf dem Pfad der Tugend gewandelt war. In den Augen von Tannes Verwandten taugte ich nicht, obwohl ich doch alles getan hatte, um es ihnen recht zu machen. In den Augen der Neusiedler in Kenia war alles, was ich tat, richtig, vor allem meine Seitensprünge.

Gillis hatte meinetwegen den Weg zum Anwesen der Familie begradigt und alle schützenden Bäume entfernt. Es amüsierte ihn, meinen Gläubigern ihr Geschäft zu erschweren. Mehrmals hatten wir sie schon von weitem den Weg hinauffahren sehen, so daß ich ganz gemütlich hinausgehen und mich im Wald hinterm Haus verstecken konnte. Wenn es regnete, wurde der Weg zu einem Bach, der in einer riesengroßen Schlammpfütze endete. Einmal saßen dort ein paar unbekannte Wucherer mit ihrem Auto fest, und Gillis ging hinunter und half ihnen, wieder freizukommen. Ich schlich mich so dicht an sie heran, daß ich hören konnte, wie Gillis bedauerte, daß ich nicht zu Hause sei, da ich so gut Autos aus Schlammlöchern freischleppen könne.

Eines Tages, als Ingrid von einem Besuch auf »Mbogani« zurückkam, brachte sie eine Mitteilung von Tanne mit. Es sei erforderlich, daß wir uns träfen. Der Brief war trist, und die einzige muntere Formulierung galt dem Ort für unser Treffen: im Wald bei »Mbogani« an einem großen Baum, den wir beide kannten. Thomas und die Gläubiger sollten uns nicht stören. Ich begriff, daß unsere Ehe jetzt endgültig am Ende war.

Ich war mindestens eine halbe Stunde vor der vereinbarten Zeit bei dem Baum. Sitzend, den Rücken an den Stamm gelehnt, schlief ich ein. Als ich erwachte und aufsah, strömte ein stark flimmerndes Licht durch das Laub. Inmitten dieser Lichtflut erblickte ich Tannes Gesicht. Sie sagte, sie habe lange dagestanden und mich betrachtet.

»Du kannst schlafen, wann und wo auch immer, auch wenn du eigentlich keinen Schlaf brauchst«, sagte sie neiderfüllt.

Sie war stark geschminkt und in ein Safarikostüm gekleidet, das sie auf unseren früheren Safaris getragen hatte. Die handgenähten Reitstiefel glänzten, und ihr Parfum vermischte sich mit den schweren Düften des Waldes nach Erde und Moder. Sie war nervös und verbissen, dabei aber fröhlich und zugleich auch traurig. Ihre Stimmung schien die Blätter an den Bäumen zum Beben zu bringen.

Wir fanden einen umgefallenen Baumstamm und setzten uns.

»Wir treffen uns heimlich, wie Frischverliebte«, stellte sie fest. »Auf diese Weise müßten wir uns immer treffen.« Sie wußte nicht, wie sie ihr Anliegen vorbringen sollte und fingerte unruhig an ein paar Briefen, die sie mitgebracht hatte.

Das hier sei nicht leicht für sie, erklärte sie. Nichts sei eigentlich so gegangen, wie sie es sich gedacht hatte. Dann wandte sie sich mir mit einer heftigen Bewegung zu und nahm meinen Kopf zwischen ihre Hände.

»Laß uns ganz aufrichtig sein, laß uns die Wahrheit sagen, Bror.«

Ich hatte keine Einwände.

Der eine Brief war von Onkel Aage, der beabsichtigte, nach Kenia zu kommen und bei Tanne zu wohnen. Es war ein trauriger Brief, in dem er mich bat, ein Stück Papier zu unterschreiben, mit dem ich mich verpflichtete, nie mehr meinen Fuß auf »Mbogani« zu setzen. Falls die Familie weiterhin Geld in die Farm pumpen müßte, wäre es nötig, daß Thomas und Karen alle Verantwortung für den Betrieb übernähmen. Er bat um Verzeihung für diesen unwürdigen Vorschlag. Hinter jeder einzelnen Formulierung konnte ich Onkel Aages Scham ahnen. Ich zog einen Bleistift heraus und unterschrieb, während ich gleichzeitig beschloß, eine scharfe Antwort zu verfassen. Onkel Aage sollte seinen Gewissensqualen nicht entkommen.

Als ich unterschrieben hatte, sprach Tanne, mehr und mehr hektisch, davon, daß ich weiterhin auf »Mbogani« willkommen sei, aber daß meine künftigen Besuche möglichst stattfinden sollten, wenn Thomas nicht anwesend wäre.

Ich wies auf meine Unterschrift und fragte: »Aber wie steht es dann mit der Wahrheit?«

Sie zuckte mit den Achseln: »Es gibt so viele Wahrheiten«, antwortete sie, »und es kommt darauf an, sich an denjenigen zu halten, der dem Leben gegenüber am treusten ist.«

Den zweiten Briefumschlag, von dem ich annahm, daß er ihr Ersuchen um die Scheidung enthielt, mußte ich ihr mehr oder weniger entreißen. Sie wandte sich ab. Ich las den Brief – und brach in Lachen aus. Thomas bot mir auf seine freigebige Art eine Erste-Klasse-Fahrkarte zu jedem beliebigen Ort auf der Welt an, vorausgesetzt, ich verspräche, daß ich nie mehr meine Füße auf kenianischen Boden setzen würde.

Ich riß den Brief in Stücke.

»Hat er so große Angst vor mir?«

Tanne nickte mit Tränen in den Augen: »Du bedrohst sein Weltbild.«

Ich fragte, wie sie das aushalte. Sie erklärte, daß sie sein strenges Urteil brauche, damit sich ihre eigenen Gedanken und Handlungen um so reicher und offener davon absetzten. Und ohne Thomas wäre sie der einsamste Mensch auf der Welt. Alle hätten sich von ihr abgewandt, außer Ingrid. In Nairobi sähen die Leute weg, wenn sie ihr begegneten, sie werde nie zu Gesellschaften eingeladen, und alle würden ihr zu verstehen geben, daß sie ein kalter und gefühlloser Mensch sei. Sie wisse, fuhr sie fort, wie beliebt ich sei, man berichte ihr von all denen, die meine Gesellschaft suchten, sie habe einen genauen Überblick darüber, wie bereit alle seien, mir meine Irrtümer zu vergeben.

»Wenn du jemanden betrügst, gewinnst du einen Freund fürs Leben. Wenn ich jemandem nicht genügend Aufmerksamkeit schenke, bekomme ich einen Feind fürs Leben.«

Sie brach in Tränen aus und schrumpfte zu einem kleinen Mädchen, verkleidet und geschminkt wie eine in die Jahre gekommene sportliche Schönheit. Ich nahm sie in die Arme.

»Was ist mit Denys?« fragte ich.

Sie riß sich von mir los und schlug mit der Reitpeitsche gegen den kräftigen Baumstamm.

»Er kommt selten, und er kommt nur, wenn es ihm paßt.«

Sie erklärte mir, daß der Unterschied zwischen ihm und mir darin bestehe, daß ich sie verraten hätte, indem ich sie mit anderen betrog, während Denys' Verrat darin bestehe, daß er sich ihr gegenüber nie öffne, ihr nie ein Geheimnis anvertraue, sie nur seine künstlerischen und intellektuellen Interessen teilen lasse. Sein Leben werde allein von seinen persönlichen Impulsen gesteuert. Er befinde sich jenseits des Gewissens. Aber sie liebe uns beide.

»Du lügst, aber du bist liebevoll und fürsorglich. Denys sagt immer die Wahrheit, aber er ist lieblos und egoistisch. Du bist ein warmherziger Schurke, er ist ein kalter Engel.«

Nach einer Weile fragte ich sie, was sie sei.

»Ein kalter Schurke«, murmelte sie.

Wir brachen in Lachen aus, und ich umarmte sie wieder. Ich erklärte ihr, warum sie ein warmherziger Engel sei: Sie stehe über der verkrüppelten und ängstlichen Moral und habe ein großes, offenes Herz für die Würde und Tragödie der menschlichen Natur. Die Eingeborenen liebten sie. Außerdem sei sie die größte Künstlerin, die ich je getroffen hätte. Ich sagte ihr, falls alles um sie herum zusammenstürzte, könnte sie malen oder schreiben.

Sie hörte mir zu, nickte, schob ihre Hand unter mein Hemd und legte sie auf meine Brust, nicht als Ausdruck der Begierde, sondern wie ein Kind, das nach einer Hand greift.

»Du bist immer warm, und deine harten Muskeln sind immer weich, wenn man sie anfaßt.«

Sie bedauerte, daß sie eine »vertrocknete Ehefrau« gewesen war und erklärte, daß sie mir, wenn wir die Ehe aufrecht erhielten, völlige Freiheit lassen würde – auch die Freiheit, jede beliebige Frau nebenbei zu haben. »Wenn du es nur diskret anstellst.«

Ich brachte es nicht fertig, von Scheidung zu reden. Bevor wir Abschied nahmen, bekam ich eine Einladung zu einem Essen auf »Mbogani«. Sie wolle es so einrichten, daß auch Denys dabeisein könne.

»Bring Cockie mit, wenn du willst«, sagte sie. In aller Eile bat sie noch um Entschuldigung für ihr Auftreten im »Muthaiga Club«. Sie küßte mich zärtlich und konstatierte erstaunt, daß sich trotz der vielen Katastrophen ihre Stimmung durch unser Treffen gebessert habe.

Als ich zu den Lindströms zurückradelte, war mir, als hätte ich eine ganze Gruppe origineller Menschen getroffen und nicht nur eine einzige Person. Tannes Begabung war so reich und widerspruchsvoll, daß sie überströmte und immer etwas zurückblieb, das einem Rätsel aufgab. Vielleicht hätte Häuptling Kinanjui gesagt, Baronesse Blixen sei der einzige Mensch, der imstande sei, an vielen verschiedenen Orten gleichzeitig zu leben.

Ein paar Monate später war Cockie wieder zurück in Kenia. Sie spürte mich bei den Lindströms auf und erzählte, Ben habe sie gebeten, zu ihm zurückzukommen. Er hatte in Mombasa weinend auf dem Kai gestanden, die Arme voller Geschenke, und sie daran erinnert, daß sie ohne sein Vermögen völlig mittellos sei. Sie hatte geantwortet, daß sie während der Monate in England immer an Blix gedacht habe und Bens Millionen nicht die Sehnsucht ersetzen könnten.

Ich zeigte Cockie einen Brief, den ich von Brita bekommen hatte und in dem sie mich zum letzten Mal bat, heim nach Schweden zu kommen und sie zu heiraten. Anderenfalls würde sie einen ihr treu ergebenen Kavalier ehelichen. Falls ich zu ihrem Angebot »nein« sagte, sagte ich auch »nein« zu ihrem Vermögen und einem gesicherten Leben.

Cockie lachte nur und knöpfte mein Hemd auf.

»Du bist kein Mann, der Bequemlichkeit und Reichtum wählt.«

Ich war zusammen mit meiner Liebsten von meiner Ehefrau, die Besuch hatte von ihrem Liebhaber, in mein Zuhause eingeladen. Das bedeutete, daß ich als Gast in mein eigenes Haus, das ich gekauft und instandgehalten hatte, zurückkehrte, obwohl ich schriftlich versprochen hatte, nie mehr meine Füße dorthin zu setzen. So etwas war nur in Kenia möglich.

Cockie war munter und heraugeputzt wie nie zuvor. Sie lachte über mich, weil ich meinen guten Anzug angezogen hatte. Ich hatte ein Auto gemietet, und zum ersten Mal seit langem pfiff ich auf die Gläubiger. Thomas war auf Safari, und Denys wohnte für eine Woche auf »Mbogani«. Es sollte ein bescheidenes Essen nur für uns vier werden. Tanne und Denys traten aus dem Haus und begrüßten uns. Da ich der einzige war, der alle kannte, mußte ich die Herrschaften miteinander bekannt machen. Es wurde ein spontaner Schwerthieb durch alle Konventionen.

»Das ist Cockie Birkbeck, meine Geliebte, und dieses meine Ehefrau, Baronesse Blixen, und neben ihr steht kein Geringerer als ihr Liebhaber, The Honorable Denys Finch Hatton.«

Tanne wurde blaß, und Denys lächelte schief. Das hier war Aufrichtigkeit nach seinem Geschmack. Aber gerettet wurde die Situation von Cockie. Ihr herzliches, schallendes Lachen war so ansteckend, daß Denys schnell kommentierte: »Eine große glückliche Familie, nicht wahr?«, ihr seinen Arm bot und sie ins Haus führte. Ich wurde von meiner eigenen Ehefrau durch die Tür unseres Heims geleitet.

Sie fragte mich, und ihre Stimme klang froh und entspannt: »Willst du, daß ich dich herumführe?«

Wir besichtigten das Haus. Fast alles war wie sonst, abgesehen davon, daß Denys in meinem Zimmer wohnte und seine Sachen dort hineingestellt hatte.

»Fühlst du dich wohl?« fragte ich.

Er nickte: »Gutes Bett, wunderbares Essen, fesselnde Unterhaltung.«

Als ich warnte: »Paß auf, Thomas wird dich hinausjagen«, erhielt ich zur Antwort: »Keine Gefahr, ich habe ihn gestern erschossen.«

Selbst Tanne lachte.

Bei der Mahlzeit war die Stimmung gut, und man amüsierte sich hervorragend. Alles war erlaubt – abgesehen von Dummheit. Deshalb zog ich es vor, stumm zu sein, aber interessiert zuzuhören. Das Essen war französische Gourmetklasse. Die Weine gehörten zu den teuersten, die sich auftreiben ließen. Die Worte sausten wie scharfe Messer durch die Luft und trafen mitten auf den Punkt. Cockie saß gespannt da und verfolgte alles mit wachsendem Entzücken. Es gab ein Wortduell zwischen Tanne und Denys, ohne Schutzausrüstung und mit scharfen Schwertern. Europas Politik, Kunst, Literatur und Musik wurden präsentiert und diskutiert. Denys erzählte unter anderem von einem Ballett, das »Petruschka« hieß, um im nächsten Satz von der Bedeutung viereckiger Schuhe zu reden, durch die man starke Füße bekomme und in denen man laufen könne wie die Massai.

Tanne erzählte nordische Sagen und deklamierte lange Gedichte, Denys analysierte und erklärte mit wenigen Worten. Cockie sang einen banalen Music-hall-song mit so unverfälschtem Gefühl, daß sie Beifall bekam.

Beim Kaffee erzählte Denys, daß er fliegen gelernt habe. Er beschrieb das Schwindelgefühl, wenn man die Erde unter sich läßt und den Himmel allein für sich hat. Das Leben erhielt so seine richtigen Proportionen.

»Man ist völlig allein und nimmt trotzdem an allem teil, was sich zwischen Himmel und Erde bewegt.« Er benutzte das Wort »omnipotent« und beschrieb seine Liebe zum Leben, aus der Luft gesehen. Ich wurde unruhig und ärgerlich über seine Worte, erhob mich und äußerte natürlich eine Banalität: »Wäre es beabsichtigt gewesen, daß der Mensch fliegen kann, kämen wir mit Flügeln auf die Welt.«

Denys schnaubte: »Quatsch! Wäre es beabsichtigt gewesen, daß wir Tiere schießen, wäre einer unserer Arme ein Gewehrlauf.« Er fand meine Skepsis merkwürdig.

Nach einem längeren Schweigen sagte Tanne: »Früher ertranken mutige Männer im Meer, heutzutage stürzen sie aus der Luft auf die Erde.«

Denys antwortete, daß alles Wichtige, was man im Leben tue, eine Vorbereitung auf den Tod sei.

Ein einziges Mal gerieten wir aneinander. Denys erzählte, daß er während einer Jagd in einer unzugänglichen Gegend von einem Boten aufgespürt worden sei, der eine Woche gelaufen war, um einen Brief abzuliefern. In dem Brief, der von einem Freund in Kenia war, stand: »Kennst du George Robinsons Adresse?« Er schrieb seine Antwort auf ein Stück Papier und schickte den Läufer, der eine weitere Woche unterwegs sein würde, zurück mit der kurzen Antwort. Auf dem Papier stand das Wort »Ja«. Als die anderen lachten, blieb ich ernst. Sie verstummten und schielten zu mir hin.

Ich sagte, daß ich nicht genug Humor hätte, um zwei Wochen für ein »Ja« zu laufen.

Später nahm mich Denys beiseite und fragte, wie es sei, als professioneller Jäger zu arbeiten.

Ich antwortete: »Schlechtes Bett, schlechtes Essen, schlechte Unterhaltung.«

Aus eigener Erfahrung habe er begriffen, sagte er, daß es weit sei bis zur nächsten Oper, aber er würde gern wissen, wie ich es aushalten könne, mit reichen, unwissenden Kunden, die unbillige Forderungen stellten und sich in der Wildmark wie Idioten aufführten, zu jagen.

»Das gehört mit zum Job«, antwortete ich.

Er war einen Augenblick stumm und fragte danach mit ernster Stimme – und ich fühlte mich geehrt, daß er sich an mich wandte: »Glaubst du, daß ich das könnte?«

Ich antwortete, daß er alles könnte, ausgenommen den wochenlangen, zuweilen monatelangen Umgang mit den Kunden.

Er fragte, warum.

»Du bist ein aristokratischer Snob, sie sind neureiche Prahlhänse.«

Er betrachtete mich nachdenklich, fragte, ob es notwendig sei, mit den Frauen der Prahlhänse ins Bett zu gehen.

Ich antwortete: »Nein, aber es erleichtert die Sache für alle Partner.«

Er lachte ein wenig, legte seine Hand auf meine Schulter, sagte »danke« und ging wieder zu den Damen zurück.

Im Auto auf dem Heimweg war ich völlig fertig. Nicht noch eine scharfe Replik!

Cockie seufzte: » Es war herrlich, aber ich bin wie ausgepumpt, nachdem ich den ganzen Abend irgendwie unter Spannung gestanden habe. Kein Wunder, daß die Leute hier in Kenia vor ihnen Angst haben!«

Wir benahmen uns auf dem Weg zurück nach »Norfolk«, wo wir übernachten wollten, wie Kinder. Wir sangen, erzählten schlechte Witze und freche Geschichten. Zum Schluß konkurrierten wir darin, wer die dümmsten Antworten geben konnte.

22.

Die meisten Tage lebte ich im Dunkel, wie auf dem Boden eines Brunnens. Cockie war ein Lichtstrahl, der sich einen Weg hinunter in den Abgrund bahnte und mich traf. Ich wußte nicht, woher alles Dunkel kam. War ich eine Wildente, die in einem Käfig gefangen war, oder eine auf ewiger Flucht, ohne einen Platz zum Landen?

Ich versuchte, mir einzureden, daß ich ein Tier sei, das nur zufällige Rastplätze benötigte. Das verstärkte meine Sehnsucht, die Rastplätze dauerhaft zu machen.

Cockie verdiente ihren Lebensunterhalt, indem sie für eine Klatschspalte des »Daily Express« schrieb. Wenn ein englischer Lord im »Muthaiga Club« Zielschießen nach einer Flasche veranstaltete, hatte sie für vierzehn Tage Brot. Sie besaß auch die Fähigkeit, über ihre oberflächlichen Artikel lachen zu können.

Felle, Elfenbein und Fleisch. Während sie am Champagner nippte und die Seitensprünge der höheren Gesellschaft notierte, jagte ich allein mit Simba und Juma. Die Hitze drückte gegen die Schläfen, das Gras der Savanne war trockener als je zuvor, und die Luft stand still. Ich sah mehr häßliche Marabus und Geier als sonst. Als ich zu einer kleinen Anhöhe gelangte und mich in den Schatten eines Feigenbaums setzte, steckte mir das Weinen oben im Hals. Oft verwechselte ich Kummer mit Fieber. Ich jagte schlecht, verbissen, ohne Freude.

Ein angeschossener Büffel war ins Dickicht geflüchtet. Er wartete auf mich. Am liebsten hätte ich ihn seinem Schicksal überlassen. Ich ging direkt auf das Dickicht zu, irritiert und schwerfällig. Juma und Simba schüttelten den Kopf. Durch einen Zufall erblickte ich ihn, bevor er mich erspäht hatte. Er stand ganz still an einem Fieberbaum, atmete schwer, die Zunge zeigte sich unter den feuchten Nüstern, die die Sonne reflektierten. Sein Maul schäumte. Der Büffel war schwarz und massig. Alles war still, ein Vogel sang, schwieg, sang wieder. Ich sehnte mich weg von dort und wußte nicht, was ich tun sollte.

Worauf wartete er, worauf wartete ich? Ich war schwerfälliger als der Büffel, er kämpfte um sein Leben, das tat ich nicht. Sein Blick war eine dunkle, feuchte Höhle. Dann zuckte es in dem massiven Körper, er hatte mich erblickt. Innerhalb einer Sekunde war er auf dem Weg zu mir, und ich wollte ihn kommen lassen, wollte die gewaltige Kraft auffangen. Da ertönte ein Schuß, die Beine gaben unter ihm nach, und die Nase pflügte den Staub. Ein letztes Mal hob er, ein paar Meter von mir entfernt, den Kopf und brüllte vor Zorn. In Protest gegen sein Schicksal stieß er den Kopf in die Erde und starb. Ich warf das warme Gewehr weg und verfluchte meine Reflexe.

Es gelang Cockie, mit mir Kontakt zu halten, indem sie ihre Briefe an kleine Geschäfte schickte, wo ich die stinkenden Felle ablieferte und mich mit Proviant versorgte. Jeden dritten Tag lag ich krank mit Malaria, und außerdem wurde ich von Filarien geplagt. Die Würmer krochen durch den Körper, und ich zog eines Tages einen heraus, der gerade den Augapfel passierte. Aber wie sollte ich mir die Wunden erklären, die Entzündung in den Gelenken, die Steifheit und die Lähmung? Jeder Massai weiß, daß dieses Syphilis im zweiten Stadium ist. Ich mußte das erste aus reiner Zerstreutheit übersprungen haben!

Ich war kurz davor, zu sterben, mit vierzig Grad Fieber, und ich las, daß Cockie sich ein Paar neue Krokodillederschuhe gekauft und daß Gouverneur Coryndon sie zum Essen eingeladen hatte. Sie schrieb, Coryndon habe ihr angeboten, daß sie mit mir in seiner Residenz wohnen könne, und er habe mit zwei in der Gegend neuen exzentrischen Millionären, die mit dem »berühmten schwedischen Baron« auf Safari wollten, eine Absprache getroffen.

Hoher Lohn für ein ganzes Jahr! Der Durchfall spritzte in die Hose, und ich erbrach mich. Anschließend versuchte ich eine Kopie von Cockies letztem Artikel zu lesen, in dem es darum ging, wer auf wen einen Blick geworfen hatte. Die Ruhe der Nacht wollte ich mit mir selbst und meinen Brechanfällen genießen.

Mitten in der Nacht erwachte ich und sah Hans in adretter Uniform auf der Bettkante sitzen. Er betrachtete mich fröhlich und schüttelte den Kopf. Dann klatschte er mir auf den Schenkel und ging hinaus. Ich rief ihn, aber es kam nur Simba herein und gab mir etwas zu trinken.

Ich war unruhig, daß Hans etwas mitgenommen haben könnte, das er brauchte, um sein Leben fortzusetzen und ohne das ich nicht leben könnte.

Am folgenden Morgen war ich fieberfrei, aber so matt, daß ich zitterte, wenn ich mich aufsetzte. Ein Zahn fiel mir aus dem Mund, und plötzlich bemerkte ich den Gestank von Atem und Körper. Ich kroch zu einem Bach, blieb eine Stunde in ihm liegen und genoß das lauwarme Wasser.

Am folgenden Tag begab ich mich auf die Jagd nach Elfenbein. Zuerst Elefanten, die Millionäre mußten warten. Ich hatte die Schulden satt, hatte es satt, ein friedloser Narr in mittleren Jahren zu sein, der begonnen hatte, die Zähne zu verlieren. Ich hatte die abschüssige Lebensbahn satt, war fertig mit der notdürftig vergoldeten Armut. Die Freiheit, wenn sie sich nach allen Richtungen öffnet und nie auf einen Widerstand trifft, ist Leere und Einsamkeit. Der ewig veränderliche Horizont verwandelte sich in ein Gefängnisgitter.

An einem späten Abend, als ich mich nach einem Fieberanfall gerade wieder erholt hatte, saß ich vor meinem Zelt. Die Luft war kühl, ich war satt nach einer reichlichen warmen Mahlzeit, sauber nach einem Bad im Fluß und ein wenig berauscht von einigen Drinks. Juma und Simba saßen bei mir, stumm und geduldig. Der Mond schien so hell, daß man im Freien ohne Lampe hätte lesen können. Unken quakten, und das Grillenkonzert war wilder Wahnsinn. Es roch ein wenig muffig vom Fluß, wo ein paar Nilpferde im Lichtstreifen des Mondes prusteten. Plötzlich empfand ich eine große Dankbarkeit dafür, daß ich mich genau an diesem Ort befand.

»Ihr seid gute Männer«, sagte ich zu meinen Begleitern.

Sie stimmten mir mit lautem Grunzen zu.

Zwei Tage lang folgten wir Elefantenspuren. Die Tiere bewegen sich schnell über weite Gebiete. Einer der Elefanten hatte so große Fußabdrücke, daß ich neugierig auf seine Stoßzähne war. Um die Mittagszeit, als die Hitze am stärksten war, holten wir sie ein. Die Stoßzähne des großen Elefanten wogen bestimmt fünfzig Kilo pro Stück. Etwas weiter entfernt gingen noch zwei kleinere Elefanten, die so gut wie gar keine Stoßzähne hatten. Es knackte und krachte, wenn sich der Große durch das Dikkicht fraß. Ich konnte mich nicht um die Gruppe herumschleichen, um sie in Empfang zu nehmen, wenn sie aus dem Dikkicht käme, denn dann hätte sie Witterung von mir bekommen. Es war notwendig, sich von hinten zu nähern.

Jedesmal wenn ich Elefanten jagte, hatte ich das unangenehme Gefühl, mich zu dicht in Bodennähe zu befinden. Der Blick und die Gewehrmündung waren nach oben gerichtet, wie bei der Vogeljagd. Alle Proportionen waren unsinnig. Die Tiere waren wie eine graue Mauer.

Sie waren sogar zu groß für die Bäume und Büsche, die sie herausrissen und fraßen. Wenn man dicht an sie herankam, empfand man sie als lärmende Urzeittiere, die durch einen Irrtum auf einem zu kleinen Planeten gelandet waren. Es knallte, wenn sie mit den Ohren wedelten, die Exkremente plumpsten schwer auf die Erde – es klang, als würde jemand eine Schubkarre mit Dung aus großer Höhe entleeren –, sie pupsten laut dröhnend, und das Knurren der Mägen war aus großer Entfernung zu hören. Sie schnaubten gewaltig, wenn sie Erde über ihre Rücken bliesen, und wenn sie trompeteten, zuckte man unweigerlich zusammen, überrascht von dem kräftigen Ton.

Juma schlich sich unmittelbar hinter mir an, und wir suchten nach einem Loch in der Vegetation, so daß ich ihm eine Kugel ins Ohr geben könnte. Auf so kurze Entfernung mußte man genau treffen, man bekommt selten eine Chance für einen zweiten Schuß. Der Elefant bewegte sich die ganze Zeit und war von Zweigen und Büschen versteckt. Dann blieb er stehen – vielleicht hatte sich der Wind gedreht, und der Elefant hatte unsere Witterung aufgenommen –, und wir gingen vorsichtig noch ein paar weitere Schritte auf ihn zu. Der ganze Kopf wurde zwischen zwei Baumkronen sichtbar, ich hielt mich hinter einem kleinen Baum versteckt und legte das Gewehr auf einen Zweig.

Juma flüsterte ungeduldig: »Schieß!«

Das Tier hörte uns, drehte sich blitzschnell um und warf sich uns entgegen.

Ich schoß ihm in die Stirn, riß das Gewehr an mich und sprang zur Seite, stolperte aber und stürzte nach einigen Schritten. Der Elefant war an dem Baum, wo ich gestanden hatte, spürte meine Witterung an der Rinde, riß den ganzen Baum mit der Wurzel aus, warf ihn auf die Erde, fiel auf die Knie und jagte die gewaltigen Stoßzähne zu beiden Seiten des Stammes in die Erde. Dann erhob er sich, warf dem Baum einen haßerfüllten Blick aus seinen kleinen Schweinsaugen zu und verschwand unter gewaltigem Getöse.

Als Juma und Simba angelaufen kamen, saß ich noch immer auf dem Boden. Zum ersten Mal während einer Jagd zitterten mir die Hände, und ich fror. Ich spürte keine Angst, die hatte ich viele Male zuvor gespürt, ich war vernichtet. Es war noch nie geschehen, daß ich ein angeschossenes Tier nicht verfolgt und ihm den Gnadenschuß gegeben hatte, das war eine Ehrensache, aber dieses Mal war ich nicht imstande dazu. Ich konnte mich kaum erheben. Auf dem Rückweg zum Lager sahen wir in einem halben Kilometer Abstand eine kleine Büffelherde. Die Tiere brachten mich wieder zum Zittern.

Ich brauchte vierundzwanzig Stunden, um den Schock zu überwinden. Danach schoß ich noch ein paar Elefanten und ging mit dem Elfenbein nach Nairobi. Acht Träger – einen für jeden Stoßzahn.

Cockie erblickte mich zufällig, als ich kam. Ich hatte es weder geschafft, mich zu waschen, noch etwas zu essen.

»Wildmarksvagabund! Trotzdem kann man sehen, daß du ein Baron bist. Du gehst nicht nur wie ein Löwe, du riechst auch so!« sagte sie und versteckte ihr Gesicht an meinem Hals.

23.

Ingrid Lindström erhob sich vom Stuhl und setzte sich auf die Treppe zur Veranda. Sie seufzte und betrachtete die Gipfel des Kilimandscharos und des Mount Meru, die sich im Dunst, beleuchtet von der untergehenden Sonne, wie Luftspiegelungen ausnahmen.

»Bror, bist du jetzt nach Hause gekommen?«

Von der Anhöhe, auf der unser Haus lag, konnte man im Norden auch den Manyarasee und im Süden den Hanangberg erkennen.

»Ich fange an, alt zu werden«, antwortete ich.

Unterhalb der Veranda spielten Cockie und Gillis mit Lindströms Kindern Fußball. Gillis kam zurück zur Veranda und sank schwer atmend auf einen Stuhl, während Cockie weiterspielte.

»Nach deinem Alter habe ich nicht gefragt.«

Ich erhob mich, schenkte mir noch einen Drink ein und setzte mich neben Ingrid auf die Treppe.

Ich besitze ja »Singu Estate« nicht. Das tut Dick Cooper. Ich bin da zu Hause, wo Cockie ist.«

Die Farm »Elandhoock« am Abhang des Mount Meru in Tanganjika besaß ich dagegen, aber nur für kurze Zeit. Meine Kindheit hatte mir eine Lehre mit auf den Weg gegeben: Boden ist der einzige Wert von Bestand. Ich habe deshalb nie Boden besessen.

Die Jahre harter Arbeit in der Wildmark machten mich glücklich, aber das war ein Glück, das an meinen Kräften zehrte. Ich durchstreifte Afrika kreuz und quer, Regenwälder und Wüsten preßten die Jugend aus mir. Ich spürte Wild auf und schoß es, flüchtete oft vor angreifenden Tieren. Die Scheidung von Tanne empfand ich, als wäre ein Organ operativ entfernt worden. Phantomschmerzen, ich litt an etwas, das ich glücklicherweise hinter mir gelassen hatte. Eines Morgens erwachte ich und fragte mich, ob ich wirklich unverwundbar sei. Im Spiegel entdeckte ich, daß meine runden Wangen schlaff und ein wenig eingefallen waren.

Aber die Mühen füllten die Brieftasche. Mein Erbteil nach Mutter Claras Tod machte mich endlich schuldenfrei, und ich kaufte eine Farm, die zu schön war, um wirklich mir zu gehören. Ein Zuhause auf eigenem Boden, mit Cockie als Ehefrau, sollte meinem Gemüt Frieden geben. Ein Schaukelstuhl für Blix!

Aber ich konnte nicht beides bekommen, und ich begehrte Cockie mehr als die Farm. Mit einem traurigen Lächeln erklärte sie, es sei nicht genug, schuldenfrei zu sein, sie verlangte Geld auf dem Bankkonto, bevor sie sich mit mir verheiratete.

»Du weißt, wie es ist, ein armes Mädchen muß auf sich achtgeben.«

Ich verkaufte »Elandhook«, zeigte ihr das Sparbuch und den Vertrag mit Dick über meine Stellung als Verwalter auf seiner Farm »Singu Estate« sowie die Erlaubnis, daß ich während der Anstellung meinen Safarijob ausüben dürfe. Cockie reckte den Daumen in die Höhe, wir reisten über die Meere nach Schweden, ich bekam neue Zähne, und wir heirateten in Helsingborg. Mehrere Zeitungen berichteten über unsere Hochzeit. Das Überraschende an diesen Schreibereien war, daß Cockie »Baronesse Blixen« genannt wurde. Der Titel und der Name sollten die Erde bei Ngong Hills erbeben lassen.

Ordnung in sein Leben zu bringen, kann ein ebenso zerrüttender Prozeß sein wie es zu zerstören.

Gillis und ich beeilten uns, ein paar Zelte aufzustellen, bevor der Vormittag allzu heiß wurde. Zwar waren Lindströms in die Gegend gezogen, aber sie wollten lieber bei uns schlafen, wenn sie zu Besuch waren. In der kommenden Nacht wollten viele Freunde, die um Arusha Farmen gekauft hatten, mit ihren Familien auf unserer Farm übernachten: Earl Peter Malcom King, der Holländer van Versluys und die Schweden Lalle Ekman, mein Neffe Carl-Frederik, der für Ekman arbeitete, Åke

Bursell und mein Freund und Jagdkamerad Dick Cooper. Wir wollten über offenem Feuer ein Wildschwein grillen und Heimatlieder singen.

Nach dem Frühstück fuhren alle, ich ausgenommen, zum Dorf Babathi. Cockie und Lindströms sollten die Gäste abholen, und Cockie wollte sie in ihrem eigenen Pub »The Fig Tree«, den sie als Hochzeitsgeschenk von einer amerikanischen Freundin bekommen hatte, zu einem Glas Wein einladen. Sie mußte auch kontrollieren, ob der Verwalter, der eigensinnige Schotte Jock Douglas, nicht den Vorrat ganz allein ausgetrunken hatte. Ein europäischer Pub, der in einem kleinen afrikanischen Dorf weit draußen im Ödland lag, hatte nicht jede Woche Gäste. Aber wenn sie auftauchten, wurde es eng, und der Verkauf lief mehr als gut.

Ich blieb zu Hause, um alles für das Fest vorzubereiten. Cockie zog mich zur Seite, ergriff meine Hand und sagte, wenn es mir nur gelingen würde, bis zu ihrem Zurückkommen dort zu bleiben, wo ich war, verspreche sie mir, daß alles gut werde. »Was ist denn nicht gut?« fragte ich.

»Das weißt du sicher nicht mal«, antwortete sie und nahm meinen Kopf zwischen ihre Hände.

»Aber das sitzt hier!« sagte sie und klopfte auf meine Brust.

Als sie gefahren waren, wurde es still, obwohl es mitten am Tag war. Ich kam auf die Idee, daß Lindströms Kinder zu Hause geblieben sein könnten, und rief und suchte sie. Aber ich fand niemand anderen als den Hausboy, der mir versicherte, daß alle Kinder mitgefahren seien. Ich holte Holz für das offene Feuer und rammte zwei Stäbe in die Erde, jeden auf einer Seite des Scheiterhaufens. An beiden war oben eine Gabelung, in die der Spieß mit dem Wildschwein gelegt werden sollte.

Doch die Unruhe und die Sehnsucht wollten nicht loslassen. Ich verließ die Arbeit und stürzte ins Haus – aber das war leer. Hinter der Hausecke – leer. Das Vorratshaus, wo das Wildschwein hing – leer.

Solange Cockie in der Nähe war oder mich auf Safari Leute umgaben, war der unsichtbare Fremde weg. Aber wenn ich allein war, befand er sich oft in meiner Nähe, wie eine Anklage, die in der Luft hängt.

Ich bat den Boy, mir zu helfen, die Badewanne aus einem Abstellraum, in dem Cockie für gewöhnlich badete, an die eine Querseite des Hauses zu tragen. Der Boy füllte sie mit Wasser, während ich noch einmal das Haus durchsuchte. Das einzige, was ich fand, war Hans' und Britas Hochzeitsfoto, das von einer Borte gefallen war.

Die Wanne mit dem lauwarmen Wasser stand in der Sonne, und ich kroch hinein, nur mit einem Hut auf dem Kopf, den Blick auf den Kilimandscharo gerichtet. Einige Male war ich auf den Hängen des Berges herumgeklettert. Sie waren reich an Wild und schön. Ich erinnerte mich an eine Lichtung im Wald, wo ich mich auf der Jagd an Büffel angeschlichen hatte: Zwei scheue und unnatürlich schöne Bongoantilopen standen am Waldrand auf der anderen Seite, ein paar Büffelkühe grasten, zusammen mit springenden Kälbern, friedlich mitten auf der Wiese. Nach einer Weile entdeckte ich einen Leoparden, der auf dem Ast eines Baumes lag und döste, nicht weit von mir entfernt. Er betrachtete die Grasfresser genau wie ich, schien aber keine Lust zum Jagen zu haben. Ich konnte mich nicht zum Schießen entschließen, nicht, weil es mir unangenehm gewesen wäre, mitten im Paradies zu töten, sondern weil ich mich schämte, die Ruhe des Ortes durch einen Schuß zu stören. Dieses war eins der ersten Zeichen. Ich hatte seit vielen Jahren beobachtet, daß ältere Jäger, sowohl schwarze als auch weiße, gern mit hinaus ins Gelände kamen, aber darauf verzichteten zu schießen. Sie zogen es vor, dazusitzen und die Tiere zu beobachten.

Der Kilimandscharo flimmerte in Wärmewellen, ich schloß die Augen und döste, schlief für eine Weile ein. Als ich erwachte, war ich gewichtslos. Das Wasser hatte dieselbe Temperatur wie mein Körper, und wenn ich ganz still lag und döste, war es schwer zu entscheiden, in welchem Element ich mich befand. Aus meinem Bewußtsein verschwanden Gedanken, Bilder und Gefühle. Ganz still lag ich da, leer, nackt und schwebend.

Schließlich sprudelte eine kleine Quelle im Gehirn, nicht als ein Gedanke oder ein Gefühl, sondern als eine Empfindung des Körpers. Es war mehr eine Ahnung von der unbehaglichen Kürze und Sinnlosigkeit des Daseins. Der Gang der Zeit war unaufhaltsam, und es blieb nichts. Daran konnte man nichts ändern.

Ich stieg aus der Wanne und ging nackt ins Haus. Dort stellte ich drei Spiegel auf, um mich aus drei verschiedenen Winkeln zu betrachten. Es war lange her, daß ich meinen Körper in einem Spiegel erforscht hatte. Sehnen und Muskulatur waren immer noch da – aber es war, als hätten sie sich zurückgezogen, oder als ob sie im ruhenden Zustand mit der Kraft haushielten, bis sie nötiger gebraucht würden. Ich war immer noch stark und muskulös, aber die Haut war eine Spur schlaffer geworden. Wenn ich in die Haut auf den Rippen kniff, hatte das Fleisch, das Haut und Knochen zusammenhielt, einen Teil seiner Elastizität verloren. Die Hände waren immer noch schwer und kräftig, ja vielleicht noch stärker als früher. Hände altern mit Würde. Unter dem Nabel hatte der Bauch kaum merkbar begonnen, sich zu wölben. Die Schultern waren etwas runder, als ich sie in Erinnerung hatte, der Nacken ein wenig magerer und das Haar dünner. Glied und Hodensack hingen schwer und ließen sich den Gang der Zeit nicht anmerken. Die Narben auf dem Körper hatten nichts mit dem Altern, sondern mit Erfahrung zu tun.

Mein Körper hatte die richtigen Proportionen und war immer noch imponierend, wenn es um Stärke und Beweglichkeit ging. Aber er war ein abgenutztes Bild von etwas, das einmal gewesen war. Ich würde in Zukunft hart arbeiten müssen, um mit mir selbst Schritt zu halten. Die Frauen fühlten sich von dem Mann angezogen, der ich einmal war, da waren mein Ruf, die Neugierde auf Gliedmaßen, die alles versucht hatten, der Zauber, dies mit Hunderten von Vorgängerinnen zu teilen.

»Wie bin ich im Vergleich mit all den anderen?« war eine Frage, die mich mehr und mehr zu irritieren begann.

Wieder hatte ich das Gefühl, beobachtet zu werden. Ich drehte mich hastig um und erblickte Cockie, die zurückgekommen war, ohne daß ich sie gesehen oder gehört hatte.

»Wie lange hast du da gestanden?«

In ihrem Blick war etwas, das man schwer deuten konnte.

»Mehrere Minuten.«

Kummer, Zärtlichkeit, Unbehagen, Verliebtsein. Diese vielen Gefühle auf einmal waren ganz ungewöhnlich für sie. Sie kam zu mir, umarmte mich vorsichtig, nahm mein Glied in die Hand, ließ es dort einen Augenblick ruhen, bevor sie mich mit den Worten verließ: »Wir müssen alle sterben, aber die Gäste kommen bald, und du mußt das Feuer anzünden und die Flaschen öffnen.«

Während ich mich anzog, bat ich zu Gott, daß mich nichts von Cockie trennen möge.

Als es schummrig wurde und das Feuer glühend in sich zusammensank, hängte ich das Wildschwein zum Braten auf. Da kamen die Autos den Hügel zum Haus hinaufgeschaukelt, die Gäste sangen und lachten, als sie auf den Hofplatz strömten. Im Westen war der Himmel von rosa Bändern gestreift, die Funken aus der Glut stiegen in das dichter werdende Dunkel, und die Freunde scharten sich um mich, mit vielen Worten, wie sehr sie mich in Cockies Pub in Bathani vermißt hätten.

24.

Ich pflügte Neuland für Cooper. Carl-Frederik half mir und war gut zur Gesellschaft. Als Bauer fühlte ich mich schwer und gesetzt, ich bekam mehr Kraft, aber die Arbeit machte mich aufgedunsen, steif und unbeweglich. Der Blick fiel auf die Erde, auf der ich stand, und die Saaten und die gesamte Vegetation drängten ringsum aus dem Boden und bildeten ein Revier. Als Jäger fühlte ich mich muskulös, behende und hungrig. Die Erde unter den Füßen war in ständiger Bewegung, und der Blick war auf das nächste Gehölz oder das nächste offene Gelände gerichtet. Das Leben des Bauern war schwerfällig, aber bequem, das des Jägers leichtfüßig, aber anstrengend.

Als wir spät am Nachmittag mit dem Traktor zu unserem Haus zurückkamen, stand Cockie auf der Veranda und winkte mit einem Brief.

Sie schaute mich fragend an, dann sagte sie: »Der ist von Denys.«

Das Bauernleben fiel von mir ab wie ein schwerer Mantel. Das Herz tat ein paar harte Schläge, wie bei der Jagd oder beim Liebesspiel. Ich nahm den Brief, ging hinein, setzte mich auf einen Stuhl und öffnete ihn. Ein paar Zeilen waren in aller Hast niedergeschrieben: »Der Prinz von Wales will Löwen jagen. Hast du Lust, ihm eine Katze vor seinen Gewehrlauf zu setzen? Im übrigen ist das ein königlicher Befehl.«

Im Umschlag lag auch ein Plan mit dem Programm des Kronprinzen, aus dem ich entnehmen konnte, wo und wann ich mich einfinden sollte.

»Die beiden Besten!« sagte Cockie und strahlte die Freude aus, die ich eigentlich hätte fühlen müssen.

Arusha, zweihundert Kilometer von unserer Farm entfernt, wurde im Laufe eines Nachmittags zur Großstadt. Die königliche Gesellschaft zog ins Hotel, die Farmer aus der Umgebung schlugen an den Zufahrtsstraßen Zelte auf, und die Massai kamen zu Hunderten, um am späten Abend eine große »Ngoma« abzuhalten.

Cockie, ich und die Nachbarn bauten unsere Zelte in der Nähe des Stadtzentrums auf. Cockie war fröhlich, sprang zwischen den Zelten herum, erzählte und tratschte. Man konnte an ihrem Lachen hören, wo sie sich gerade befand. Fremde Beamte und Offiziere, die aussahen, als gehörte ihnen das britische Imperium, patroullierten auf den Straßen. Es staubte von Autoreifen, Karren, Pferden, Fußgängern und Haustieren. Leute schrien und randalierten, und niemand wußte, wann Seine Königliche Hoheit auftauchen würde. Ich hatte noch nicht einmal Denys gesehen und spekulierte, ob ich vielleicht seinen kurzen Brief mißverstanden hätte. War das ein Spaß gewesen?

Angeödet von der Beschäftigungslosigkeit, setzte ich mich ins Zelt und schenkte mir einen Drink ein. Ein kleiner Mann schaute herein und fragte, ob ich Baron Blixen sei. Als ich nickte, stellte er sich als Prinz Edward vor. Ich erhob mich, grüßte und gab ihm den Drink. Er betrachtete mich forschend von oben bis unten, lächelte zufrieden und lud mich und meine Frau zu einem privaten Essen vor dem großen Fest ein, das für den späteren Abend geplant war. Er trank aus und sagte, daß er während der Jagd seinen Mut erproben wolle. Ich begleitete ihn ein Stück, bis ich ihn dem Schutz der Adjutanten übergab.

Auf dem Weg zurück zum Zelt, blieb ich stehen, schnupperte und sah mich um. Ein Schattenbild passierte wie eine vorüberziehende Wolke. Ich überlegte, ob ich eine Runde gehen und nach dem Unbekannten suchen sollte.

In meinem Zelt saß Denys und nippte an meinem Drink. Munter ging ich mit ausgestreckter Hand auf ihn zu. Er tat, als hätte er sie nicht gesehen, aber er füllte ein Glas für mich und reichte es mir.

»Laß dir nicht von anderen die Drinks wegnehmen.«

Ich setzte mich, und wir prosteten einander zu.

Als ich fragte, wer für die gesamte Safari verantwortlich sei, antwortete er mit einer Grimasse: »Ich, leider.«

Ich lachte und sagte, daß er sein Ziel, professioneller Jäger zu werden, erreicht habe.

Er warf mir einen kalten Blick zu und stand auf, um zu gehen.

»Wozu brauchst du mich?« fragte ich.

Er antwortete, daß zwei Leiter nötig seien, einer, der den Prinzen an die Hand nähme, und einer, der die Löwen hervorlockte.

»Sei froh über deine Aufgabe! Ich verabscheue es, jemanden an die Hand zu nehmen, während du es liebst, von Löwen gejagt zu werden.

In der Zeltöffnung ergriff ich seinen Arm und hielt ihn zurück.

»Wie geht es Tanne?«

Er machte seinen Arm frei und antwortete: »Gut, glaube ich, aber ich brauche wohl nicht zu wiederholen, daß ich es verabscheue, jemanden an die Hand zu nehmen.«

Dann ging er.

Während des Essens hätte man Denys für den Ehrengast halten können. Er saß stumm und gereizt gegenüber dem Prinzen, der sich oft an ihn wandte und alles tat, um ihn in bessere Stimmung zu bringen. An mich gewandt, erklärte der Prinz, daß Denys es verabscheue, mit großer Gesellschaft zu jagen, vor allem, wenn sich in der Jagdgesellschaft reiche Adlige befänden, die sich in der Großwildjagd nicht auskannten.

»Eine seiner Bedingungen für die Übernahme der Leitung der Safari war, daß Baron Blixen, der Beste und Härteste von allen, teilnähme«, sagte er.

Denys berichtigte ihn mit den Worten: » Wenn Ihre Königliche Hoheit erlauben, dann habe ich mich nicht ganz so beifällig ausgedrückt.«

Schließlich wurde die Stimmung besser, und das war Cockie Verdienst.

Während des abendlichen Festes gingen Denys und ich in ein kleines Zimmer auf der Rückseite des Hotels und planten die

Safari. Wir beugten uns über ein Stück Papier, und innerhalb einer halben Stunde waren wir fertig. Bevor wir uns trennten, drückte Denys meine Hand, eine Sekunde länger als üblich.

Ich schoß Zebras und legte sie nicht weit entfernt von »Singu Estate« aus. Löwen fraßen sie im Laufe der Nacht, aber dann waren sie verschwunden. Die Zeit lief dem Prinzen davon. Ein Tag war vergangen, ein Tag war noch übrig. Der Prinz schoß zum Trost ein paar Büffel. Denys sagte, falls ich nicht am nächsten Tag einen Löwen herbeischaffen würde, wäre meine Aufgabe mißlungen.

Ich wurde wütend und schimpfte ihn aus. Er hätte wissen müssen, daß man wilden Tieren nicht befehlen kann. Er betrachtete mich mürrisch und sagte, daß es nicht um die Scheu der Tiere gehe, sondern um die Tüchtigkeit des Jägers.

»Denk an deinen Ruf!«

Ich schoß weitere Zebras, legte sie als Köder spät am Nachmittag aus, kletterte auf einen nahe stehenden Baum und verbrachte die Nacht auf einem Ast. Die Löwen kamen wie Schatten, und der ganze Sternenhimmel lauschte ihrer gierigen Mahlzeit. Als sie sich im Morgengrauen verzogen, kletterte ich hinunter und schlich hinter ihnen her. Der größte legte sich zur Verdauung der Mahlzeit in ein dichtes Gestrüpp, umgeben von hohem Gras. Der Ort war nicht ideal für unser Vorhaben.

Bevor die Jagd begann, nahmen wir in unserem Haus ein improvisiertes Frühstück ein.

»Wohnt ihr hier?« fragte der Prinz erstaunt.

Er glaubte, es wäre eine Dienstbotenwohnung. Einen Augenblick später sagte er indigniert, daß er niemals seine Ehefrau in einer so einfachen »Hütte« wohnen lassen würde. Cockies Lachen brachte ihn zum Erröten, und er versuchte, das Thema vom Tisch zu bekommen, als ich versprach, an dieser Stelle für Cockie einen königlichen Palast zu errichten.

Hundert Meter vom Löwen entfernt, zuckte der Prinz vor Spannung zusammen, während Denys konstatierte, daß das Gras zu hoch sei. Es sei ausgeschlossen, in diesem Terrain zu jagen. Die Sicherheit des Prinzen stehe an erster Stelle. Ich antwortete, daß ich vorgehabt hätte, das Gras rings um den Löwen zu mähen, aber die Zeit dafür nicht ausgereicht habe. Der Thronerbe flehte und bat, es versuchen zu dürfen. Denys erklärte, daß er zwei Schüsse bekomme, dann wolle er selbst schießen. Ich plazierte die beiden Schützen und ging zu den Adjutanten, um sie zu instruieren, wie eine Treiberkette funktioniert. Sie waren starr vor Angst und weigerten sich teilzunehmen. Nicht einmal die angedrohte Verabschiedung konnte diese Helden des Imperiums veranlassen, rufend und klatschend in das Dickicht zu dem großen Löwen zu gehen. Ich mußte es allein tun. Falls das Tier mich angreifen würde, wäre ich gezwungen, mich entweder töten zu lassen oder es zu erschießen. Beide Möglichkeiten wären ein Fiasko gewesen.

Der Löwe flüchtete in die richtige Richtung, aber das Gras verbarg ihn, und der Abstand zu den Schützen war groß. Der Prinz schoß zunächst vorbei, dann griffen höhere Mächte ein und setzten die zweite Kugel in den Bauch. Der Löwe fiel um, der Prinz lief auf ihn zu, während Denys mit langen Schritten an seiner Seite trabte und dem Löwen aus einigen Metern Entfernung zwei Fangschüsse gab.

Als ich ankam, stand der Jäger atemlos vor seiner Trophäe und war stolz wie ein Kind. Er blickte mich und Denys auffordernd an. Denys sagte nichts, aber ich lobte den zweiten Schuß. Und es gelang mir, das Wort »Glückstreffer« zu vermeiden.

Am Tag darauf kam ein Telegramm. Der König war ernsthaft erkrankt, und der Kronprinz mußte zurück nach England.

»Aber ich komme wieder, als Prinz oder als König. Dann will ich ernsthaft jagen. Ich werde es euch beweisen!«

Die Autokarawane verschwand in einer Staubwolke, und Denys lachte über das ganze Gesicht.

»Er wird niemals wiederkommen.«

Zwei Jahre später war der Prinz zurück. Im Brief von Denys stand: »Der kleine Prinz ist auf dem Weg hierher und will Elefanten schießen. Kommst du mit auf einen Spaziergang?«

Journalisten tauchten auf und bestürmten mich mit eigentümlichen Erwartungen und Fragen, die schon im voraus beantwortet waren. Aber ich weigerte mich, mit Patronengurt, Elfenbein und Elefantenbüchse zu posieren. Mir war unbehaglich zumute bei dieser aufgesetzten Männlichkeit. Als sie mich baten, Jagdgeschichten von dem früheren Besuch des Prinzen zu erzählen, verwies ich auf Denys. Aber niemand wußte, wo der sich aufhielt. Mit seinem Flugzeug hatte er sich schnell aller Aufmerksamkeit entzogen. Die Presse nannte mich »wortkarg« und »verbissen«.

Ich schickte in einem weiten Umkreis Späher aus. Am selben Tag, als der Prinz in Mombasa eintraf, erhielt ich die Mitteilung, daß ein riesengroßer Elefant mit mächtigen Stoßzähnen in der Nähe der Paréberge, südöstlich vom Kilimandscharo, gesichtet worden sei. Gouverneur Grigg, Denys und ich warteten auf dem Kai in Mombasa, um den Prinzen zum Regierungspalast zu führen. Später setzten wir uns in den Zug, stiegen am Morgen darauf bei Maungu aus, fuhren ein paar Stunden mit dem Auto, um anschließend zu Fuß zu gehen. Den ganzen Tag lang folgten wir einigen Spuren, aber wir holten die Tiere nicht ein. Am Tag darauf fuhren wir weiter, gingen wieder eine Strecke und stießen auf ein paar Späher aus der Umgebung, die vor Aufregung kaum sprechen konnten. Stotternd zeigten sie auf die Erde, wo ein paar gewaltige Elefantenspuren in Richtung der Paréberge führten.

Wir gingen los. Der kleine Prinz rannte beinahe in der zunehmenden Hitze. Denys und ich hielten Marschtakt, trotzdem blieben wir zurück. Nach zwei Stunden war der Prinz ermattet, und wir machten eine Pause. Der Vormittag hatte die Steifheit und das Unbehagen aus dem Körper vertrieben, und ich fühlte mich stark und marschbereit. Denys war entspannt. Den ganzen Nachmittag folgten wir den Spuren, ohne den Elefanten einzuholen. Am Abend fragte der Prinz vorsichtig, ob wir ein Mittel gegen wunde Füße hätten. Denys reichte ihm eine Tube. Während der Prinz ein Fußbad nahm und ein Krankenpfleger seine Wunden versorgte, überprüften Denys und ich die Ausrüstung.

»Glaubst du, daß er es schafft?« fragte ich.

»Wenn er Elefanten jagen will, muß er lange laufen können.«

Einen Augenblick später fügte Denys hinzu: »Er hat trainiert.«

Es war schwer, die Boys und Träger am nächsten frühen Morgen in Gang zu bringen. Denys erteilte ihnen eine kurze, aber scharfe Zurechtweisung und machte sich auf den Weg. Nach einer Stunde passierten wir das Nachtlager des Elefanten.

»Wie weit kann er weg sein?« fragte der Prinz.

Ich antwortete, daß es sich um zwei Minuten oder zwei Tagesmärsche handeln könne.

»Wir müssen das Tempo erhöhen«, sagte ich und setzte mich an die Spitze.

Freude stieg langsam in mir auf, und als ich mich umwandte, sah ich, daß Denys in einen Wanderrhythmus gefallen war. Er ging nicht mehr wie ein gewöhnlicher Spaziergänger, sondern ein Schritt löste den anderen automatisch ab. Er ging wie ein Massai. Ich hatte bereits am ersten Tag den Rhythmus geändert und war in den – wie ich es nannte – »Elefantenaufspürergang« gewechselt. Als wir die Spuren von den Stoßzähnen untersuchten, entdeckten wir, daß der Prinz zusammen mit den Trägern zurückgefallen war.

»Du mußt Rücksicht auf ihn nehmen«, sagte Denys.

»Du bist es, der ihn bei der Hand nehmen soll«, sagte ich.

»Ja, natürlich, ja«, antwortete er und eilte davon.

Um die Frühstückszeit erreichte der Prinz eine Viertelstunde nach uns den Rastplatz. Er hinkte und ließ seine Wunden behandeln.

»Habt ihr keine wunden Füße?« fragte er.

»Doch«, antwortete ich.

Er glaubte uns nicht, wurde böse und verlangte, daß wir unsere Schuhe ausziehen sollten. Als wir ihm unsere geschwollenen, blutigen Füße zeigten, schluckte er den Zorn hinunter und warf Salbe und Verband fort.

»Die Wunden heilen nach und nach«, tröstete Denys.

Als wir weitergingen, hatte der Prinz Tränen in den Augen. Er stolperte und fiel hin. Wir warteten auf ihn und sahen zu, wie er sich mühsam aufrappelte.

»Elefantenjagd ist hart, Sir«, sagte Denys und ging weiter.

Am dritten Tag trippelte der Prinz wie auf glühenden Kohlen. Die Augen waren blank, und der Mund war zu einer weinerlichen Grimasse verzogen. Ich sah, daß auch Denys zu ermüden begann. Seine Schritte wurden ungleichmäßig. Als er in eine Vertiefung trat, benötigte er ein paar Meter, um wieder in seinen alten Rhythmus zu kommen. Die Träger und die Boys waren nun weit zurück. Unsere Gewehrträger und Späher hielten als einzige mühsam mit uns Schritt. Als Denys das Tempo herabsetzte, ging ich an ihm vorbei und erhöhte das Tempo. Zwischen uns entstand eine Lücke.

Der Schmerz in den Füßen wurde ein Bestandteil des Marsches. Die Beine bewegten sich automatisch, und der Versuch stehenzubleiben, war wie ein Verstoß gegen das Naturgesetz. Thomsongazellen und Impalaantilopen sprangen weg, wenn wir kamen. Zuweilen mußten wir einen Umweg gehen, um nicht ein Nashorn oder eine Büffelherde zu provozieren. Ich wünschte, daß unsere Jagd niemals aufhören möge.

Am vierten Tag fragte ich Denys: »Willst du Tanne heiraten?«

Er zuckte zusammen, wie er da auf einem Stein saß, die Füße in einem Bach.

»Sehe ich aus wie ein Familienmensch?«

Der Prinz, den ich zu diesem Zeitpunkt fast ganz vergessen hatte, öffnete seine trockenen, aufgesprungenen Lippen und sagte: »Finch Hatton, du wirkst wie ein Mann, der aus Angst vor etwas flieht.«

Denys schnaubte und fragte, vor was er denn fliehe.

»Ein Mann, der andere verachtet, flieht immer vor etwas.«

Mit einem Ruck zog Denys seine Füße aus dem Wasser und sagte: »Falls es Eure Königliche Hoheit amüsiert, derartige Banalitäten zu äußern, werde ich Euch natürlich nicht korrigieren.«

Der Prinz gab nicht auf, sondern folgte Denys und stellte ihm Fragen, die seine »Arroganz« betrafen.

Denys antwortete, daß er nicht arroganter sei als ein somalischer Hirte oder ein junger Massai. Europäische Sentimentalität ekele ihn an. Die Lebensführung und Lebenshaltung des Nomaden gefalle ihm. Mit wunden Füßen oder ohne wunde Füße. Mit Mozart oder ohne Mozart.

Die Diskussion gab Denys neue Kräfte, und er schuf einen Abstand zu uns. Ich leistete dem Prinzen Gesellschaft und beobachtete ihn auf etwa zwanzig Kilometern seiner qualvollen Wanderung. Als er kurz davor war, in Tränen auszubrechen, gab ich ihm Wasser und Schokolade, die ich für kritische Augenblicke aufbewahrt hatte. Kurz danach holten wir Denys ein. Er legte einen Finger auf den Mund und zeigte auf ein Dickicht Wir lauschten. Es knackte.

Mit den Lippen formte er die Worte: »Das ist er!«

Wir hatten ihn eingeholt. Jetzt brauchten wir uns nur noch für die Jagd bereitzumachen.

Denys und ich begutachteten den Wind, mit Gesten demonstrierte ich, wie der Prinz und Denys gehen und aus welcher Richtung wir versuchen sollten, den Elefanten zu strecken. Wir schlichen uns vorwärts, und ich erblickte den Riesen. Seine Stoßzähne waren enorm, wogen vielleicht etwa einhundert Kilo pro Stück. Es war einer der größten Elefanten, den ich je gesehen hatte.

Wir pirschten uns immer langsamer heran. Ich hatte ziemlich freie Sicht und sah den lebendigen Fleischberg immer größer werden. Die Augen des Prinzen waren starr vor Erregung. Ich gab ihm ein Zeichen, in das Ohr zu schießen, sobald er freie Sicht hätte. Er nickte, machte ein paar Schritte zur Seite, um auf Schußweite zu kommen, stolperte, trat auf einen Zweig, der mit einem kleinen Knall brach – den Elefanten durchzuckte es, und er stürzte mit einem fürchterlichen Getöse davon. Wir standen da und lauschten, als er im scharfen Trab verschwand.

Der Prinz blickte entsetzt auf Denys und mich, murmelte »Entschuldigung« und sah aus, als fürchte er, daß wir ihn statt des Elefanten erschießen würden. Denys rief »Teufel nochmal!«, so daß das Echo von einer flachen Anhöhe in der Nähe zurückprallte. Ich ging zu dem kleinen unglücklichen Mann, legte den Arm auf seine Schulter, lachte und sagte, daß dies jedem anderen auch hätte passieren können.

»Nein«, sagte Denys, »das hätte nicht jedem anderen passieren können!«

Die Jagd kollabierte innerhalb weniger Sekunden. Der geduldige Prinz verwandelte sich in einen mürrischen Aristokraten, die Enttäuschung machte ihn fordernd und tyrannisch. Er schlug seinen Gewehrträger, dem er die Schuld an dem Versehen zuschrieb – was nicht der Wahrheit entsprach –, und er weigerte sich, auch nur einen Schritt weiterzugehen. Nach einer halben Stunde hatten wir ein Lager aufgeschlagen und nach einem Tragesessel geschickt. Am folgenden Tag wurde der Prinz zur Eisenbahn getragen, um weiter nach Nairobi zu reisen.

Auf dem Rückweg bekam ich Malaria. Das Fieber stieg, die Sonne schnitt mit ihrem Feuer von Schläfe zu Schläfe, und ich verlor das Bewußtsein. Als ich im Schatten unter einer Akazie erwachte, waren Juma und Simba die einzigen, die auf mich gewartet hatten. Nach ein paar Stunden holten wir jedoch die anderen ein und konnten mit dem königlichen Eisenbahnwagen mitfahren.

Auf dem großen Ball in Nairobi hielt ich eine Rede auf den Prinzen:»Einer der besten Sportjäger, die ich getroffen habe«, sagte ich, und Seine Königliche Hoheit hätte mir gern für diese Worte das halbe Königreich gegeben.

25.

Die inneren Schatten wurden dunkler. Obwohl ich täglich von Menschen umgeben war, die mich liebten und schätzten, fühlte ich mich mehr und mehr einsam. In Cockies Armen war der einzige Platz, wo ich Ruhe fand. Sie war der einzige Mensch, der mich nicht trotz meiner Schwächen liebte. Sie liebte auch meine Schwächen. Aber es gab Stunden, in denen mir der dunkle Abgrund von Verlassenheit und Leere so stark bewußt wurde, daß nur eine Landschaft, die meinem inneren Zustand entsprach, die Verzweiflung aufhalten konnte. Wenn ich keine Lust hatte zum Jagen, nahm ich Simba und Juma mit auf Wanderungen in öde, unzugängliche Gebiete ohne Wasser und mit einer Vegetation von hartem, mannshohen Gras, dornigen Büschen und vereinzelten Dornenbäumen. Oder ich suchte düstere Waldgebiete in der Nähe von ungesunden Sümpfen auf, die nach Krankheit und Fäulnis rochen.

In diesem Terrain war ich kein Abartiger, keine Mißgeburt. Ich war ein natürlicher Teil meiner Umgebung, und sowohl die Landschaft als auch die Menschen betrachteten mein Elend ohne Mißtrauen oder Mitleid. Juma und Simba akzeptierten meinen Gemütszustand. Ich kam ihnen immer näher, und allein ihre vertrauten Gesichtszüge bedeuteten Ruhe und Trost für mich. Es war nicht schwer sich vorzustellen, wie es wäre, einer von ihnen zu sein.

Auf einer dieser planlosen Wanderungen wurden wir von einem Mann in ein Dorf eingeladen, das Götter und Menschen vergessen hatten. Juma riet ab, es zu besuchen.

»Das ist kein gutes Dorf.«

Als ich fragte, ob er es kenne oder ob er davon gehört habe, schüttelte er den Kopf. Er wisse es trotzdem, sagte er.

Das Dorf lag, verborgen in hohem Gras, auf einer großen, trockenen Ebene, auf der es so gut wie keine Wege gab. Da war nichts zu holen.

Sobald wir es betraten, liefen ein paar Frauen und schreiende Kinder in das Gras und versteckten sich. Eine Handvoll Männer hieß uns mit beharrlichem Interesse willkommen, andere hielten sich feindlich auf Abstand. Etwas an der Atmosphäre in diesem Dorf war falsch, etwas war im Begriff zu zerbrechen. Die Männer zeigten eine Art berechnender Freundlichkeit, und meine eigene innere Gebrechlichkeit verstärkte sich durch das rätselhafte Verhalten der Dorfbewohner. In einer Pause, als niemand sprach, entdeckte ich, wie eigentümlich still es war.

Ich gab Juma recht. »Wir gehen weiter«, sagte ich zu ihm, und er setzte sich sofort in Bewegung, mein Gewehr über der Schulter. Aber die Männer des Dorfes wollten mich nicht freigeben. Sie meinten, daß ich, und nur ich, ihnen in ihrer schwierigen Situation helfen könne. Die Neugierde trieb mich dazu zu fragen, wobei sie Hilfe brauchten. Sie zogen mich in den Schatten unter den einzigen Baum des Dorfes und erzählten flüsternd, daß eine Hyäne mehrmals im Dorf gewesen sei und Schafe und Ziegen genommen habe. Nun baten sie mich, das Tier zu erlegen. Ihre Verzweiflung war so groß, daß ich versprach, alles zu tun, um ihnen beizustehen. Gerade als ich mein Versprechen gegeben hatte, blickte ich auf und sah, wie eine andere Gruppe Männer uns von der gegenüberliegenden Seite des Dorfes stumm und feindlich betrachtete. Juma wirkte erschrocken und flüsterte, daß wir uns auf gar keinen Fall in die Probleme der Dorbewohner einmischen sollten.

Aber die Männer ringsum redeten eifrig auf mich ein. Sie sagten, wenn ich bis zum Sonnenuntergang warten würde, könnte ich mit eigenen Augen sehen, wie die Hyäne das Zicklein holte, das sie am Außenrand des Dorfes als Köder festbinden wollten. Falls die Hyäne nicht auftauchen würde, stünde es mir frei zu gehen. Das klang vernünftig, aber Juma und Simba waren unglücklich. Als ich die Männer fragte, warum es ihnen nicht selbst gelungen war, das Tier, das regelmäßig ins Dorf kam, zu erlegen, antworteten sie, daß sie die Hyäne und ihre große Kraft fürchteten.

»Aber ›Bwana‹ Blixen ist bekannt für seinen Mut!«

Simba beugte sich zu mir und flüsterte, daß die Männer den »Herrn« der Hyäne fürchteten.

Als ich Simbas Worte hörte, lief ein kaltes Rieseln durch meine Brust. Nun ahnte ich, daß die Schwierigkeiten der Dorfbewohner weit über das hinausgingen, was eine Hyäne verursachen kann. Aber ich fühlte, daß es unmöglich war zu fliehen, da ich ihnen mein Wort gegeben hatte. Zu Simba und Juma sagte ich, daß ich auf die Hyäne warten wolle; wenn sie käme, würde ich sie erlegen, und wir würden dann unser Nachtlager an einem anderen Ort aufschlagen. Eine Hyäne ist eine Hyäne, daran sei nichts Sonderbares, erklärte ich. Das, was ich mit meinen Augen sehe, ist wahr und wirklich. Sie antworteten, daß ein weißer Mann nicht imstande sei, Dinge zu sehen, die ein schwarzer Mann sehen könne.

Mit unbehaglichen Gefühlen warteten wir den Abend ab. Kinder und Frauen schlichen sich in die Hütten und zeigten sich nicht mehr. Einige Männer vollzogen ein paar schwer durchschaubare Rituale im Zusammenhang mit dem Zicklein. Ich hatte bereits das Gewehr geladen und war gerüstet, falls uns eine Gefahr drohen würde.

Als es dunkel wurde, hörte man aus einer Hütte Weinen, aus einer anderen monotonen Gesang. Die Männer bildeten einen Kreis um mich, erregt und aufdringlich. Ich sagte zu ihnen, so scharf wie möglich, daß sie sich beruhigen und still sein müßten, sonst würde sich die Hyäne nicht hinauswagen.

Es war fast ganz dunkel, als sie kam. Das Zicklein meckerte hilflos und zerrte an dem Strick, mit dem es angebunden war. Die Muttergeiß antwortete aus einem Gehege. Im Schein des Feuers, das ein paar Meter vom Zicklein entfernt angezündet worden war, sah man deutlich die schräg abfallende Rückenkontur der Hyäne. Die Hyäne schwang den Kopf hin und her, witterte und trampelte vor und zurück, bevor sie sich zum Angriff entschloß.

Ich schoß. Der Knall war unglaublich. Die Hyäne wurde in einem seltsamen Sprung hochgeworfen, taumelte und verschwand in einem Gebüsch. Die Männer um mich herum stöhnten und murmelten, und einige schrien: »Er ist tot, er ist tot!«

Juma und Simba zerrten an mir und verlangten, daß wir von dort flüchteten.

Aber der Schuß war vielleicht nicht tödlich gewesen, und der Instinkt des Jägers überwand die Angst. Ich erhob mich und ging mit einer Stallaterne los, um das Tier aufzuspüren. Alle versuchten mich mit den Worten, daß die Hyäne bereits tot sei, daran zu hindern, aber nun war ich entschlossen. Ich wollte die Hyäne sehen und mir selbst und den anderen beweisen, daß es sich nur um eine Hyäne handelte und daß es im Zusammenhang mit ihr keinen Zauber mehr gab.

Ich folgte der eigentümlichen Spur; der Hyäne mußte mindestens ein Bein zerschossen worden sein, so wie sie sich über die staubige Erde davongeschleppt hatte.

Nach nur etwa einem Dutzend Metern hörte die Spur auf, und da lag etwas. Die Männer rannten vor und versperrten mir die Sicht. Sie waren erregt und schrien immer aggressiver. Ich wurde an die Seite gedrängt, aber es gelang mir trotzdem, einen Schimmer von dem zottigen Fell einer Hyäne zu erblicken – aber auch von dem Gesicht eines toten Mannes, dem das Blut aus dem Mundwinkel lief.

Alles zerbrach in mir. In Verzweiflung und Panik versuchte ich mich nach vorn zu drängen, aber Juma und Simba hielten mich mit Gewalt zurück. Aus dem Dorf hörte man Schreie und drohende Rufe, Trommeln ertönten. Juma riß mein Gewehr an sich und zeigte auf die Dorfbewohner, die sich drohend näherten. Simba packte mich, löschte die Lampe und zerrte mich in das Dunkel hinter einigen Dornenbüschen. Fast im Laufschritt zogen wir uns in der kohlrabenschwarzen Nacht weiter in die Wildmark zurück. Mit einem unterdrückten Schrei in der Kehle stolperte ich davon, und wir machten erst nach einer guten Stunde Halt. Mein erster klarer Gedanke war, daß die beiden Träger und mein Koch im Dorf zurückgeblieben waren. Simba erklärte, daß er und Juma ihnen lange vor Einbruch der Dunkelheit befohlen hatten, sich an einen Platz am Außenrand der Ebene zu begeben, um da unser Lager aufzuschlagen. Morgen früh, wenn es hell würde, wollten wir den Ort aufsuchen.

Als ich mich beruhigt hatte, fragte ich die beiden, was geschehen war. Hatte ich einen Menschen erschossen? Sie erklärten, daß ich eine Hyäne erlegt hätte, aber das Gesicht, das ich gesehen hatte, sei der »Herr« der Hyäne gewesen. Und dieser »Herr« habe Unruhe und Streit im Dorf heraufbeschworen. Ich beharrte darauf zu erfahren, ob dieser »Herr« ein Mensch war oder nicht. Sie antworteten, daß er weder ein Mensch gewesen sei noch eine Hyäne.

In der Nacht wechselten wir uns bei der Wache ab. Ich schlief aber nicht. Im Morgengrauen fanden wir den Weg zum Lager. Die Boys waren erschrocken, als sie hörten, was wir erlebt hatten, und wir flüchteten von dem Ort.

Das Ereignis erregte mich fast mehr, als wenn ich durch ein Versehen wirklich einen Menschen erschossen hätte. Ich wußte nicht einmal, was ich getan hatte. Eine undefinierbare Verzweiflung machte mir das Atmen schwer.

Als ich zwei Tage später nach »Singu Estate« kam und Cokkie erzählte, was geschehen war, konnte ich zwischen den Worten kaum Luft holen. Sie konstatierte mit einer besonderen Formulierung, daß der »Herr« der Hyäne auch Macht über mich bekommen habe. Dann zog sie meinen Kopf herunter und bettete ihn auf ihrem Schoß.

Über eine Stunde lag ich so und spürte, wie sich alle zerstreuten Teile meines Innern in einer weich schützenden Hülle sammelten. Als alles an seinen Platz gekommen war, richtete ich mich auf ihren Wunsch hin auf und sah ihr in die Augen. Sie habe mir etwas Wichtiges zu erzählen. Ihr Tonfall bereitete mich auf das Schlimmste vor. Trotzdem schossen ihre Worte geradewegs in meinen wiedergefundenen Frieden und sprengten alles kurz und klein.

»Denys ist tot. Er ist mit seinem Flugzeug abgestürzt.«

Zuerst saß ich still da, erstarrt im Auge des Sturms, dann fuhr ich in wütendem Zorn auf.

»Das ist zu teuflisch! Ich muß zu Tanne!« rief ich. »Wir haben Hans' Tod gemeinsam durchgestanden, und wir müssen auch Denys' Tod gemeinsam durchstehen!«

Cockie ließ mich toben. Sie protestierte nicht einmal, als ich mich in unser klappriges Auto setzte, um mich auf die lange Reise nach Nairobi zu begeben. Doch ich blieb bei offener Tür sitzen, außerstande loszufahren oder aus dem Auto zu steigen.

Schließlich brach ich in Tränen aus und schluchzte: »Ich habe mir nicht mal was aus ihm gemacht. Er war ein Snob, ein arroganter Mensch.«

»Das war noch nicht alles«, sagte Cockie. »Tanne hat ›Mbogani‹ verkauft und geht nach Dänemark zurück.«

Zum ersten Mal begriff ich, daß es auch ein Ende für mein Leben in Afrika gab. Ich hatte viele Jahre auf dem Kontinent gelebt und ihn bereist, und trotzdem hatte ich nicht das Elementarste verstanden. Ich war und blieb hier ein Fremdling. Juma und Simba hatten neulich zu mir wie zu einem Kind gesprochen. Ich war nicht ein Teil ihrer Welt. Und ohne Tannes und Denys' Schatten war es sinnlos weiterzukämpfen.

Cockie liebte mich, Gillis und Dick Cooper waren Freunde und Jagdkameraden, aber sie trieben mich nicht weiter, nicht über mich selbst hinaus. Sie gehörten zu meiner Welt, die von Landwirtschaft und Abenteuer handelte, der aber Verbundenheit und tiefere Triebkräfte fehlten.

Tanne, Denys und die Afrikaner lebten in einer Welt, zu der ich nur in glücklichen Stunden Zutritt hatte. Ohne sie gab es nur einen Weg: aufgeben, sich abfinden und ein satter europäischer Bauer werden, umgeben von dienenden Afrikanern.

Als Cockie mich zurück zu unserem einfachen Neusiedlerhaus führte, war es ein früh gealterter Mann, den sie auf dem Weg nach oben stützte.

26.

Als Eva zusammen mit ihrer Reisegefährtin aus dem Plumpsklo trat, erblickte ich zum ersten Mal meinen Meister, meinen Liebestyrannen.

Denys war seit einem Jahr tot, Tanne hatte ein neues Leben auf »Rungstedlund« begonnen, und mein Dasein war langsam in einen Zustand resignierter Melancholie hinübergeglitten. Man kann nicht sagen, daß ich unglücklich war, ich war so weit gekommen, wie es einem als weißer Großwildjäger in Afrika möglich ist. Finanziell ging es mir recht gut, ich war berühmt und respektiert, ich wohnte in einer Gegend, die ich mochte, war von Freunden umgeben und lebte mit einer Frau zusammen, die ich liebte und die es auf eine seltsame Weise fertigbrachte, daß ich mich wohlfühlte. Das meiste, was ich mir vornahm, brachte mir Befriedigung, Vergnügen. Was ich vermißte, war der Hunger.

Cockie war in Europa, um sich zu erholen. Mein Neffe, Romolus Kleen, wohnte eine Zeitlang bei mir, und wir jagten zuweilen zusammen. Eines Nachmittags, als wir nach Hause kamen, parkte ein Lastwagen auf »Singu Estate«. Er trug die Aufschrift »African Expedition from Dar es-Salaam«. Aber es waren keine Gäste zu sehen. Wir schauten im Wohnhaus nach und fragten die Diener in den umliegenden Hütten, doch nirgendwo fanden wir Besucher, und niemand hatte ihre Ankunft beobachtet. Wenn sie nicht sofort hinaus auf die Ebene gegangen waren, gab es nur noch einen Aufenthaltsort für sie: das Plumpsklo.

Als wir auf dem Weg dorthin waren, öffnete sich die einfache, mit einem Herz geschmückte Holztür, und zwei lachende Frauen traten hinaus. Als sie lächelnd auf mich zukamen – Eva Dickson, dicht gefolgt von Littan Bennich –, tickte das gewaltige Zahnrad der Zeit die Jahre zurück. Die Ebene hinter ihnen war unerforscht und für alle Möglichkeiten offen, die Erde unter unseren Füßen war jungfräulicher afrikanischer Boden, ich hörte wieder die Grillen, und die fallende Dämmerung erinnerte an die Geheimnisse der Tropen.

Wir grüßten, und Eva rief, wie wunderbar es sei, eine »Legende« zu treffen. Ihre Worte waren voller Bewunderung und Wärme, aber ihr Lächeln, ihr Blick und ihre Bewegungen sagten, daß ich ein glücklicher Mann sei, weil mir die Gnade zuteil werde, ihr zu begegnen. Die wichtigste Aufgabe der Freundin war es zu zeigen, was für eine einzigartige Reisegefährtin sie hatte. Sie schielte auf Eva, um deren Reaktion abzuwarten. Danach verstärkte sie diese durch ein Lachen oder ein Wort.

Trotz der braunen Augen war Eva schön auf eine kühle nordische Weise. Das blonde Haar war zum Bubikopf geschnitten, die Figur hochgewachsen, muskulös und biegsam. Als wir zusammen ins Haus gingen, erzählten die langen, schlanken Beine, die breiten, aber mageren Schultern und der gerade Nacken, daß dieses eine Frau war, die ihr eigenes Leben unter Kontrolle hatte.

Als wir uns gesetzt hatten, um einen Drink zu nehmen, stellte sie sich vor: »Ich bin Gillis Lindströms Nichte. Ich bin Rallyefahrerin und Pilotin. Nun will ich Afrika zusammen mit dem bekanntesten Großwildjäger erleben.«

Ich hatte keine Wahl, konnte sie nicht abwählen. Ihre Anwesenheit führte mich in eine andere Zeit. Sie war zwanzig Jahre jünger als ich, und alles, was sie sich vornahm, war der Anfang von etwas Neuem. Jede Handlung befand sich in vollendeter Harmonie mit dem Jetzt. Die Bewegungen der Lippen, die grazilen Hände, die Figuren in die Luft zeichneten, die längliche Muskulatur des Schenkels, die sich unter der langen Hose anspannte, alles lockte zur Berührung, ja, zu heftiger Berührung – trotzdem demonstrierte sie ständig, daß dieser kühle Liebreiz nicht für jeden beliebigen da war, vielleicht für gar keinen.

Sie wird immer einen Schritt vor mir gehen, dachte ich. Sie wird mich verlassen. Das war mir schon am ersten Abend klar. Aber diesen Weg muß ich betreten, diese Niederlage muß ich auf mich nehmen, dies ist der Preis für das Leben, das ich gelebt habe.

Viele Male früher in meinem Leben war das Verliebtsein ein Glücksrausch gewesen. Aber dieses Mal war es mit einer großen Müdigkeit verbunden.

Romolus ging früh zu Bett.

Anstelle von»gute Nacht!« flüsterte er: »Sieh dich vor!«

Littan schlief auf dem Sofa ein, und Eva verfrachtete sie ins Gästezimmer. Als sie zurückkam, war sie barfuß und in ein langes Nachthemd gehüllt. Eine Duftwolke erzählte mir, daß sie sich gerade parfümiert hatte.

»Ich wußte es seit vielen Jahren, daß wir einander begegnen würden«, sagte sie, zündete sich eine Zigarette mit langem Mundstück an und setzte sich neben mich aufs Sofa. Sie erzählte, daß sie aus einer Ehe ausgebrochen sei, daß sie ein Kind und ein Gut in Schweden zurückgelassen habe und sich nun auf Reisen befinde. Der Gedanke, daß sie verheiratet gewesen war und ein Kind bekommen hatte, daß sie – allgemein betrachtet – nicht mehr unschuldig war, machte mich krank. Warum seinen einzigartigen Körper an andere verschleudern? Warum nicht warten? Schon an diesem ersten Abend empfand ich mehr Eifersucht als in meiner gesamten Teenagerzeit. Damals war es für mich selbstverständlich gewesen, mir mit Hans die Mädchen zu teilen.

Ich beugte mich vor, um sie zu küssen, aber mit einem Lachen glitt sie aus meiner Umarmung, erhob sich und sagte: »Es gibt Wild, das so selten und wertvoll ist, daß es Tage, Wochen, ja vielleicht Monate und Jahre braucht, um es zu erlegen.«

Sie beugte sich hinunter, wobei sich ihr Dekolleté enthüllte, küßte mich auf die Wange, sagte »gute Nacht« und verschwand im Gästezimmer.

Ein paar Tage später hatte ich eine Vorbestellung für eine Safari. Romolus war Verwalter auf einer Farm, die zwei englischen Brüdern gehörte, die Lawson hießen. Ich hatte ihnen eine Jagdtour von sieben Wochen zu einem niedrigen Preis versprochen. Proviant und Ausrüstung lagen bereit, als die beiden Brüder in einem neuen »Hudson« vor unserem Haus vorfuhren. Sie stiegen aus, dünn, ernst und trocken wie Dornenbäume. Um sie herum war ein leerer Raum, gefüllt mit Wachsamkeit und Berührungsangst. Unter breitkrempigen Hüten staksten sie auf steifen Vogelbeinen und mit geraden Truthahnhälsen zum Haus hinauf, wo ich mit Eva und Littan Champagner zum Frühstück trank. Sie ähnelten Priestern, die in ein Bordell geraten sind. Ich bot ihnen Platz an, und sie setzten sich mit gestrafftem Rücken jeder auf seine Stuhlkante. Ihr Kehlkopf hüpfte ein paar Male beim Schlucken auf und ab, als ich erklärte, daß zwei schöne Frauen an unserer Safari teilnehmen würden.

»Das war nicht verabredet«, sagte der Ältere von ihnen schließlich.

»Das ist es nun«, antwortete ich und küßte Eva die Hand. Sie müßten wählen, entweder Safari zusammen mit den Damen oder überhaupt keine Safari. Darauf antworteten sie nicht, aber als wir in Richtung Serengeti fuhren, sah ich, daß ihr Auto uns durch die Schlaglöcher folgte.

Im Auto erzählte Romolus von den Brüdern. Sie waren in einer armen englischen Mittelstandsfamilie aufgewachsen und in einer billigen, aber strengen Internatsschule erzogen worden. Sie hatten nie Kontakt mit anderen Frauen gehabt als mit der Mutter und der Schwester. Sie waren gottesfürchtig, tranken nicht, und sagten immer die Wahrheit. Später entdeckte ich, wie gut sie mit dem Mohammedaner Farah zurechtkamen, der bei mir geblieben war, nachdem Tanne Afrika verlassen hatte. Der Unterschied zwischen ihnen war, daß Farah einen tieferen Einblick in die Paradoxa der Welt hatte.

Ich sorgte dafür, daß mein Zelt neben dem von Eva aufgebaut wurde, daß Romolus seine Unterkunft dicht bei Littan hatte und daß die Brüder Lawson ein Stück von uns anderen entfernt kampierten. Beim ersten warmen Abendessen, wir streckten uns gerade nach den Kasserollen und Flaschen, räusperte sich der ältere Bruder, erhob sich und sprach mit kräftiger, monotoner Stimme das Tischgebet. Keiner von uns wurde dadurch verlegen, eher gab das der Mahlzeit eine Bedeutung und Würde, die jedenfalls ich schätzte.

Es war ein gutes Gefühl, die Brüder dabeizuhaben. Sie standen für eine einfache, ungekünstelte Lebensform, die ein Fundament für alles ausmachte, was wir uns vornahmen. Unsere Sünden und Niederlagen wurden im Verhältnis zu ihrer asketischen Rechtgläubigkeit so deutlich und farbenreich. Vor allem Eva schien zu genießen, daß sich ihre Schönheit und ihr Charme vor etwas Grau abzeichnen konnte. Wenn es einem von uns gelang, die Blicke der Brüder vor Erstaunen und Interesse zum Flackern zu bringen, regte uns das an, noch mehr zu erzählen, und als der jüngere Bruder nach einigen Wochen in schallendes Gelächter ausbrach, waren wir darüber mehrere Tage froh.

Wir nahmen an ihren Morgen- und Abendgebeten teil, und dafür aßen, tranken und sprachen wir, was wir wollten. Wir empfingen Sicherheit und Trost durch ihre frommen Gesten, ihnen wurde durch unsere sündigen Erzählungen Unterhaltung und Lebensfreude zuteil. Ich glaube, daß die Brüder Eva heimlich ebensosehr liebten wie den Allmächtigen.

Mir kam es darauf an, Eva zu gewinnen und die Brüder dadurch nicht zu schockieren. Unter diesen Bedingungen war es schwierig, an Jagd zu denken.

Schon am ersten Abend bat ich um Zugang zu Evas Zelt. Sie ließ mich mit einem gefährlichen Lächeln herein. Wir scherzten und flirteten miteinander, und sie klagte über müde Füße. Ich holte eine Waschschüssel mit Wasser, schnürte ihre Stiefel auf und wusch, auf der Erde knieend, ihre Füße. Während ich kräftig, aber trotzdem zärtlich, ihre Füße mit Seife einmassierte, räusperte sich der jüngere der Brüder draußen vor dem Zelt und fragte, ob er hereinkommen und eine Frage stellen dürfe.

Eva rief:» Komm rein!«

Er schaute ins Zelt, das starre Gesicht nahezu erleuchtet von Erstaunen und Schreck. Er starrte auf meine Hände, ohne eigentlich zu sehen, was ich machte, der Adamsapfel vollführte einige heftige Bewegungen, bevor seine Baßstimme fragte, was für Gewehre sie für die morgige Jagd vorbereiten sollten.

»Bringt sie alle in Ordnung«, antwortete ich, »hier gibt es alle Arten von Wild.«

Bevor sein Kopf in der Zeltöffnung verschwand, sah er einen Augenblick bekümmert aus. Er räusperte sich wieder und sagte, daß ihm ein Bibelwort in den Sinn gekommen sei, aber daß er sich nicht an den genauen Wortlaut erinnere. Ich weiß nicht, ob er meine Waschung von Evas Füßen als etwas Sündiges oder als etwas Biblisches betrachtete.

Eva blickte ihm nach und sagte sehnsuchtsvoll: »Er hat schöne Augen, und er ist noch nie mit einer Frau zusammen gewesen. Sich vorzustellen, daß man einen erwachsenen, frommen Mann mit traurigen Augen in das Liebesleben einführen dürfte!«

Zehn Jahre zuvor hätte ich mit einem Lachen den jungen Mann geholt, ihn zu Eva geführt und wäre fortgegangen. Jetzt glitten ihre Füße aus meinen Händen. Ich trocknete sie ungeschickt ab, sagte ihr gute Nacht und ging in mein eigenes Zelt.

Eva zwitscherte hinter mir: »Bror, Schatz, bist du eifersüchtig? Gute Nacht und Küsschen!«

Die Brüder Lawson jagten mit wissenschaftlichem Ernst. Auf eigene Faust lernten sie Spuren zu lesen, Windverhältnisse und Entfernungen zu beurteilen. Ich war keine große Hilfe. Wie ein alter Haushund trottete ich hinter Eva her und leckte ihre Hand, wenn es ihr gefiel, sie auszustrecken.

Eines Nachmittags ruhte ich im Schatten, den Kopf auf ihrem Schoß, als Simba angelaufen kam und mitteilte, daß die Brüder Probleme mit einem angeschossenen Büfel hätten. Ich antwortete, daß sie sicher ohne meine Hilfe zurechtkämen und daß Simba ihnen sagen solle, was zu tun sei. Er schüttelte den Kopf und trat, erschrocken über meine Worte, ein paar Schritte zurück. Da mischte sich Farah ein und sagte, daß ich an meine Verantwortung als Mann denken müsse. Ich begegnete seinem Blick und begriff, wie merkwürdig es war, daß der Mann mich alle die Jahre ertragen hatte.

Ich stand auf, nahm das Gewehr und folgte Simba. Eva bestand darauf mitzukommen. Es war wirklich eine schwierige Situation. Sie hatten mindestens zwei Büffel angeschossen, und niemand wußte, wo sie sich in dem Wäldchen aus dichtem Unterholz versteckt hatten. Mit Rufen und Spektakel hatten sie bereits versucht, die Tiere aus ihrem Versteck zu treiben, aber das war ihnen nicht gelungen. Jemand mußte ins Dickicht gehen und ihnen den Fangschuß geben. Trotz Mut und Talent hatte keiner der Brüder sich das zugetraut.

Ich plazierte sie an strategischen Punkten, mit der Anweisung, Geduld zu bewahren und nur zu schießen, wenn sie sich absolut sicher wären, daß sie einen Büffel sehen. Dann ging ich hinein, sehr langsam, Schritt für Schritt. Nach einer halben Stunde began ich zu zweifeln, ob sich überhaupt zwei Tiere in dem Wäldchen befänden. Die Vegetation war sehr dicht, und um mich nicht zu verraten, mußte ich vorsichtig jeden Zeig vor mir einzeln zur Seite biegen.

Schließlich vernahm ich einen schweren, keuchenden Laut. Ich konnte nichts sehen, hörte aber, daß es ein Büffel war, der tief atmete. Aber die Atemzüge waren unregelmäßig, und einen Augenblick lang glaubte ich, daß es an seiner Verletzung läge. Dann begriff ich, daß da zwei Tiere waren, die atmeten. Sie standen also nicht weit voneinander entfernt und hatten mich noch nicht gesehen, gehört oder meine Witterung aufgenommen. Ich ging weiter auf sie zu. Als ich nur noch ein paar Meter entfernt war, sah ich den Hals des einen Tieres, ließ den Schuß fallen, um danach blitzschnell all meine Aufmerksamkeit auf einen wahrscheinlichen Angriff des anderen Büffels zu richten. Es lärmte im Dickicht, ein Paar gewaltiger Hörner und ein schwarzer Blick stürzten sich mir entgegen, und ich ließ den zweiten Schuß fallen, indem ich mich gleichzeitig zur Seite warf. Der andere Büffel brach auf der Stelle zusammen, wo ich gestanden hatte. Alles wurde still.

Als ich Eva ängstlich »Bror?« rufen hörte, schlich ich mich auf die andere Seite des Wäldchens und umrundete die Jagdgesellschaft, so daß ich schließlich hinter ihr stand. Ich sah die

Unruhe aller, sah, wie sie untereinander nach jemandem suchten, der einen Beschluß fassen könnte.

Farah übernahm die Verantwortung: »Wir warten noch ein wenig, dann nimmt jeder ein Gewehr, und wir gehen hinein.«

Alle spürten minutenlang Angst und Schrecken. Der älteste der Lawson-Brüder betete zu Gott, Eva kauerte sich hin und verbarg das Gesicht in den Händen. Littan und Romolus umarmten einander voller Traurigkeit. Juma und Simba demonstrierten Erstaunen und Ohnmacht. Farah war der einzige, der die Ruhe bewahrte. »›Bwana‹ Blixen kommt bestimmt bald. Andernfalls ist er gestorben, wie er gelebt hat.«

Ich gab mich mit einem Gassenjungenpfiff zu erkennen. Die Schwarzen und die Brüder Lawson betrachteten mich zuerst voll froher Überraschung und danach mit Zorn. Ohne ein Wort gingen sie in das Dickicht, um die Büffel zu zerlegen. Romolus schüttelte den Kopf, aber Eva war beeindruckt. Ich freute mich – und schämte mich. Zehn Jahre zuvor hätte ich niemals etwas Ähnliches getan. Als sie sich an meinen Hals warf und mich mit Küssen überhäufte, entzog ich mich ihr verlegen und folgte den anderen Männern ins Dickicht. Stumm und energisch beteiligte ich mich an der Arbeit mit den Tierkörpern.

Später am Abend, nach Wein und Drinks, verlockte Eva mich dazu, Jagdgeschichten zu erzählen. Ohne darüber nachzudenken, was ich tat, ging ich in Erzählungen auf, in denen ich selbst der Mittelpunkt und Held war. Ich überließ nichts ihrer eigenen Phantasie. Die Prahlerei tat meinen Ohren weh, trotzdem konnte ich die Worte nicht stoppen. Da waren Büffel, die mich und Juma auf offener Ebene in einer Front anfielen. Ich plazierte Juma hinter mir, wartete auf die voranstürmende Herde, bis sie ein paar Meter von mir entfernt war, und schoß dem Tier, das direkt auf mich zukam, in die Stirn. Es fiel vor meine Füße, während die übrige Herde rechts und links von mir vorüberdröhnte und in der Savanne verschwand. In einer Geschichte tauchte Dick Cooper auf. Zuerst seine bizarre Idee, wegen der Sportlichkeit mit Pfeil und Bogen zu jagen. Dann der wütende Löwe, den ich genau in dem Augenblick niederstreckte, als er auf Coopers flüchtenden Rücken zusprang. Da kam auch der Leopard vor, der in gewaltigen Sprüngen den nichtsahnenden Krister Aschan angriff, dessen Aufmerksamkeit auf die verendende Partnerin des Leoparden gerichtet war. Auch da rettete ich mit einem Schuß ein Leben.

Ich konnte nicht aufhören. Evas Entzücken riß mich weiter. Als ich zu meinem Zelt ging, um mehr zu trinken zu holen, ließ mich das Etikett auf der Flasche an Tanne und Denys und Lord Delamere denken. Wir hatten zusammen vor vielen Jahren in der Nähe eines Massaidorfes im Rifttal die gleiche Sorte Wein getrunken. Zwei von uns waren inzwischen tot, Tanne saß in Dänemark und schrieb Bücher, ich war in der Wildmark zurückgeblieben, ein Mann in mittleren Jahren, der, als Relikt aus heroischen Zeiten, vor einer jungen Frau prahlte, um Alter und Tod auf eine Armeslänge Abstand zu halten.

Alles war so klar für mich. Ich war müde vom Jagen. Müde vom Wandern in dieser Landschaft, die ich liebte und mit der ich mehr vertraut war als mit den Feldern um »Näsbyholm«. Einer, der müde ist, braucht einen Ort zum Ausruhen. So einen gab es nicht für mich. Ich wußte einfach nicht, wie man es anstellt, um zur Ruhe zu kommen. Das einzige, was mir blieb, war, mich dem Ort zuzuwenden, an dem meine Unruhe für einen Augenblick gestillt werden konnte.

Ich betrachtete die Runde am Feuer und hörte, wie Eva sich lachend dem jüngeren Bruder zuwandte und ihm über die Wange strich. Er wurde verlegen und wußte nicht, was er tun sollte.

Es gab nur zwei Wege für mich: entweder mich hinzulegen und auf der Stelle zu verfaulen oder zurückzugehen und den Kampf um Eva aufzunehmen. Der eine Weg war tragisch, der andere närrisch. Aber auch ein Narr kann lieben und jeden einzigen Quadratzentimeter von dem Körper einer Frau begehren.

An einem der letzten Tage der Safari kroch Eva eines Nachts in mein Doppelbett. Ich hatte zu diesem Zeitpunkt, nicht allzusehr enttäuscht, die Hoffnung auf eine Liebesnacht mit ihr aufgegeben. Sie war wie weiches Elfenbein, sie duftete nach Vanille und hatte eine glatte Gesichtshaut; nur eine Liebkosung mit der Rückseite meiner Hand konnte ihrer Zartheit gerecht werden. Sie seufzte und stöhnte nicht, während ich sie liebkoste, sondern lachte leise und neckend. Für einen Augenblick erinnerte ich mich an eine Nacht mit Tanne vor vielen Jahren in einem Hotelzimmer in Kopenhagen. Damals hatte ich mit einem weiblichen Panzer gekämpft, der nichts anderes wollte, als zu Boden zu fallen – und ich hatte verloren.

Eva war schöner, kühler und noch uneinnehmbarer. Bei Tanne gab es während der rituellen Liebesbewegungen eine Sehnsucht, die Kontrolle zu verlieren, sich hinzugeben und zu vergehen. Eva befand sich in vollkommener Harmonie mit ihrer Kontrolle und wachsamen Handhabung des Liebesakts. Sie bot mir eine wonnige Kühle, und ihr heiseres, leises Lachen konnte am Ende freundlich und fürsorglich klingen. Zusammen mit Tanne war ich verzweifelt darüber, nicht den Abgrund in ihr zu erreichen, bei Eva gab es keinen Abgrund, den man hätte erreichen können. Dort gab es eine Oberfläche, die fern von Ekstase und Grübeleien war und sich selbst bestätigte. Alles an ihr war frohe Jugend. Sie war die schönste und verführerischste Pfadfinderin, die mir je begegnet war. Das wichtigste für sie war, mit den Körpersäften so hygienisch und elegant wie möglich umzugehen. Sie zu lieben, das war so, als würde man überraschend zum König gekrönt. Wenn Tanne eine Wölfin war, dann war Eva ein Schwan.

Nach der Safari begleitete ich Eva und Littan nach Nairobi. Es gab keinen Weg zurück. Als wir im »Muthaiga Club« ankamen und unser Gepäck hineintrugen, hörte ich eine Frau flüstern, daß Eva Dickson Bror Blixen eingefangen habe. Nicht ich war es, der sie eingefangen hatte.

Eva segelte in das große Foyer wie ein Schwan, der einsam hinaus auf einen stillen Teich gleitet. Alle verstanden, was ihr Entré bedeutete. Alle wußten auch, was in dem Telegramm stand, das in der Rezeption auf mich wartete. Darin war zu lesen, daß Cockie im Laufe des Tages mit einem Flugzeug in Nairobi eintreffen werde. Die wenigen Worte des Telegramms waren ein Freudenruf. Aber sie berührten mich nicht. Sie galten nicht mir. Schutzwände aus Metall senkten sich in mich, eine nach der anderen, und ein paar Minuten später stand ich da und überredete Eva, mit mir zum Flugplatz zu fahren, um meine Ehefrau zu empfangen. Ich wußte, daß etwas falsch war, aber mir fehlte die Gabe, die Logik zu brechen, die mich gefangenhielt. Eva lächelte verlegen und sandte mir einen scharfen Blick. Dann schleuderte sie eine Haarlocke zur Seite, brach in Lachen aus und sagte: »Selbstverständlich fahre ich mit!«

Als Cockie aus dem Flugzeug stieg, sah ich eine glückliche Ehefrau, die ihren Fuß dorthin setzte, wo sie zu Hause war. Sie machte ein paar hüpfende Schritte auf mich zu, bis sie dicht neben mir Eva entdeckte. Da verharrte sie, zögerte und ging uns gemessen entgegen.

»Du wirst heute nacht reichlich belohnt werden, wenn du dies hier schaffst«, flüsterte Eva und drückte meinen Arm.

Ich umarmte Cockie – das war, als griffe ich um eine Marmorsäule –, stellte die Damen einander vor und sah, wie Cockie von Zorn und Trauer zerrissen wurde. Ich sah, wie weh es tat, aber ich konnte mit dem Schmerz nicht in Kontakt kommen.

Cockie war ein Kamerad, der doch wohl auf sich selbst aufpassen konnte. Wir waren ja erwachsene Menschen, und es war nicht das erste Mal, daß wir die Partner tauschten.

Auf dem Weg in die Stadt redete und lachte ich mehr und mehr im Takt mit dem Gewissen, das sich in mir zu regen begann. Das Schuldgefühl identifizierte ich als ein weiteres Alterszeichen, das um jeden Preis bekämpft werden mußte. Cockie sagte auf dem ganzen Weg nicht ein einziges Wort, und wenn sie eine Waffe zur Hand gehabt hätte, hätte sie diese wohl benutzt.

Im »Muthaiga Club« angekommen, erzählte ich munter, daß wir alle drei für den späteren Abend zu einem Fest eingeladen seien – vorausgesetzt, daß Cockie nach der anstrengenden Reise noch Kraft dazu habe. Sie blieb vor mir stehen, schaute mich einen Augenblick liebevoll an – und genau in diesem Augenblick sah ich, daß sie mich verstand, daß ihr klar war, daß ich gar nicht anders handeln konnte. Dann begannen andere Kräfte zu wirken, sie zeigte anklagend mit dem Finger auf mich und sagte: »Du wählst jetzt! Entweder sie oder ich!«

Ich zuckte lächelnd die Achseln, sie drehte sich um und verließ unsere Ehe. Als sie ging, öffnete sich eine Tür zu der alten Verliebtheit, und ich sah nicht nur Cockie aus meinem Leben verschwinden, sondern auch den Bror, der ich zusammen mit ihr gewesen war.

Ich zog nicht Eva Cockie vor. Ich war Blix geworden, der an der Leine seiner Geliebten Eva Dickson ging. Das war keine Wahl. Ich hatte mich verändert, und Eva war meine einzige Möglichkeit, noch ein paar Jahre zu leben, ohne in einem ländlichen Schaukelstuhl Erinnerungen nachzuhängen. Eva würde alle Wunden in mir offenhalten und dafür sorgen, daß ich nicht das Gesicht verlor und daß ich mich in Form hielt.

27.

Die Regenzeit war zum Ituriswald in Belgisch-Kongo gekommem. Die Gewitter waren wie wandernde Schlachtfelder der Götter. Es knallte und donnerte über den Baumwipfeln, so als würde Blech in Stücke gerissen, und die Blitze warfen seltsame Schatten auf die Erde. Die heftigen Schauer peitschten durch Zweige und Blätter, und erst mit einer Minute Verzögerung erreichte der Regen in Form von riesigen Tropfen und Wasserstrahlen die Erde. Feuchter Dunst legte sich wie ein Überzug auf die Haut. Die Pfade wurden glatt, Bäche und Flüsse traten über ihre Ufer, und als die Sonne mitten am Tag hervorbrach und sich einen Weg zur Bodenvegetation bahnte, hörte man ein eifriges Ticken: der Regenwald wuchs.

Ich saß in der Türöffnung einer kleinen Hütte, die mir nur bis zu den Schultern reichte. Ich war ausgemergelt, blaß und schwach, aber auf dem Weg zurück ins Leben. Meine Wirtsleute waren Pygmäen, Wambuti, und sie hatten meine Anwesenheit akzepiert und ihre Furcht vor mir gezügelt. Sie betrachteten mich nicht mehr als ein Gespenst. Meine irdische Gebrechlichkeit war erschreckend deutlich geworden, als ich mich einige Wochen zuvor langsam dem Tod genähert hatte. Zuerst kamen Fieber und Schüttelfrost, dann folgten Erscheinungen von Toten, die mit zusammengesunkenen Oberkörpern in ihren offenen Gräbern saßen, danach wurden die Gedanken immer unklarer. Eva, die in Europa war, saß als erste in einem Grab, dann sah ich sie auf dem Schoß des Schriftstellers Hemingway, mit dem ich seit einem Jahr gut befreundet war. Gleich darauf schwand Hemingway dahin, bis er wie ein ausgemergelter und sterbender Denys Finch Hatton aussah, um schließlich zurück in eine rosige Jugend geworfen zu werden, die Hans' Gesichtszüge trug. Innerhalb eines Augenblicks verwandelte sich sein gesundes und glückliches Gesicht in einen Haufen von Fleischfasern. Über diesem ganzen Drama ruhte der strenge Blick meines Vaters und tönten die ununterbrochenen Kommentare meiner Mutter. Zum Schluß schwanden mir die Sinne.

Eine Woche lang war ich nur kurze Augenblicke bei Bewußtsein, und dann saß jedes Mal ein kleines Pygmäenmädchen, Suleima, an meiner Seite und hielt meine Hand. Sie gab mir zu trinken, sie trocknete den Schweiß von meiner Stirn, und ihr Blick war bei mir in allem, was geschah. Ihr kleines, verschlossenes Gesicht wurde meine zerbrechliche Brücke zum Leben. Juma und Abedi, die einzigen, die ich aus Ostafrika bei mir hatte, versuchten mir immer wieder Whisky einzuflößen, um mich zu beleben. Suleika wusch mich und wechselte meine Hosen, wenn ich mich vollgemacht hatte. Als ich so kräftig geworden war, daß ich sitzen konnte, zeigte ich ihr alle meine Habseligkeiten, die ich bei mir hatte, und fragte, was sie davon haben wolle. Sie verstand nicht, was ich sagte, und es half nicht, daß Abedi, der sie zu seiner Geliebten gemacht hatte, ihr die Sache erklärte. Sie, mit den klugen Augen, die mich so umsichtig gepflegt hatte, verstand trotzdem nichts. Abedi erklärte, daß Eigentum für die Pygmäen etwas Unbekanntes sei.

Als es mir besser ging, betrachtete ich sie eines Tages genau und verglich ihren Körper mit dem von Eva. Es ging nicht – sie waren allzu unterschiedlich. Suleima war klein wie ein Kind, hatte einen runden Bauch, kleine Brüste, die steil nach vorn spießten, und einen Hohlrücken, der in einem prallen Hinterteil endete. Die Proportionen waren nicht europäisch. Aber am Hals und an den Armen hatte sie eine feine, weiche Haut. Ich betastete ihren ganzen Körper. Sie lachte und entblößte eine zurechtgefeilte Zahnreihe. Ihre weiche Wärme unter meinen Händen ließ mich eine Art verzweifelter Liebe zu ihr empfinden. Ich begehrte sie nicht, aber sie zu berühren und zu liebkosen, gab mir gerade zu diesem Zeitpunkt mehr Trost als alles andere. Am liebsten wollte ich, daß sie nachts an meiner Seite schlief, falls es mir schlechter gehen und ich fühlen würde, daß mein Ende nahe sei.

Ich hatte genug Zeit, um das eintönige Leben im Dorf zu verfolgen. Frauen wärmten und bogen Schilfrohr, um Körbe herzustellen, über offenem Feuer grillten sie riesengroße Waldratten, deren Münder in einem höhnischen Grinsen geöffnet waren. Einige bereiteten in Töpfen ihr Leibgericht: Affen. Zuweilen konnte man eine kleine Hand aus dem brodelnden Wasser winken sehen. Kinder und Erwachsene verschwanden und tauchten wieder lautlos aus den grünen Wänden des Waldes auf. Ab und zu, wenn ich glaubte, hoch oben in einem Baum einen Affen zu sehen, entpuppte er sich als Pygmäe auf der Jagd nach wildem Honig. Wenn eine Hütte aussah, als würde sie sich bewegen, war sie entweder im Begriff zusammenzufallen, oder sie wurde repariert. Palmenblätter wurden aufs Dach geworfen und provisorisch mit Schilf zusammengebunden. Nichts war beständig. Der Urwald war ein unendliches Heim ohne Grenzen. Überall aber unter der Oberfläche vollzogen sich Aktivitäten mit der Beiläufigkeit der Routine. Man mußte schon genau hinsehen, um zu entdecken, daß das ganze Dorf aktiv war.

Einer der Pygmäenmänner, ich glaube sein Name war Akka, kam zuweilen und setzte sich neben mich auf die Erde. Er war der häßlichste von ihnen allen, im Gesicht ähnelte er einem runzligen Schimpansen, aber er war geschmeidig und trotz seiner Kleinheit überraschend stark. Bei jeder Bewegung beulten sich kleine pralle Muskeln aus seinem mageren Oberkörper, sie schwollen an und ab in konstantem Wechselspiel. Es war schwer auszumachen, ob er alt oder jung war. Die Runzeln im Gesicht waren alt, der Körper jugendlich, und die tiefliegenden Augen waren ständig auf der Jagd nach etwas Interessantem, an das er den Blick heften konnte.

Wenn Akka neben mir auf dem Boden saß, um mir Gesellschaft zu leisten, erhob er sich manchmal nach einer Weile und führte ein kleines Schauspiel auf. Es handelte davon, daß er und ich auf Elefantenjagd gingen. Er schlich vor mir her, blieb stehen und staunte, daß der Elefant so groß war, und dann führte er vor, wie sich der fressende Riese einen Weg durch das Dickicht bahnte. Er stellte auch die Unruhe des Elefanten dar, weil jemand seinen gierigen Appetit gestört hatte. Gleich darauf war er wieder er selbst, irritiert darüber, daß ich mich nicht lautlos anschleichen konnte, er ahmte meinen unbeholfenen Gang nach, und dann schoß ich auch noch zu seiner Verzweiflung vorbei. Das Finale bestand immer darin, daß er, in einer Mischung aus verückter Angst und todesverachtendem Mut, nach vorn stürzte und seinen Spieß in den Bauch des Riesen stieß, der darauf zu Boden stürzte. Den unbeholfenen Todestanz des Elefanten führte Akka im Dickicht auf, in das er trompetend und lärmend eintauchte, bis er wieder herauskam und endgültig zu meinen Füßen niederstürzte. Hinterher zeigte er, wie wir beide auf den Fleischberg kletterten, stolz auf unsere Beute.

Mit jedem Mal, wenn ich seine Pantomime sah, wurde sie amüsanter. Er änderte Details in der Erzählung und wurde in der Schilderung meiner Person immer dreister. Ich war ein mächtiger Riese, der mit Lärm und Spektakel in den Wald tappte, so daß die Tiere die Flucht ergriffen. Der Knall meines Gewehrs zerstörte das Gehör, aber in glücklichen Augenblicke konnte die Kugel ein Tier niederstrecken.

Akka verstand ein bißchen Swahili, aber er war vermutlich der Meinung, daß er sich besser mit seinem Minenspiel verständigte. Ich versprach ihm jedes Mal, wenn er mich besuchte, daß wir auf Jagd gehen würden, nur er und ich, wenn ich erst stark genug wäre. Er antwortete immer, daß er die Gedanken der Tiere denke. Das war das einzige, was ich ihn sagen hörte.

Die Dämmerung fiel schnell, und zwischen den Hütten wurden Feuer angezündet. Das Gespräch kam in Gang, zuerst zögerlich, dann immer lebhafter. Schließlich aß und trank man bei intensivem Geplauder, so daß in der Nacht ein fröhliches, heimisches Gefühl aufkam. Man schmatzte beim Essen, rülpste und sabberte, was merkwürdigerweise den Speichelfluß in meinem Mund anregte. Der Wald ließ ein dichtes Dunkel auf uns fallen, und die Funken der Feuer wurden schnell von der Nacht verschlungen. Suleima kam und bot mir Fleisch, Eier und Maisgrütze an. Sie nahm meine Hand und saß eine Weile bei mir. Als ein junger Mann plötzlich mit gellender Stimme zu singen begann, stimmten die anderen ein, eine Trommel begann zu dröhnen, und der Tanz begann. Suleima verließ mich, fand Abedi, der zwischen all den Pygmäen verwachsen wirkte, und begann mit ihm zu tanzen. Über ein paar Stunden zog sich der Tanz hin, gleichförmig, berauschend. Schatten flossen mit Körpern zusammen, Rhythmen wechselten, Gesangsstimmen flochten sich monoton um ein Grundthema. Der athletische Akka vollführte hohe Sprünge, während die Frauen mit teilnahmslosen Gesichtern lockend mit den Hinterteilen wippten und sich mit kleinen Schritten den ekstatischen Männern näherten.

Später, als der Tanz seinen Höhepunkt erreicht hatte, sah ich Abedi und Suleima in einer Hütte verschwinden. Ich zog mich in meine Palmenhöhle zurück und tastete mich auf mein Lager. Obwohl ich mich nicht bewegt hatte, war mein Körper gefühllos, als hätte ich den ganzen Abend getanzt. Ich fiel in einen unruhigen Schlaf und erwachte davon, daß sich neben mir etwas bewegte. Es war Suleima, die sich dicht an mich schmiegte und ihren Kopf auf meinen Arm legte. Es war offensichtlich, daß sie geradewegs aus Abedis Armen gekommen war, aber das machte mir nichts aus. Ich atmete ihre säuerlichen Düfte und spürte ihre knochigen Knie an meiner Hüfte.

Der Gedanke, daß ich ebensogut zusammengesunken in einem Grab hätte sitzen können, während Maden und Bakterien mein Fleisch fraßen, bewirkte, daß ich sie fest an mich zog. Dies bedeutete zu leben. Sie summte etwas Eintöniges und knuffte mich rhythmisch im Takt zu ihrem Gesang. Ich kroch zusammen, strich mit der Hand über ihr krauses Haar und verbarg das Gesicht an ihrem kleinen Hals. Ich spürte keine Begierde und wollte sie nicht besitzen, aber wenn ich es gewollt hätte, wäre das nicht merkwürdiger gewesen, als mit Daumen und Zeigefinger in eins ihrer Ohrläppchen zu kneifen. Ich legte die Hand auf ihre linke kleine Brust und fühlte ihr Herz schlagen. Sie summte, das Herz klopfte, sie schaukelte mich, das Herz klopfte. Ich begann reines Schonisch zu sprechen, sagte, daß sie mein Leben gerettet habe und daß ich sie gern hätte und daß sie ein Engel sei. Ich sagte, daß ich, wenn wir nicht so verschieden wären, sie heiraten würde, und daß ich mit ihr Haut an Haut im großen Urwald leben und ihr kleine hellbraune Pygmäenkinder schenken würde, und die würden dann bei mir Schonisch lernen. Bei dem Gedanken mußte ich lachen, sie brach auch in Lachen aus, und wir lachten eine Weile zusammen.

Kaum war ich eingeschlafen, wachte ich wieder auf, als sie sich aus meinem Arm freimachte und das Zelt verließ.

Suleima war nicht eine dienende Pygmäenfrau unter vielen. Sie war stolz und unzugänglich und weckte in mir Erinnerungen an Tanne. Suleima hatte immer ein Auge auf die Einwohner des Dorfs. Die anderen erwiesen ihr Ehrerbietung und fürchteten sie zuweilen, einige Frauen waren neidisch auf sie. Selbst der vertrocknete Häuptling behandelte sie mit Respekt. Aber im Unterschied zu Tanne sagte sie fast nie etwas und setzte sich niemals zuerst. Keiner, dem ich begegnet bin, hat in dem Maße die christlichen Worte verkörperlicht, daß derjenige, der dient, am größten ist. Suleima konnte niemandem gehören, da sie für alle lebte. Jeder Mann war gezwungen, andere Frauen und Männer mit ihr zu teilen – und keiner hatte Einblick in ihr Innerstes.

Eines Tages stürzte Akka in meine Hütte, was er noch nie zuvor getan hatte. Schon in der Türöffnung begann er seine Pantomime: ein riesengroßer Elefant hatte das Dorf passiert und befand sich ganz in der Nähe. Er wollte ihn mit mir jagen. Mit ein paar Gesten fragte er, ob ich meine Stärke zurückgewonnen hätte. Ich überlegte einen Augenblick. Würde die Kraft ausreichen? Ich nickte. Wir machten zwei Gewehre bereit, die schwere 600 Jeffrey warf er über die eine Schulter, obwohl sie ebenso lang war wie er selbst, und über die andere hängte er einen Wurfspieß. Ich nahm eine 450 Holland & Holland, und dann waren wir bereit. Juma und Abedi erblickten uns und machten sich eilig fertig. Ich sah Akkas Enttäuschung darüber, daß sie mitwollten. Er demonstrierte, wie sie durch Plappern, Späße und Prahlereien mit Frauengeschichten die Jagd stören würden. Dieser Elefant war nur ihm und mir zugedacht. Ich sagte zu Juma und Abedi, daß sie im Dorf warten müßten. Das freute sie nicht, und sie blickten böse auf den kleinen Pygmäen, der abgewandt dastand und mit kindlich unschuldigem Gesichtsausdruck an seinen Wurfspeer herumpusselte.

Wir gingen in den Wald, und die ganze Fruchtbarkeit der Natur strömte mir wie ein Willkommensgruß entgegen. Es war so lange her, daß ich gejagt hatte, und meine Krankheit hatte mich so weit weggeführt. Wir kamen an einen Bach, der durch einen kleinen Sumpf lief. In der Feuchtigkeit wuchsen hartes Riedgras, aber auch gelbe und kupferfarbige Blumen. Durch eine Lücke in der Vegetation brach die Sonne und setzte die Erde in Brand. Akka hielt mich zurück und zeigte auf den Rand des Sumpfes. Das standen zwei Okapis, ein seltenes Giraffentier, das einer Antilope ähnelt, schwarz mit weißen Streifen auf den Hinterbeinen. Der Ort und die Tiere waren aus einer anderen Welt, so als hätte sich ein Traum vom Dschungel mitten in den Urwald gesenkt. Im Laufe eines Augenblicks waren die Tiere verschwunden, verschluckt vom Grün.

Wir überquerten den Sumpf und stießen auf der anderen Seite auf weiße Lilien, die wunderbar dufteten. Hoch und gerade ragten im Wald die hellen Stämme der Mahagonibäume auf, und die großgelappten Blätter der Schirmbäume hielten segnend ihre gewaltigen Finger über uns. Fast überall wuchsen Palmen und wilde Bananen, und dort, wo es dunkel und der Boden mit Farnen bedeckt war, hingen Lianen und Bartflechten wie in einem Märchenwald.

Akka fand die Spur, und wir folgten ihr eine Stunde. Die Fußabdrücke waren groß, jedoch nicht so groß, wie sie die wirklich großen Elefanten auf den Ebenen hinterlassen. Stumm folgten wir der Spur. Das kleinste Geräusch, das ich verursachte, faßte Akka als Lärm auf, drehte sich um und zog Grimassen. Als es sich wiederholte, zeigte er auffordernd auf meine Schuhe und langen Hosen. Ich sollte sie ausziehen. Aber hier gab es eine Grenze. Alles, was ich über das Aufspüren und Jagen gelernt hatte, das hatten mir die Afrikaner beigebracht. Die Pygmäen waren Meister im Wald, ihre Sinne trugen ein enzyklopädisches Wissen, und ich war willig, neu zu lernen. Aber sich auszuziehen, das empfand ich als lächerlich gegenüber mir selbst, das bedeutete, seine Zivilisation abzulegen und die Wilden nachzuahmen. Ich schüttelte den Kopf, und Akka ging weiter. Sofort danach beging ich einen ernsten Fehler; ich trat auf einen Zweig, der mit einem Knall brach. Akka blieb stehen, ohne sich umzudrehen. Er stand völlig still und lauschte nur.

Ich zog Schuhe, Hemd und Hosen aus und stand nur in Unterhosen da. Da spürte ich, daß die Haut atmete. Akka drehte sich langsam um und sah mich mit einem breiten Lächeln an. Er nickte, zeigte auf ein paar Blätter, auf einen Abdruck auf der Erde und demonstrierte, daß der Elefant nicht weit weg war. Im selben Augenblick hörten wir, daß dieser einen Zweig abbrach und ein paar Schritte in ein Dickicht machte.

Langsam begannen wir uns vorwärts zu bewegen. Akka rükkte wie ein Hühnerhund vor, einen Schritt nach vorn, das andere Bein erhoben, bereit zum nächsten Schritt. Langsam näherten wir uns unserer Beute. Ich ahmte alles nach, was Akka tat, ohne zu wissen, woher der Wind kam, der hier im Wald unberechenbar war. Zuerst spürte ich jeden Schritt, den ich auf der feuchten Erde machte. Der Boden war voll von Zweigen, glatten Blättern und Löchern, und die Konturen wurden schnell in mein Bewußtsein überführt. Jeden Luftzug spürte ich auf meinem Oberkörper, und sobald ich einen Windhauch im Rücke merkte, verharrte Akka mitten im Schritt. Zweige und Dornen ritzten anfangs meine Beine, aber ich lernte, mich fast ohne Kontakt mit der Vegetation zu bewegen.

Ein paar kleine Bäume schwankten mächtig, und zwischen ihnen wurde eine graue Mauer sichtbar. Wir sanken beide im Schutz der Bodenvegetation in die Hocke. Die Ohren des Elefanten schlugen, er blies aus dem Rüssel und bewegte sich unter lauten Freßgeräuschen langsam von uns weg. Ich erblickte die Stoßzähne, die nicht besonders groß waren, und ich begriff, daß ich dieses Tier nicht schießen durfte. Mit verhaltenen Gesten erklärte ich das Akka, woraufhin seine Gesichtszüge und sein zielbewußter Körper innerhalb eines Augenblicks resigniert erschlafften.

Wir blieben nebeneinander hocken. Ich betrachtete ihn von der Seite. Das häßliche Gesicht war von einem großen Kummer erfüllt, er stützte sich auf den Wurfspieß und sah sich unter den Farnen um, als könnten sie ihm Trost spenden. Mitten in seiner Verzweiflung konnte er nicht umhin, den Elefanten und alles, was sich um uns herum im Wald abspielte, zu beobachten. Seine kleinen kurzen, kräftigen Hände fingerten am Speerschaft, er kratzte sich an der Wange und entdeckte ein paar aggressive Wanderameisen, die um uns herumliefen. Er schnippte einige weg, die sich meinen Füßen näherten, und wir zogen uns zurück. Ameisen können nur mit Feuer bekämpft werden. Ich ging hinter ihm her. Wir hockten uns wieder hin, und er wandte sich mir zu. Das Gesicht war völlig offen. Hier gab es keine Verstellung, Berechnung, Furcht oder Mißtrauen. Er traute mir, und ich traute ihm.

»Hast du keine Angst mehr vor mir?« fragte ich flüsternd.

»Immer«, antwortete er. »Du bist ein weißer Mann.«

Ich hörte, wie sich der Elefant unter Getöse weiter zurückzog.

»Aber wir sind Freunde«, sagte ich.

Er schüttelte den Kopf und lächelte, als hätte ich etwas Verrücktes geäußert.

»Wir sind Brüder«, sagte er und legte seine Hand auf meinen Arm.

Ich hatte nur die Wahl, mich entweder wie ein Weichling aufzuführen oder die Jagd fortzusetzen. Ich machte ihm durch Zeichen klar, daß wir die Verfolgung wieder aufnehmen wollten und daß er den Elefanten zuerst mit seinem Speer angreifen sollte, danach könnte ich in Selbstverteidigung und nach dem Reglement schießen. Er lachte und betrachtete mich intensiv. Seine Kiefernmuskeln arbeiteten, und mein Blick verschwand in seinen dunklen, tiefen Augengrotten. Sie waren bodenlos, nur schwarzes Wasser, das tiefer und tiefer in die Zeitalter führte, für mich nur erahnbar. Wir waren beide Affen, ein weißer und ein schwarzer.

Wir bewegten uns geräuschlos auf den Elefanten zu, Schritt für Schritt und jedes Mal erstarrend wie ein Chamäleon.

Nie zuvor in meinem Leben bin ich so dicht an einen Elefanten herangekommen, der nicht angeschossen war. Wir waren nur ein paar Meter von ihm entfernt, und er wirkte wie ein bewegliches Gebäude mitten im Wald. Unendlich vorsichtig brachte ich das Gewehr in Schußstellung, während Akka gleichzeitig mit beiden Händen den Speer ergriff, ihn fest umklammerte, so daß sich seine Muskeln an Armen und Beinen anspannten. Er sackte ein paar Zentimeter in sich zusammen, bereit loszulaufen. Nie zuvor hatte ich einen Pygmäen allein ein so großes Tier angreifen sehen.

Es raschelte schwach in den Blättern, als er lossprintete. Innerhalb weniger Sekunden war er an der Fleischwand angekommen, stieß seinen Speer direkt in den Bauch des Elefanten und sprang ebenso schnell weg. Ein Stoß ging durch den gewaltigen Körper, der Kopf wandte sich dem kleinen Mann zu – aber mein Schuß traf das Tier mitten in den Nacken, und wie ein Berg stürzte der Koloß zu Boden.

Stumm und ernst standen wir beide da. Ich spürte, daß das Lächeln, das in seinem Mundwinkel spielte, auch in meinem Gesicht war. Aber wir sagten nichts, und wir gestikulierten auch nicht. Er schnitt den Schwanz mit seinem Messer ab, und wir gingen zurück. Nach nur ein paar hundert Metern stießen wir auf die Dorfbewohner, die uns in angemessenem Abstand gefolgt waren. Suleima trug meine Sachen, die sie aufgesammelt hatte, und ich entdeckte, daß ich halbnackt, seltsam weiß und hochgewachsen, mitten in einer Schar von herumwimmelnden Pygmäen stand.

Dann wurde das Tier aufgebrochen. Sie kletterten auf den Elefanten, bewaffnet mit allen Messern, die zur Verfügung standen, und ein schreckliches Matschen und Zerfleischen begann. Wenn jeder sein Stück bekommen hatte, trugen sie es auf dem Kopf ins Dorf, so daß es gebraten, geräuchert oder eingesalzen werden konnte. Für das Einsalzen war ich verantwortlich. Im Wald wurden bereits Feuer angezündet, über denen man kleinere Kostproben briet.

Ihre Körper dampften, sie redeten und lachten unaufhörlich, und der Gestank von Blut und Eingeweiden erfüllte den feuchten Wald.

Als ich mich angezogen und auf einen umgestürzten Baumstamm gesetzt hatte, merkte ich, wie müde ich war. Ich war noch lange nicht gesund. Die blutige Szenerie im Wald flimmerte vor meinen Augen, und für einen kurzen Augenblick wuchs ein Gefühl von Übelkeit in mir. Als es sich wieder gelegt hatte, spürte ich in mir eine Lebensfreude, die ich aufgrund meiner Mattigkeit nicht ausdrücken konnte.

Suleima kam zu mir und bot mir abgekochtes Wasser, Eier und ein frischgebratenes Stück Fleisch an. Akka saß eine Weile neben mir, um zu essen und die Heldenrolle zu genießen. Es krachte über uns, ein Gewitterschauer prasselte einige Minuten lang auf den Wald nieder, dann war es vorüber. Der Regenwald tropfte und dampfte, das blutige Zerlegen wurde fortgesetzt, bis nur noch die weißen Knochen des Tieres übrig waren.

Ein großer Wassertropfen fiel auf meinen Arm. Ich sah, wie sich Akkas häßliches, aber lächelndes Gesicht für einen Augenblick darin spiegelte. Mein Pygmäenbruder. Dann lief der Tropfen herunter, und das Gesicht verschwand.

28.

»Singu Estate«. Ich überlebte den Ituriswald, Eva überstand ihre Reise durch die Sahara, ebenso wie ich es ein paar Jahre zuvor geschafft hatte. Aber ihre private Expedition nach Asien hat sie nicht überlebt.

Daß ihre weißen Elfenbeinglieder nicht mehr auf dieser Erde weilen, ist ein Gedanke, der in mir den Wunsch weckt, nur noch zu schlafen. Ich bin als einziger übriggeblieben. Hans ist seit langem tot, Denys ist tot, Tanne an Dänemark und an die Literatur verloren. Cockie hat einen anderen Mann. In Afrika gibt es nur Touristen und Afrikaner, von denen man verlangt, daß sie sich wie Europäer aufführen. Die Wildmark schrumpft. Suleima und Akka sind verloren. Sie haben keine Zukunft. Aber die schneebedeckten Gipfel des Kilimandscharos sieht man immer noch von meinem Fenster. Antilopen und Büffel streifen weiter über die Ebenen, doch ich habe keine Lust mehr zu jagen.

Auch meine Worte sind aufgebraucht.

Im Ituriswald habe ich Abschied genommen. Ich verlasse Afrika und vollende mein Leben an einem anderen Ort. Wo es auch immer sein mag.

Auch »Singu Estate«, wo ich diese Worte niedergeschrieben habe, gehörte mir nicht. Ich war nur der Verwalter.

Ich habe es nicht vermocht, etwas zu besitzen oder festzuhalten; keinem Besitz, keiner Frau, nicht einmal einem Ort habe ich treu sein können. Falls mein Leben einen Wert gehabt hat, kann der nur in einer Menge von glücklichen Erfahrungen gemessen werden, die mir durch meine Finger geronnen sind.

ENDE